aruco
スペイン
Spain

スペイン行き、ついに実現！
なのに みんなと同じ、お決まりコース？

ずっと行ってみたかったスペイン。
どんな出会いが待ってるのか、
想像しただけでワクワクしちゃう！

名物料理も食べたいし、テッパン観光名所もおさえなきゃ……。

でも、待ちに待ったスペイン旅行だもん。
せっかくなのに、みんなと同じ定番コースだけじゃ、
もったいなくない？？

『aruco』は、そんなあなたの
「プチぼうけん」ごころを応援します！

★ 女子スタッフ内でヒミツにしておきたかったマル秘スポットや穴場のお店を、
　思い切って、もりもり紹介しちゃいます！

★ 観ておかなきゃやっぱり後悔するテッパン観光名所 etc. は、
　みんなより一枚ウワテの楽しみ方を教えちゃいます！

★ 「スペインでこんなコトしてきたんだよ♪」
　帰国後、トモダチに自慢できる体験がいっぱいです。

そう、スペインでは、
もっともっと、
新たな驚きや感動が
私たちを待っている！

さあ、"私だけのスペイン"を見つけに
プチぼうけんにでかけよう！

arucoには、
あなたのプチぼうけんをサポートする
ミニ情報をいっぱいちりばめてあります。

地元の人とのちょっとしたコミュニケーションや、とっさに役立つひとこと会話を、各シーンにおりこみました☆

女子ならではの旅アイテムや、トラブル回避のための情報もしっかりカバー☆

知っておくと理解が深まる情報、アドバイスetc.をわかりやすくカンタンにまとめてあります☆

右ページのはみだしには編集部から、左ページのはみだしには旅好き女子のみなさんからのクチコミネタを掲載しています☆

サグラダ・ファミリアを楽しむ
TOTAL 1～2時間
オススメ時間 午前中　予算 €17～
見学は朝いちばんに
10:00を過ぎると団体のツアー客が押し寄せるので、できるだけオープン時間の9:00に入場したほうが、ゆっくり見学できてオススメ。

プチぼうけんプランには、予算や所要時間の目安、アドバイスなどをわかりやすくまとめています。

■発行後の情報の更新と訂正について
発行後に変更された掲載情報は、「地球の歩き方」ホームページ「更新・訂正情報」で可能なかぎり案内しています（ホテル、レストラン料金の変更などは除く）。ご旅行の前にお役立てください。
URL book.arukikata.co.jp/support

物件データのマーク
- 🏠 … 住所
- ☎ … 電話番号
- FAX … ファクス番号
- 🕐 … 営業時間、開館時間
- 休 … 休館日、定休日
- 料 … 予算、入場料、料金
- 予 … 予約の必要性
- 交 … 交通アクセス
- URL … URL

- ✉ … E-Mailアドレス
- Card … クレジットカード
  A：アメリカン・エキスプレス、D：ダイナース、J：ジェーシービー、M：マスターカード、V：ビザ
- 室 … 客室数
- 英 … 英語メニューあり
- 日 … 日本語メニューあり
- 日 … 日本語会話OK

別冊MAPのおもなマーク
- ● … 見どころ、観光スポット
- R … レストラン
- C … カフェ
- B … バル
- S … ショップ
- H … ホテル
- M … メトロ駅
- ⓜ … カタルーニャ鉄道駅

本書は2018年7～10月の取材・調査に基づきます。ご旅行の際は必ず現地で最新情報をご確認ください。また掲載情報による損失などの責任を弊社は負いかねますのであらかじめご了承ください。

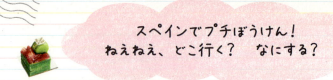

スペインでプチぼうけん！
ねえねえ、どこ行く？　なにする？

観光にグルメにお買いもの。
そうそう、フラメンコも観なくっちゃ。
う〜ん、やりたいことはキリがない！
ココ行っとけばよかった、アレ食べ逃した……、
そんな後悔をしないように、
ビビッときたものにはハナマル印をつけておいて！

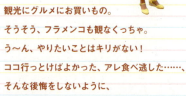

わくわく♥が
いっぱい詰まった
スペインの魅力を
教えてあげる！

めざせスペインマニア！　これはゼッタイやりたいよね♪

ガウディのサグラダ・ファミリア聖堂
これが見たかったんだ〜♥
P.24

SNSでシェアしちゃお！
バルセロナ絶景スポット巡り
P.20

話題の
スポットも
しっかりカバー
しましょ♪

話題のバスク地方で
グルメとアートを大満喫！
P.32

マドリードのグルメ市場で
おいしいものをつまみ食い☆
P.38

画家エル・グレコが愛した
トレドで中世へタイムトリップ！
P.42

ゴヤにグレコ、ピカソにミロ！
めくるめく名画にうっとり
P.70
P.112

グラナダのアルハンブラ宮殿で
イスラムが残した建築美にひたる
P.150

食べたいものありすぎ〜！
おいしいスペインをまるごといただき！

ダイエットは帰ってからにしょ！

パエリャはゼッタイに食べなくっちゃ！ P.78

本場のイベリコ豚をがっつり！いただきま〜す P.128

ぜ〜んぶ食べたい！

伝統菓子もモダンスイーツも甘いもの好きにはたまらない♪ P.60 P.88

老舗レストランに伝わるマドリード伝統の味 P.126

とっておきタパスを求めてバル巡りへGO！ P.82 P.130

スペインワインもなかなか奥深いのねぇ P.48

あま〜い誘惑♥ チュロスとチョコラーテ P.54

6

あれもこれも、欲しいものオンパレード！
帰りの荷物はカクゴして！

やっぱり欲し〜い！
憧れのスペインブランド♥
P.134

かわいくておしゃれな
デザイン雑貨を探そ♪
P.94

「いいな」と思うものはとりあえず買っとこ！

バルセロナでは靴＆バッグが
お買い得って知ってた？
P.90

マドリードの流行発信地
サレーサス地区をチェック！
P.136

グルメなおみやげも
忘れずに☆
P.98

ちょっと足を延ばして小さな町へ。
おさんぽが楽しー♪

願いを叶えてくれるマリア様に
会いに、聖地モンセラットへ！
P.30

世界遺産の町セゴビアで
白雪姫のお城にうっとり♥
P.144

白い村ミハスはスペインの
イメージそのもの！
P.56

Contents

aruco スペイン

- 10 ざっくり知りたい！スペイン基本情報
- 12 aruco オススメのスペインぼうけん都市はココ！
- 14 aruco 最旬 TOPICS
- 16 スペイン 7 泊 9 日 aruco 的究極プラン

19 情熱の国スペインのハートに火がつくプチぼうけん！

- 20 ①思わずシェアしたくなる〜☆　バルセロナの絶景スポットはここ！
- 24 ②ガウディのこだわり見〜つけた♪　サグラダ・ファミリアをディープに楽しむ
- 30 ③お参りすると願いが叶う？　聖地モンセラットで黒いマリア様からパワーをもらう♥
- 32 ④グルメもアートも絶景も♥　話題のバスク地方を大満喫！
- 38 ⑤スペインのおいしい♥が大集合！　グルメ市場でつまみ食い♪
- 42 ⑥画家エル・グレコが愛した古都　トレドで中世にタイムトリップ！
- 46 ⑦ちょこっと Study で探し方がきっと変わる！　オリーブオイル＆ワインこだわり宣言☆
- 50 ⑧情熱のリズムにオーレ♪　本場のフラメンコが観てみたい！
- 52 ⑨スーパースターがすぐそこに　バルサ vs レアル戦に大コーフン！
- 54 ⑩サクッ、もちっな食感がたまらない♥　人気店のチュロスをとことん食べ比べ！
- 56 ⑪これぞスペイン！な風景をひとり占め　白い村ミハスで絵になる写真をパチリ
- 58 ⑫イケメンマタドールの男気スパーク！　勇猛な闘牛にハラハラ☆ドキドキ☆

バルセロナ 61 　ガウディを生んだ芸術の都を遊びつくす！

- 62 バルセロナ街歩きのヒント
- 64 バルセロナ観光のハイライト☆ガウディ建築
- 68 バルセロナ市民の台所、メルカットへ GO！
- 70 バルセロナではピカソとミロに注目！
- 72 ゴシック地区で古きよきバルセロナに出会う
- 74 新旧ミックスのボルン地区をおさんぽ
- 76 ブランドストリート、アシャンプラ地区へ
- 78 人気店を徹底比較！　本場のパエリャどれ食べる？
- 82 とっておきタパスを求めてバルはしご♪
- 84 創作タパスがおいしいガストロバル
- 86 朝ごはんにもランチにも◎な優秀カフェ
- 88 おすすめスイーツを召しあがれ！
- 90 バルセロナで買うべきシューズ＆バッグ
- 92 ボルン地区でアトリエショップ巡り
- 94 デザイン雑貨☆ハンティング
- 96 うわさの自然派コスメをリサーチ！
- 98 グルメショップ＆スイーツ店をチェック
- 100 人気スーパー「メルカドーナ」へ急げ！
- 102 バルセロナのおすすめホテル
- 106 ダリのシュールな世界に迷いこむ

 グルメ　 ショッピング　おさんぽ　見どころ　ビューティ　泊る　 情報

マドリード 109
「芸術」も「食」も。スペインの首都を完全制覇!

- 110 マドリード街歩きのヒント
- 112 プラド美術館で名画を読み解く
- 116 ティッセン&ソフィアは美女絵画に注目!
- 118 華麗なるロイヤルパレスへようこそ!
- 120 ちょっとマニアックなミュージアム Best5
- 122 旧市街ソルからマドリードの歴史をたどる
- 124 チュエカ地区で最新トレンドをチェック☆
- 126 老舗レストランの名物料理はコレ!
- 128 本場のイベリコ豚を食べ尽くせ〜!
- 130 夜のお楽しみ♪サンタ・アナ広場でバル巡り
- 132 ごはんもスイーツも♪マドリードのすてきカフェ
- 134 スペインブランドを狙うならセラーノ通りへ!
- 136 サレーサス地区でおしゃれパトロール
- 138 マドリードおみやげ探し大作戦☆
- 140 €5以下のプチプラ&ちょいリッチみやげ
- 142 マドリードのおすすめホテル
- 144 セゴビアへ絶景を見に行く!
- 146 ラ・マンチャで風車の村を巡る

アンダルシア&バレンシア 149
スペインのエッセンスがぎゅっ。いろんな町で欲張り体験

グラナダ
- 150 アルハンブラ宮殿を望む絶景スポット
- 151 アルハンブラ宮殿を徹底解剖
- 154 カテドラル界隈でふたつの文化を体験
- 156 ただタパス?そりゃ行くっきゃない!
- 158 おいしさ自慢のレストラン

コルドバ/ロンダ
- 164 コルドバでモスクと迷路に迷いこむ
- 166 原野に浮かぶ崖の上の町ロンダ

セビーリャ
- 160 旧市街で世界遺産とショップ巡り
- 162 情熱の街でフラメンコにハマる!
- 163 セビーリャのレストラン&ホテル

バレンシア
- 168 元祖パエリャを食べにエル・パルマールへ!
- 170 バレンシア旧市街をぐるり

173 安全・快適 旅の基本情報

- 174 aruco 的おすすめ旅グッズ
- 175 知って楽しい! スペインの雑学
- 176 スペイン入出国かんたんナビ
- 178 バルセロナの空港と交通
- 180 マドリードの空港と交通
- 182 スペインの国内移動
- 184 旅の便利帳
  お金・クレジットカード/電話/電源・電圧/郵便/インターネット/マナー/トイレ/水/喫煙/チップ/生活時間
- 186 旅の安全情報
- 187 困ったときのイエローページ
- 188 インデックス

aruco column
- 60 スペインの伝統スイーツ トゥロンをチェック!
- 108 私たちの密かなお気に入りはコレ!
- 148 マドリードのノミの市 ラストロでお宝探し♪
- 172 白い町カルモナへひまわり畑を見に行く!

旅立つ前にまずチェック♪

ざっくり知りたい！スペイン基本情報

お金のコト

通貨・レート　€1（ユーロ）＝ 約120.4円 （2019年11月9日現在）
スペインの通貨単位は€（ユーロ）、補助通貨単位はCent（セント）。
それぞれスペイン語読みは「エウロ」と「センティモ」。

これだけ知っておけば安心だね

両替　レートは場所によって異なる
円からユーロへの両替は、日本でするほうが有利な場合が多い。現地では、空港や主要鉄道駅、街なかの両替所でできる。手数料は必ず両替前に確認したい。多くの店ではクレジットカードが利用でき、現地ATMでのキャッシングも可能（金利には留意を）。

チップ　感謝の気持ちとして
スペインにもチップ（プロピーナ）の習慣はあるが、義務というわけではなく、特別なことを頼んだ場合やサービスをしてくれた人に対して感謝の気持ちを表す心付けとして渡すもの。払いすぎないように注意して。

お金とチップについて詳細はP.184～185をチェック！

物価　日本とほぼ同じ
(例：🍶(500ml)=€0.50～、🚗=初乗り€2～、🚆=€1.50～、🍴食事=€8～)

ベストシーズン　4月から10月頃
春の訪れが感じられるのは3～4月。夏は暑いが、湿気が少ないので日陰に入ればしのぎやすく、スペインらしい晴天が続く。秋が深まるのは10～11月、冬にかけては比較的雨が多くなる。地方によって気候も多少異なるが、基本的に日本の同時期とほぼ同じような服装でOK。

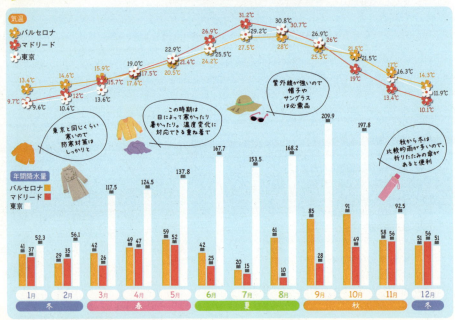

データ：気温は最高気温の月平均値　東京：気象庁　バルセロナ・マドリード：スペイン気象庁

日本からの飛行時間
マドリードへ直行便で約**14時間**

ビザ
90日以内の観光は必要なし
パスポートの残存有効期間はスペインを含むシェンゲン協定加盟国出国時から3ヵ月以上残っていることが必要。

時差
−8時間（サマータイム実施期間中は−7時間。2020年：3/29〜10/25）

日本	8	9	10	11	12	13	14	15	16	17	18	19	20	21	22	23	0	1	2	3	4	5	6	7
スペイン	0	1	2	3	4	5	6	7	8	9	10	11	12	13	14	15	16	17	18	19	20	21	22	23
スペイン(サマータイム)	1	2	3	4	5	6	7	8	9	10	11	12	13	14	15	16	17	18	19	20	21	22	23	0

※サマータイムは廃止が検討されている。最新情報は要確認。

言語
スペイン語（カスティーリャ語）
地方によりカタルーニャ語、バスク語、ガリシア語も使用される。
スペイン語会話は別冊P.27〜

旅行期間
5泊7日以上が望ましい

交通手段
鉄道やバスが国内を網羅している。市内はメトロ、タクシーが便利
詳細はP.178〜183

英語は通じる？
おもな観光スポットやその近くのレストラン、みやげ物店、ホテルなどでは英語が通じるところが多いが、小さな店やバルなどでは通じないことも。あいさつや数字など、簡単なスペイン語を覚えておくと便利。

クリスマスの12/25は、ほとんどの美術館、レストラン、ショップは休みになるので注意！

2019〜20年の祝祭日

1月1日	新年
1月6日	主顕節の日
4月18日	聖木曜日（バルセロナ等を除く）※4/9 ('20)
4月19日	聖金曜日 ※4/10 ('20)
4月22日	復活祭の翌月曜日（バルセロナ等）※4/13 ('20)
5月1日	メーデー
8月15日	聖母被昇天祭
10月12日	イスパニアデー
11月1日	諸聖人の日
12月6日	憲法の日
12月8日	無原罪の御宿りの日
12月25日	クリスマス

日付の書き方
スペインと日本では年月日の書き方が異なるので注意しよう。日本と順番が異なり、「日・月・年」の順で記す。例えば、「2019年11月15日」の場合は、「15/11/2019」と書く。「8/12」などと書いてあると、日本人は8月12日だと思ってしまうが、これは12月8日のこと。

各地のお祭りはP.175も見て！

スペインはキリスト教に関する祝日が多く、年によって異なる移動祝祭日（※）がある。移動祝祭日は毎年変わるので注意！ また上記のほかに、自治州や都市ごとのローカルホリデーがある。

祝祭日の営業
日曜と祝日は、一部を除き、ショップやデパートは休業する。また12月24日と12月31日は昼頃までの営業となる店が多い。年中無休とうたっていても、年末年始を休業することもあるので、「必ず行きたい！」という店がある人は、旅行期間中の営業日を確認しておくと安心。

→ スペインの詳しいトラベルインフォメーションは、P.174〜をチェック！

ひとめでわかる aruco オススメの スペインぼうけん都市はココ！

見どころがいっぱいのスペイン。一度ではまわりきれないから、
初めてのスペインにオススメの魅力的な都市や町をピックアップ。
それぞれの特徴をつかんで、
見たいモノ、やりたいコト、ぎゅぎゅっと詰めこんで、
めいっぱい遊びつくそ！

マドリードとカスティーリャ地方

A マドリード Madrid
スペインをリードする首都 → P.109

人口314万人、1561年に首都となり、地理的にもスペインのちょうど中心に位置する。プラド美術館と王宮が2大観光スポット。

B トレド Toledo
画家グレコが愛した中世都市 → P.42 世界遺産

560年に西ゴート王国の首都となり、16世紀まで政治と経済の中心として栄えた。中世の街並みが残り、街全体が美術館のよう。

C セゴビア Segovia
『白雪姫』のお城がある → P.144 世界遺産

ディズニー映画『白雪姫』の城のモデルになったといわれるアルカサル、ローマ時代の水道橋など、見どころが多い古都。

D ラ・マンチャ La Mancha
『ドン・キホーテ』の舞台 → P.146

マドリードの南方に位置するラ・マンチャ地方。乾いた大地にカンポ・デ・クリプターナやコンスエグラなど、風車の村が点在する。

アンダルシア地方の3都と白い町

G グラナダ Granada
イスラム支配終焉の地 → P.150 世界遺産

イベリア半島で最後までイスラム教徒による支配が続いた街。アラブの王たちが築いたアルハンブラ宮殿はイスラム芸術の最高傑作。

FRANCE

バルセロナとカタルーニャ地方

独自の文化をはぐくんできた

E ガウディを生んだ芸術の都
バルセロナ 世界遺産
Barcelona
→ P.61

中世には独立国として繁栄したカタルーニャの都。自由、独立の精神が強く、ガウディやミロなど多くの芸術家たちを生み出した。

F 黒いマリア様を祀る聖地
モンセラット
Montserrat
→ P.30

バルセロナ郊外にそびえる奇岩の山。カタルーニャの守護聖母を祀る修道院があり、キリスト教の聖地として多くの巡礼者が訪れる。

太陽の光あふれるリゾート地

バスク地方と東部

L ビスケー湾に面した美食の町
サン・セバスティアン
San Sebastián
→ P.32

王家の保養地として発展した美しい町で、夏は避暑客でにぎわう。近年は世界有数のグルメな町として注目を集めている。

M パエリャと火祭りが有名
バレンシア 世界遺産
Valencia
→ P.168

コスタ・デル・アサアル（オレンジの花の海岸）に位置する、スペイン第3の都市。周辺には水田とオレンジ畑が広がる。

H アンダルシアの州都
セビーリャ 世界遺産
Sevilla
→ P.160

大航海時代に新大陸との貿易で栄えた、スペイン第5の都市。フラメンコの本場としても知られ、毎年4月には春祭りが開催される。

J 橋からの眺めは絶景！
ロンダ
Ronda
→ P.166

川の浸食によって造られた断崖の上に白い家が並び、峡谷に架けられた橋の景観で知られる町。近代闘牛発祥の地としても有名。

I イスラム文化が花開いた
コルドバ 世界遺産
Córdoba
→ P.164

10世紀には西方イスラム文化の中心として、世界最大の人口をもつ都市として発展。今も残る大モスクに、繁栄の跡が偲ばれる。

K 絵本のような白い村
ミハス
Mijas
→ P.56

スペインで最も有名な白い村のひとつ。白壁の家々の窓には鉢植えの花が飾られ、ロバのタクシーが歩く様子はまるで童話の世界。

aruco 最旬 TOPICS

知っておきたい
スペイン情報が
もりだくさん！

BARCELONA

ガウディの初期作品
カサ・ビセンスが初公開！

19世紀末にタイムスリップ

詳細は→P.66

1885年に完成した、バルセロナで最も古いガウディ建築。個人の住宅として使われていたため内部の見学はできなかったが、2014年にアンドラの銀行が約40億円で購入し、2017年11月より一般公開されている。貴重なガウディ初期の作品を堪能しに、ぜひ訪れてみたい。

1. れんがとタイルで覆われた外観。ガウディにしては珍しく直線で構成されている 2. 生活空間である2階には浴室のほか寝室などがある 3. イスラム建築の影響が感じられるテラス

グルメな食材が満載！

詳細は→P.69

地域密着型のマーケット
**サン・アントニ市場が
リニューアルオープン**

1. 買い物の合間に気軽に立ち寄れるバルもある 2. 生鮮食品のほか、生ハムや総菜を売る店も充実している

老朽化にともない2009年から仮設テントで営業していたサン・アントニ市場が、2018年5月に改修工事が終わり再オープン。歴史的な建物はそのままに、内部はモダンに改装され、地元客に人気のスポットとなっている。

サグラダ・ファミリア最大の塔
**「キリストの塔」が
いよいよ着工！**

ガウディ没後100年にあたる2026年の完成をめざして工事が続けられているサグラダ・ファミリア。聖堂の中央に建つ「キリストの塔」は、完成すると高さ170mになる予定。

早くも完成が待ち遠しい～

OTHERS

イスラム時代のカリフの都
メディナ・アサアラが世界遺産に登録

コルドバ（→P.164）からバスで約15分、シエラ・モレーナ山麓に残るイスラム時代の遺跡。10世紀半ばに建設され、当時は世界で最も美しい宮殿といわれた。今も残る王城やモスク跡がその栄華を物語る。コルドバから専用バスが運行。詳細は観光案内所で確認を。

スペイン41番目の世界遺産

メディナ・アサアラ Medina Azahara
Map 別冊 P.2-B3 コルドバ郊外
🏠 Carretera de Palma del Rio ☎699 341 142 🕐
～土9:00～18:00（4～6月～21:00、7/1～9/15～15:00）、
日・祝9:00～15:00 🚫月、1/1・6、5/1、12/24・25・31
€1.50 URL www.medinaazahara.org

2020年聖週間より運行開始

鉄道の旅がますます便利に！
格安高速列車『eva』が運行予定

まずは、マドリード・アトーチャ駅～バルセロナ・エル・プラット空港間で毎日5往復運行される。すべてeチケットで、従来の高速列車「AVE」より料金は最大25％安くなり、また車内には無料Wi-Fiが設置される予定。

お役立ち観光スポットニュースから話題のニューオープン、地元っ子のトレンドまで、スペインの最新情報をまとめてお届け！

MADRID

成田からマドリードへひとっ飛び！イベリア航空の直行便が増便

2016年に日本〜スペイン間の直行便を17年ぶりに再開したイベリア航空。さらに2018年10月からは、週3往復から5往復へと増便された。成田からマドリードまで所要約14時間、バルセロナなど他都市への同日乗り継ぎも可能。

土曜限定の人気スポット セバーダ市場の『魚介バル』

新鮮な魚介類がいっぱい！

マドリード庶民の台所セバーダ市場では、毎週土曜の11：00〜18：00に、魚介売り場が即席バルへと早変わり。ゆでたエビやタコ、ムール貝など新鮮なシーフードがお手頃料金で食べられるとあって、口コミで人気に！

立ち食いが基本だよ

セバーダ市場 Mercado de la Cebada
Map 別冊P.16-A3 旧市街
🏠Plaza de la Cebada, s/n ☎913 666 966 ⏰月〜金9:00〜14:00、17:00〜20:30、土9:00〜18:00 休日・祝 ⑤5号線ラ・ラティーナ駅から徒歩1分 URLmercadodelacebada.com

タパスをつまみながら市内観光『タパスバス』が登場！

スペイン名物のタパス♪

マドリード観光とタパスが同時に楽しめる、新しいスタイルのバスツアー。主要なスポットを1時間30分かけて巡り、レアル・マドリードの本拠地サンティアゴ・ベルナベウ・スタジアムではバスを降りて写真撮影もできる。生ハムやスペインオムレツなどタパス4品と1ドリンク付き。運行スケジュールなど詳細は公式サイトで確認を。

タパスバス Tapas Bus
☎910 212 881
料€29（3〜11歳€25）
URLtapasbus.es

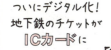

アトレティコ・デ・マドリードの新本拠地 ワンダ・メトロポリターノ・スタジアムが完成

モダンなスタジアムでサッカー観戦

2017年に完成した近代的なスタジアム。長年ホームとして使われてきたビセンテ・カルデロンに代わり、2017-18年シーズンから新スタジアムで試合が行われている。

ワンダ・メトロポリターノ・スタジアム Estadio Wanda Metropolitano
Map 別冊P.13-D2外 新市街
🏠Av. de Luis Aragones, s/n ☎902 530 500 ⑦7号線エスタディオ・オリンピコ駅から徒歩5分 URLwww.atleticodemadrid.com

ついにデジタル化！地下鉄のチケットがICカードに

マドリード市内の地下鉄は、2017年11月に紙のチケットが廃止され、ICカードに統一された。まず地下鉄の自動券売機などで「タルヘタ・ムルティTarjeta Multi」というICカードを購入し、それにチャージするシステム。

詳細は→P.181

SNSでシェアしちゃおう♪ 話題のインスタ映えスイーツ

街並みをバックに写真撮影

ニューヨークでブームになった「タイ焼きアイス」がマドリードにも登場。皮はバニラとチョコの2種類、トッピングは3種類選べて€4.50。見た目のかわいさで、スペインでもインスタにアップする人が続出！

ラ・ペセラ La Pecera
Map 別冊P.16-B1 チュエカ地区
🏠Valarde 2 ☎918 267 445
⏰月〜土15:00〜21:00（金・土〜23:00）、日14:00〜22:00 休無休 Card不可 ①、10号線トリブナル駅から徒歩2分

世界遺産にグルメにショッピング！

スペイン7泊9日 aruco的 究極プラン

ガウディは絶対はずせないし、プラド美術館やアルハンブラ宮殿、バスクの美食もいいかも！
フラメンコにパエリャ、タパスも満喫して、スペインブランドもGetしなきゃ。
やりたいこと全部、欲張りにつめつめ。ツウなアレンジプランもぜひ☆

Day 1 バルセロナ到着！
さぁ、明日からパワー全開☆

日本を午前中に出発する便なら、ヨーロッパの主要都市やマドリードを経由してバルセロナに19〜22時頃到着。ホテルにチェックイン後は翌日に備えて早めに休んで。

Day 2 朝いちでサグラダ・ファミリアへ
やっぱりガウディはマストでしょ！

ガウディの主要作品とモデルニスモ建築を巡る。合間にはグルメやショッピングも！

9:00 サグラダ・ファミリア聖堂をじっくり観光 P.24

これが、見たいよね

徒歩10分

12:00 サン・パウ病院を見学 P.67

世界遺産だよ

徒歩20分

13:30 創作タパスバル「バルデニ」でランチ P.85

肉料理がオススメ！

タクシー10分

15:30 グエル公園を散策 P.64

モザイクのタイル

地下鉄30分

17:00 カサ・ミラとカサ・バトリョを見学。
グラシア通りではモデルニスモ建築ウオッチングとショッピングも楽しんで P.65 P.76

徒歩10分

20:00 「エルチェ」でパエリャの夕食 P.80

Day 3 聖地モンセラットへおでかけ
夕方からは旧市街を探険♪

日帰り小旅行のあとは、バルセロナ旧市街で観光にお買い物にバル巡りと、盛りだくさんな1日。

9:30 バルセロナ郊外のパワースポット、モンセラットへショートトリップ P.30

モンセラットから約1時間半
スペイン広場から地下鉄20分

黒いマリア像にお参り！

17:30 バルセロナに戻りカテドラルを見学 P.73

旧市街のシンボル

徒歩10分

18:00 ピカソ美術館を鑑賞後、P.70
ボルン地区でお買い物 P.74 P.92

ピカソに出会える！

徒歩1分

タパスもおいしいよ！

19:30 バルをはしごしてタパスの食べ歩き P.82

21:00 絶景さんぽを楽しむ P.20

幻想的な噴水ショー

アレンジPlan 1 画家ダリの生まれ故郷、フィゲラスへ P.106

モンセラットを訪れる代わりに、ダリ劇場美術館のあるフィゲラスへ。バルセロナから高速列車で片道55分、快速列車なら約2時間。シュルレアリスムの奇才、ダリの不思議世界にどっぷり浸ってみたい！

こんなおみやげ買っちゃいました
- バッグ P.91
- ガウディグッズ P.28
- チョコレート P.99
- カンペールの靴 P.134
- 陶器 P.138

こんなの食べちゃいました
- パエリャ P.78
- チュロス＆チョコラーテ P.54

Day 4 グラナダまでひとっ飛び！アンダルシアの旅がスタート

時間を節約するなら飛行機が便利。グラナダでは今も残るイスラム情緒を感じて。

- 8:00頃 飛行機約1時間半　ホテルをチェックアウト、バルセロナ・プラット空港へ
- 12:00頃 グラナダ空港から市内へはバスで約30分、ホテルにチェックイン
- 13:00 バス15分　ランチはバルで**ただタパス** P.156

かんぱーい！

- 15:00 徒歩15分　**アルハンブラ宮殿**を見学 P.151

イスラムの世界にどっぷり

- 18:00 徒歩5分　体験レッスンで**フラメンコデビュー！** P.51

- 19:30 バス20分　カテドラル周辺やアラブ人街を散策 P.154

- 21:00 「カルメン・ミラドール・デ・アイシャ」でライトアップされたアルハンブラ宮殿を眺めながらディナー P.158

料理もおいしい！

Day 5 アンダルシアの州都セビーリャでフラメンコの世界にひたる

セビーリャはフラメンコの本場中の本場。情熱的でアツイ夜を過ごしたい♥

デザートもオススメ！

- 8:43 列車3時間20分　グラナダから**セビーリャ**へ
- 12:03 **セビーリャ**に到着、ホテルへ
- 13:30 徒歩10分　「カフェテリア・ビストロ」で**優雅にランチ** P.163

- 15:00 徒歩5分　世界遺産の**アルカサル、カテドラル、インディアス古文書館**を観光 P.160

スペイン最大の大聖堂

- 18:00 徒歩5分　**フラメンコ舞踊博物館**を見学。ショーを満喫したあとは、グッズもゲット！ P.162

グッズはおみやげにまとめ買い

- 20:00 「ボデギータ・カサブランカ」でディナー P.163

地元で人気のバル

アレンジPlan 2　Day4・5
グルメの聖地、バスク地方へ！

美食の町として知られるサン・セバスティアンへは、バルセロナから飛行機で1時間10分。1泊してバル巡りを楽しもう。もう1日あればアートの町ビルバオへも足を延ばしても。 P.36 P.32

17

Day 6 いよいよ首都マドリードへ 午後は定番スポットを制覇！

AVEを利用すれば昼前にはマドリードに到着。いいとこどりプランで時間を有効に使って。

- **8:45** セビーリャから**マドリード**へ　つまみ食い楽し〜♪
  - AVEで2時間半
- **11:15** マドリード到着、ホテルへ
- **13:00** **サン・ミゲル市場**でつまみ食い ランチ　P.38
  - 徒歩すぐ
- **14:00** 旧市街を散策、「サン・ヒネス」で**チュロス**を食べる　P.54　P.122
  - 徒歩10分
- **16:00** **王宮**でロイヤル・ファミリーの華麗な暮らしに触れる　P.118
  - メトロ10分＋徒歩15分
- **18:00** **プラド美術館**で名画を鑑賞　P.112　本物が目の前に！　スペイン絵画の殿堂
  - メトロ10分＋徒歩10分
- **20:30** **サンタ・アナ広場**でバル巡り　P.130

アレンジ Plan 3 ＋1〜2日 セゴビア、ラ・マンチャへ日帰り旅

マドリードに3泊以上滞在できるなら、世界遺産に登録されているセゴビアや、風車の村が点在するラ・マンチャ地方を訪れるのもオススメ！　P.144　P.146

Day 7 世界遺産トレドへの半日トリップ ラストはお買い物モード全開！

中世のたたずまいが残るトレドで街歩きを楽しんだら、マドリードに戻ってショッピング。

- **9:20** 高速列車Avantで**トレド**へ　中世の街並みを迷い歩き
  - Avantで33分
- **9:53** トレドに到着。旧市街の路地を散策したり、ソコトレンに乗って街の全景を眺めたり　P.42　ソコトレンで街をひと巡り　ランチはタパス！
  - Avantで33分

- **18:00** トレド発17:25の列車で**マドリード**に戻る
  - メトロ20分
- **18:30** **セラーノ通りやチュエカ地区、サレーサス地区**でお買い物　P.124　P.134　P.136　自分へのおみやげよ！
  - メトロ15分

- **20:00** 「**エル・コルテ・イングレス**」でおみやげを全力購入！　P.140　買い残しはもうないかな？
  - 徒歩10分
- **21:00** 最後のディナーは「ラ・ボラ」で**マドリードの郷土料理**　P.126　お肉でシメ！大満足！

Day 8 最終日は帰るだけじゃない！ 空港でもショッピング♪

買い忘れたものがあるなら、早めに空港へ。出国審査の前にシメのお買い物！

- **9:00頃** ホテルをチェックアウト
  - タクシー30分
- **12:00頃** 直行便または経由便で帰国の途に。翌日、日本着。

Good bye Spain ビューン

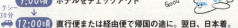

思ってた以上に
ステキな国♪

情熱の国スペインの
ハートに火がつく
プチぼうけん！

念願のサグラダ・ファミリア、すみずみまで目に焼きつけたい！
スペインっ子に交じってバル巡りして、フラメンコも観なきゃ。
リーガ・エスパニョーラのあのスター選手もすぐそこ、手が届きそう♥
ほら、帰るころには、すっかりスペインにハマってる、でしょ？

プチぼうけん① 思わずシェアしたくなる〜☆ バルセロナの絶景スポットはここ！

SNSで話題の穴場スポットや一度は見ておきたいパノラマビューなど、バルセロナを知り尽くしたaruco取材班がとっておきの絶景を厳選。すてきな写真を撮ってSNSでシェアしちゃおう！

絶景スポットを訪れる
TOTAL 30分〜3時間
オススメ時間：午後〜日没
予算：無料〜€20

日没時間をチェック
夜景を撮影するなら、日没から20〜30分後のブルーモーメントと呼ばれる時間帯がおすすめ。日没時間は季節により大幅に異なるので事前に確認しておこう。

フォトジェニックな風景を思い出に焼きつけちゃお♪

とっておきの絶景に感動したら、みんなとシェアしたくなるよね。旅の思い出に残るすてきな写真や動画をアップすれば、たくさんの「いいね！」がもらえること間違いなし♪

Wi-FiでSNSにアップ！

SPOT 1 サグラダ・ファミリアが目の前に！

サグラダ・ファミリア聖堂はもちろん、地中海まで眺望が広がる

SNS映え度 ★★★
穴場度 ★★★
所要時間 30分〜1時間

Point 混むのは夕方から夜にかけて。昼間は空いているので、ソファ席でくつろぎながら絶景をひとり占めできる。教会前の公園でライトアップを見たあと（→P.29）、ここで1杯飲むのも◎。

📷 #ayrehotelrosellon

夕暮れどきになると、夕日を浴びて聖堂が薄紅色に染まる

アイレ・ホテル・ロセリョンの屋上バー Rooftop Bar of Ayre Hotel Rosellón

サグラダ・ファミリア・ビューで人気の高いホテル。実は、宿泊客でなくても屋上のテラスバーは利用できちゃうんです！　真横から見るサグラダ・ファミリアも迫力満点。

Map 別冊P.5-C2　アシャンプラ地区
🏠 Rosellón (Rosellò) 390　☎ 936 009 200
🕐 毎日 10:00〜23:00　Card A.D.J.M.V.　②、5号線サグラダ・ファミリア駅から徒歩3分　URL www.ayrehoteles.com
こちらもCHECK！ → P.103

ライトアップされた夜もすてき。バーでは飲み物のほか軽食も注文できる

20

カルメル要塞への行き方
バルセロナ中心部から市バス22番に乗り所要20〜30分、終点の「Gran Vista - PI de la Mitja Lluna」で下車、そこから徒歩約10分。市バスのルートはTMB（バルセロナ交通局）のサイト URL www.tmb.cat やアプリで確認できる。

バスを降りたらこの道を上っていく

SNS映え度 ★★★
穴場度 ★★★
所要時間 2〜3時間

Point 日没の1時間ほど前に到着し、刻々と変化する風景を楽しみたい。帰りはバス停まで人通りのない夜道を歩くので、ほかの観光客について行くなど、できるだけひとり歩きは避けたい。

バルセロナ プチぼうけん 1

バルセロナの絶景スポットはここ！

- トーレ・アグバル
- ホテル・アーツ
- サグラダ・ファミリア聖堂
- ホテルW
- モンジュイックの丘

カルメル要塞 Bunkers del Carmel
市街地の北側、標高262mの丘にスペイン内戦の際に築かれた要塞。地元でも知る人ぞ知る穴場的スポットだったが、近年SNSで広まり、大勢の観光客が訪れるようになった。

Map 別冊P.5-D1 新市街
⏰24時間 🆓無料

街の明かりがきらめく夜景は、いつまでも眺めていたくなるほどの美しさ！

SPOT 2 バルセロナの街が360°見渡せる！

📷 #bunkersdelcarmel

カルメル要塞を動画アプリでまとめる！

夏なら19:00頃でこの明るさ。真っ青な地中海がまぶしい！

Selfie 自撮りスポット

サグラダ・ファミリア聖堂をバックに入れて自撮りするのはお約束

ライトアップされたサグラダ・ファミリア聖堂にズームイン！

食料やワインを持参してピクニックを楽しむ人たちも画に収めて、臨場感を出そう

自撮りスポット

日没の目安は夏21:00〜21:30、冬17:00頃。夕日が沈む瞬間は絶対に撮らなきゃ！

21

港のロープウエイ　Teleférico del Puerto

バルセロナ港の上を横断する、1929年の万国博覧会の際に開通したレトロなロープウエイ。バルセロナの街並みと地中海を同時に眺めながら、空中さんぽを楽しんじゃおう！

Map 別冊P.6-A2~B3　モンジュイック～バルセロネータ

☎934 414 820　⏰6/1～9/10は10:30～20:00、3/1～5/31、9/11～10/29は10:30～19:00、10/30～2/28は11:00～17:30　休12/25　料片道€11、往復€16.50　URL www.telefericodebarcelona.com

SNS映え度 ★★
穴場度 ★★
所要時間 30分（乗車時間は15分）

Point ゴンドラに乗車したら、すかさず前方または後方の窓側に立つと街と海の両方が見える。逆ルート（バルセロネータ→モンジュイック）は、海水浴シーズンの夏は混むので行列覚悟で。

SPOT 3 街と海を一望しながら空中さんぽ

ビデオで撮れば眺望コンプリート　動画もアップ♪

ロープウエイ乗り場への行き方
地下鉄2、3号線パラ・レル駅からフニクラ（地下鉄のホームと構内でつながっている）に乗りモンジュイックの丘へ。フニクラ駅を出たら右へ進み、道なりに徒歩10分。反対側から乗る場合は、地下鉄4号線バルセロネータ駅から徒歩15分。

- モンジュイックからスタート
- 正面にコロンブスの塔が見える
- 港には豪華客船も停泊することも
- 中央の塔でゴンドラが交差

こちらもオススメ！
モンジュイックの丘には、ほかにも絶景スポットが。時間に余裕があれば立ち寄ってみて！

休憩にぴったりの展望レストラン
ミラマール　Miramar

ロープウエイ乗り場の脇にあり、眺めは抜群。タパスやパエリャといった食事もできるし、ドリンクだけでもOK。夜景も美しいのでおすすめ。

Map 別冊P.6-A2　モンジュイック
🏠 Carretera Miramar 40
☎934 438 627　⏰毎日10:00～20:00（夏期は～24:00）
Card A.M.V.
URL www.club-miramar.es

#miramargardenclub

#teleferidemontjuic

バルセロナの街が一望のもと
モンジュイックのゴンドラ　Telefèric de Montjuïc

フニクラ駅を出るとすぐ右横にゴンドラの乗り場がある。丘の頂にそびえるモンジュイック城まで約750m、約10分間の空中さんぽを楽しんで！

Map 別冊P.4-B3　モンジュイック
⏰毎日10:00～19:00（6～9月～21:00、11～2月～18:00）
料片道€8.40、往復€12.70
URL www.telefericdemontjuic.cat

#telefericodelpuerto

バルセロネータ地区に建つサン・セバスティアの塔が終点

Goal

バルセロナ

プチぼうけん 1

バルセロナの絶景スポットはここ！

振り返るとモンジュイックの丘が　　左側にランブラス通りが見える　　ポルト・ベイと呼ばれる旧港　　夏は海水浴客でにぎわうビーチ

美術館を背景に入れるなど、さまざまなアングルで撮影してみて！

ここから見ると

SNS映え度 ★★
穴場度 ★★
所要時間 1時間
Point カタルーニャ美術館の屋上からは、噴水と一緒にバルセロナの街並みが撮影できる。6～9月の金・土曜20:00～23:00オープン。正面玄関の左脇より入り、エレベーターで屋上へ。

マジカ噴水　Font Màgica

モンジュイックの丘の麓、カタルーニャ美術館の前にある、1929年に造られた噴水。週末に行われる噴水ショーは、夜の人気スポット。空に明るさが残る日没後30分くらいがいちばんきれい！

Map 別冊P.4-B3 モンジュイック

SPOT 4 スペクタクルな噴水ショーを楽しむ！

噴水ショーは6～9月の水～日曜21:30～22:30、4・5・10月の木～土21:00～22:00、11～3月の木～土20:00～21:00（変更もあるので要確認）休1/7～2/28 料無料 交1、3号線エスパーニャ駅から徒歩7分 URL www.bcn.es/fontmagica

#fontmagica

23

ガウディのこだわり見〜つけた♪
サグラダ・ファミリアをディープに楽しむ

世界遺産

天才建築家ガウディがその生涯を捧げたサグラダ・ファミリア聖堂。こだわり満載の必見ポイントからとっておきの撮影スポットまで、ひと味違う楽しみ方を公開しちゃいます！

バルセロナを訪れたらまずはここへ！

数あるガウディ作品のなかでも絶対に訪れたいのが、バルセロナのシンボルともいうべきこの教会。実物の迫力に触れれば、世界中の人々を魅了するそのワケを実感するはず！

サグラダ・ファミリアにまつわるアレコレ！

そもそもサグラダ・ファミリアって？
サグラダ・ファミリアとは「聖家族」の意味で、キリストとマリア、マリアの夫でキリストの養父ヨセフのこと。産業革命により社会が大きく変化した19世紀後半、家族を大切にしようという理念のもと、カトリック信者の団体である聖ヨセフ帰依者協会によって着工された。

ガウディのライフワーク
サグラダ・ファミリア聖堂
Basílica de la Sagrada Família

聖ヨセフ帰依者協会の本堂として1882年に着工。その翌年、ガウディが主任建築家となる。2010年には内部が完成し、ローマ法王を招いてサグラダ・ファミリアを教会と認定するミサが執り行われた。

Map 別冊P.5-C2 バルセロナ・アシャンプラ地区

🏠 Mallorca 401　☎ 932 080 414　🕐 毎日9:00～20:00（3・10月～19:00、11～2月～18:00、1/1・6と12/25・26～14:00）※入場は閉館30分前まで　🚫無休（特別な宗教行事が行われる際は閉鎖されることがあるので公式サイトで確認を）　🎫チケットの種類（→P.25）参照　🚇2、5号線サグラダ・ファミリア駅から徒歩1分　URL www.sagradafamilia.org

おすすめ見学ルート
所要時間は、かけ足で1時間、じっくり観るなら2時間が目安

- **A** 生誕のファサード→P.26
- **B** 塔（鐘楼）→P.27
- **C** 聖堂内部→P.27
- **D** 受難のファサード→P.28
- **E** 地下博物館→P.28
- **F** 付属学校→P.28
- **G** ギフトショップ→P.28

オーディオガイドは塔を下りてから借りよう！

オーディオガイド貸し出し

ガウディが完成させた生誕のファサード

東側のガウディ広場から聖堂を望む

サグラダ・ファミリアを楽しむ

TOTAL 1〜2時間 バルセロナ

プチぼうけん 2

サグラダ・ファミリアをディープに楽しむ

オススメ時間：午前中　予算：€17〜

見学は朝いちばんに
10:00を過ぎると団体のツアー客が押し寄せるので、できるだけオープン時間の9:00に入場したほうが、ゆっくり見学できてオススメ。

ステンドグラスに照らされて7色に輝く聖堂内部

3 実は違法建設だった？
2006年に聖堂の真下に高速鉄道AVEのトンネルを掘削する計画が持ち上がり、反対運動が起こる過程で、サグラダ・ファミリアが行政に届け出を出していない違法工事であることが判明。最終的には特別法を制定し合法化したうえで、地盤強化と掘削工事が行われた。

ガウディってこんな人
アントニ・ガウディ
Antoni Gaudí
（1852〜1926年）
カタルーニャ南部のレウスに、銅板器具職人を父に生まれる。苦学の末、25歳で建築学校を卒業。パリ万博に出展した作品がバルセロナの実業家グエルの目にとまり、グエルやその友人たちの依頼で数々の建築を手がける。生涯独身をとおし、晩年はサグラダ・ファミリアの建設に専念し「神の建築家」と呼ばれた。73歳で路面電車にひかれ死去。

2 いつ完成するの？
信者の寄付を財源とする贖罪教会であるため、なかなか建設が進まず、完成までにあと200年はかかるといわれたことも。しかし近年は入場料収入が増え近代工法が取り入れられたことで飛躍的に速まり、ガウディ没後100年にあたる2026年完成をめざして工事が進められている。

どれ買う？ チケットの種類

チケットの名称	料金	内容
Basic Ticket	€17	ファサードと聖堂への入場のみ。地下博物館（→P.28）や付属学校（→P.28）は見学できるが、塔には上れない
Audio Tour	€25	オーディオガイド付き（日本語あり）。イヤホンで説明を聞きながらファサードや聖堂内を自由に見学できる。所要約45分
Guided Experience	€26	専門のガイドがツアー形式でファサードや聖堂内を案内してくれる。言語は英・西・仏・独語などから選べる。所要約50分
Gaudí's Work & Life	€27	オーディオガイド＆グエル公園（→P.64）内にあるガウディの家博物館のチケット付き。ガウディの家博物館はいつでも入場可能
Top Views	€32	オーディオガイド＆塔に上るエレベーター付き。塔は購入時に、生誕のファサード「Tower on the Nativity facade (Torre del Nacimiento)」（→P.26）側か、受難のファサード「Tower on the Passion facade (Torre de la Pasión)」（→P.28）側かのいずれかを選ぶ

※2019年11月現在のオンライン購入の料金

チケットはオンライン購入で早めに
人数制限があるため、観光客が多いシーズンはすぐに売り切れることもある。早めに事前購入をしておこう。入場の際は、印刷したPDFチケットかスマホに保存してあるQRコードを提示すればOK。

オススメは塔に上れる「Top Views」の「生誕のファサード」のほう

25

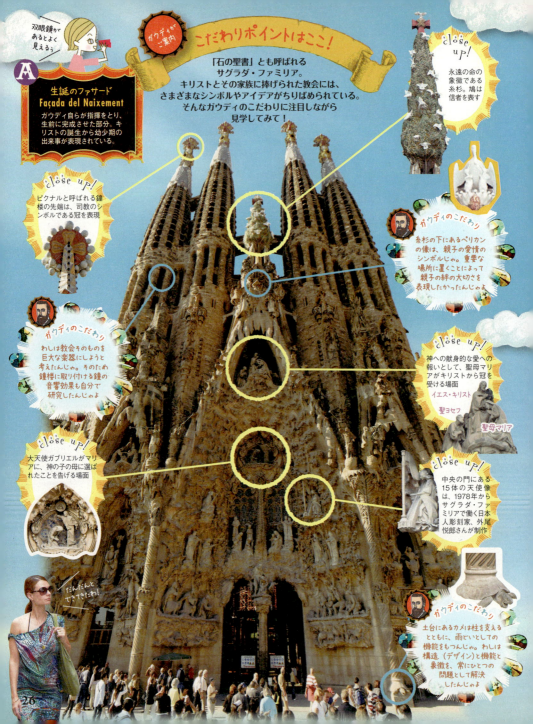

バルセロナ

プチ ぼうけん 2

サグラダ・ファミリアをディープに楽しむ

B 塔(鐘楼) Torre

生誕のファサード側と、受難のファサード側の2ヵ所にある。塔に上りたい場合は、人数制限があるので、あらかじめチケット「Top Views」(→P.25)を購入しておくこと。

塔はどの所にあるけど、おすすめは生誕のファサード

巻き貝のように見える階段の内部

予約しておいた時間になったら、奥にあるエレベーター乗り場へ

エレベーターを降りたら、塔と塔をつなぐ橋を渡ってみよう

塔の上からは、ガウディが完成させた「生命の木」や彫刻などが間近に見える！

下りは、らせん階段を歩いて

途中のバルコニーで記念撮影

C 聖堂内部 Basílica

ガウディは聖堂内を、信者が神との一体感を体験できる場所にしようとした。シュロの葉をモチーフにした天井から光が降り注ぎ、まるで森のよう。

ガウディのこだわり
柱を枝分かれさせることによって、樹木のように見せるとともに、天井を支える役目があるんじゃ

ここに注目！ 1
ステンドグラス
太陽が昇る東側の窓は青、太陽が沈む西側の窓は赤色のステンドグラスで飾られている。

ここに注目！ 2
祭壇飾り
パンとワイン(キリストの肉と血を表す)を作るためのブドウと小麦などで囲まれた十字架磔刑像。

ヨハネ Joan　マルコ Marc　ルカ Lluc　マタイ Mateu

ここに注目！ 3
柱の装飾
祭壇を囲む4本の柱の上部には、新約聖書の福音書を書いた4人の使徒のシンボルが描かれている。

27

なりきりカメラ女子☆ ベストアングルを探せ！

どこから撮っても絵になるけど、とっておきの1枚を撮影するには、アングルや時間帯にもこだわりたいよね。いつまでも旅の思い出として残る、自分だけのベストショットを！

バルセロナ
プチぼうけん 2
サグラダ・ファミリアをディープに楽しむ

A ガウディ広場 Plaça de Gaudi
「生誕のファサード」を撮るなら、やっぱりここがベスト！ 午前中、夕景、ライトアップされた姿など、それぞれに美しいので、時間を変えて撮影してみて。

Advice! 昼間の撮影なら、ファサードに光があたる午前中がおすすめ

Advice! 池に映る「逆さサグラダ・ファミリア」を撮影するには、広角レンズがあるとベター

夜景撮影のコツ
フラッシュをオフにして夜景モードで。建物の壁や手すりなどを利用して、カメラやスマートフォンを固定するように押さえて撮ると、手ぶれが防げる。

ライトアップの時間
1月	18:30〜22:00	10月	20:00〜23:00
2月	19:00〜23:00	11月	18:30〜22:00
3月	19:30〜23:00	12月	18:00〜22:00
4・9月	21:00〜24:00		
5・8月	21:30〜24:00		
6・7月	22:00〜24:00		

※何らかの理由で変更・中止されることもあるので要注意

B サグラダ・ファミリア広場 Plaça de la Sagrada Familia
「受難のファサード」を撮影するならここ。広場の奥から撮ると建物全体が写真に収まる。

Advice! 午前中は逆光になるので、午後の撮影が◎

シャッターチャンス！

Advice! 街灯が点灯する夕暮れどきもロマンティック

C ガウディ通り Avinguda de Gaudi
斜めから見るサグラダ・ファミリアも重厚感があって迫力満点。午前中の早い時間か夕方がおすすめ。

D アイレ・ホテル・ロセリョンの屋上バー
真横からのアングルで撮影できる穴場スポット。
詳細は → P.20

プチ
ぼうけん
3

お参りすると願いが♡かなう？ 聖地モンセラットで黒いマリア様からパワーをもらう♡

バルセロナから北西へ約50km、岩山に修道院がそびえるモンセラットはカタルーニャ地方の守護聖母、黒いマリア像が祀られるキリスト教の聖地。強力なパワースポットとしても注目されているときたら、行かなくちゃ！

きれいなステンドグラスもあるよ

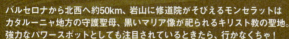
願いを込めて…
わたしもタッチしたい！

バルセロナ郊外のパワースポットへGo！

岩山の中に修道院が建つ

奇妙な形の岩がそびえ、自然のエネルギーに満ちあふれるモンセラット。山の中腹には11世紀に創建された修道院が建ち、聖母マリア信仰の地として多くの巡礼者が訪れる。

モンセラット日帰り　TOTAL 7時間半

オススメ時間 9:30～17:00　予算 €30～

❗寒さ対策も忘れずに！
標高約1200mのモンセラットはバルセロナよりも気温が低めで、天気が急変することもある。夏でも長袖シャツなど羽織るものがあると安心。

Map 別冊P.3-D1

バルセロナからの行き方

9:36 スペイン広場駅 Plaça d'Espanya
Map 別冊P.4-B2
FGC（カタルーニャ鉄道）のR5号線マンレザManresa行きに乗る。1時間ごとの運行。

FGCで61分

10:37 アエリ・デ・モンセラット駅 Aeri de Montserrat

FGCでさらに4分

10:41 モニストロル・デ・モンセラット駅 Monistrol de Montserrat

オススメの行き方
行きはロープウエイ、帰りはFGCに1駅先に乗れて席が取りやすい登山鉄道が◎

チケット情報
バルセロナ市内からのFGC＋登山鉄道（または＋ロープウエイ）の料金は、片道€11.55（夏期€12.15）、往復€21（夏期€22）。ただし、行きと帰りで異なるルートをとる場合は往復チケットは使えないので注意。

お得なセット券
FGCが販売している「Trans Montserrat」は、バルセロナ市内のメトロ、R5号線、登山鉄道、ケーブルカーがセットになって€35.30。さらにカフェテリアでの昼食と美術館の入場券が付いた「Tot Montserrat」は€53.85。

ロープウエイで5分

到着！

モンセラット Montserrat

登山鉄道で20分

30

身も心も清らかになれる モンセラットさんぽ♪

パワースポットはしっかり押さえつつ、グルメを楽しんで、おみやげもGetしたい！ そんな欲張り女子のためにおすすめプランをご案内。
※時間はスペイン広場9:36発の列車に乗った場合の目安

バルセロナ
プチぼうけん 3

聖地モンセラットで黒いマリア様からパワーをもらう

モンセラットMAP

11:00 修道院付属の教会へ

教会正面にある「アトゥリオのパティオ」と呼ばれる中庭は、強力なパワースポットとして知られる。特に円形のモザイクの中心にパワーが集まるそう！

天からパワーが降ってくる

パワスポ 2

右手に宇宙を持ってるの

ここにタッチ！

11:30 マリア様にごあいさつ

願いを叶えてくれるというマリア様には、参拝する人々の長い行列が。像の前まで行くには、教会に向かって中庭右側の入口から入る。

黒いマリア像

12世紀に羊飼いが洞窟で発見したといわれ、地元では「ラ・モレネータ」と呼ばれる。当初は黒くなかったが、長年ロウソクの煙にいぶされ黒くなってしまったのだとか。現在祀られているのはオリジナルではなく、19世紀に復元されたもの。

12:00 カフェテリアでランチ

arucoおすすめは、展望台にある「セルフサービス・デ・モンセラット」（1～2月は不定休）。デザートにはマトマトという名物のチーズを試してみて。

13:00 天使の歌声を聴く（日曜・祝日は12:00）

黒いマリア像と並んで有名なのが、14世紀から続く「エスコラニア」と呼ばれる少年合唱団。ミサの最初に美しい歌声を披露するが、土曜は休みなので注意して。合唱団のスケジュールはURL www.escolania.catでチェック！

復活～!

13:30 サンタ・コバの洞窟へ

マリア像が発見されたという洞窟。ケーブルカーで5分、終点から片道20分ほど歩く。洞窟へ通じる道にはロザリオの祈りを記念する15のモニュメントがあり、そのなかの第一秘跡「キリストの復活」はガウディによるもの。

洞窟にはマリア像のレプリカが

パワスポ 3
第一秘跡『キリストの復活』

3曲くらい歌うよ！

14:50 おみやげGET!

地元の修道院で昔から作られてきた素朴なスイーツが、おみやげの定番。

ロック Roc
岩山をかたどったメレンゲ菓子

カルキニョリス Carquinyolis
アーモンド入りの固いクッキー

コカ Coca
長さ40cmほどの平べったい菓子パン

31

プチ
ぼうけん 4

グルメもアートも絶景も♡
話題のバスク地方を大満喫！

Map 別冊 P.3-C1

「世界一おいしい町」といわれるサン・セバスティアンと「アートの町」ビルバオ。バル巡りをはじめ、アートや絶景、かわいいバスク雑貨とお楽しみがいっぱい♪ふたつの町を起点にして、バスク地方の魅力を味わい尽くす旅へ出かけよう！

サン・セバスティアンへのアクセス

●バルセロナから
サンツ駅から列車で約5時間30分～7時間20分、1日3便、€45.30～。飛行機で1時間10分。

●マドリードから
チャマルティン駅から列車で約5時間30分、1日4便、€47.50～。飛行機で1時間20分。
※サン・セバスティアン空港から市内へはバスE21で30分。

Atention！
サン・セバスティアンはバスク語でドノスティアと呼ばれる。列車やバスの行き先が「Donostia」となっていることも多いので注意して！

サン・セバスティアンの 🛈
Map 別冊 P.26-B1

🏠 Alameda del Boulevard 8
📞 943-481-166
🕐 月～土9:00～19:00、日10:00～14:00（6/19～9/20は月～土8:00～20:00、日10:00～19:00）　URL www.sansebastianturismo.com

San Sebastián

バスクってどんなとこ？
ピレネー山脈西部のスペインとフランスにまたがる地域。古くからこの地に暮らすバスク人は独自の言語と文化をもつ。山と海に挟まれた風光明媚な土地で、近年は美食でその名が世界中に知られるようになった。

バスクのシンボルマーク「ラウブル」

美食の町サン・セバスティアンで名物ピンチョスを求めてバル巡り

バスク地方では、タパス（小皿料理）のことをピンチョスと呼ぶ。「バルの聖地」といわれるサン・セバスティアンで、地元の人が太鼓判を押す店と、その名物ピンチョスをご紹介！

バルセロナでバル巡り♪ → P.82
マドリードのバル広場 → P.130

バスク地方を巡る旅
TOTAL 2泊3日

オススメ時間　1年中
予算　€250～

シーズンオフも狙い目
6～9月は特に混むので、ホテル予約は早めに！冬はシーズンオフだが、そのぶんホテルの料金も安く、混雑を避けて観光やバル巡りが楽しめる。

Bar 1
Azkena アスケナ
市場の新鮮な食材をピンチョスに

サン・セバスティアンの台所ブレチャ市場の地下にあり、市場で働く人もよく利用する。朝からしっかり食べたいときにもおすすめ。

Map 別冊 P.26-B1　旧市街

🏠 Mercado La Bretxa, puesto N.36　📞 615 792 655　🕐 8:00～17:00（月・土～15:00）　休 日・祝　Card D.M.V.　🚶 ギプスコア広場から徒歩3分

バカラオのコンフィ
Roca de Bacalao €3.40

奥さんのメルチェルさん
旬の素材のオムレツがおすすめ♪

名物！
タラのオムレツ
Tortilla de Bacalao €2.30

オーナーイニゴさん

豚肉とナス
Lomo de Cerdo y Berenjena €3.40

バスク地方 プチぼうけん 4

話題のバスク地方を大満喫！

How to Order
バルのオーダー方法

こんにちは！
¡Hola!
オラ！

① まずはあいさつ
店に入ったらカマレロ（ウエイター）に自分の存在をアピール。目が合ったら「オラ！」とあいさつしよう！

チャコリを1杯ください
Un txakoli, por favor.
ウン・チャコリ・ポル・ファボール

Txakoli Cidra Kalimotxo

② ドリンクを注文
バスク地方ではチャコリ（微発泡白ワイン）やシードラ（リンゴ酒）が一般的。カリモチョはバスク発祥の赤ワインのコーラ割り。

→ そのほかのドリンク P.83

これをください
Esto, por favor.
エスト・ポル・ファボール

③ ピンチョスは指さしで
皿を渡されて自分で好きなものを取る店や、黒板メニューから温かいピンチョスを注文できる店もある。

お会計お願いします
La cuenta, por favor.
ラ・クエンタ・ポル・ファボール

④ 支払いはカマレロに
食べ終わってからまとめて支払うこともできるが、混んでいる場合はその都度支払ったほうがベター。

バルが多いのはどこ？
旧市街（Map 別冊P.26-A1～B1）には100軒以上のバルがあるが、なかでも31 de Agosto通りとFermin Calbetón通りに有名バルがひしめく。また、ウルメア川の東側のグロス地区（Map 別冊P.26-B1）にも人気バルが点在している。

サンタ・マリア教会 ③
コンスティトゥシオン広場 ②
Fermin Calbetón
プレチャ市場 ①

夜遅くまでにぎわうフェルミン・カルベトン通り

バル巡りの心得
★ 身軽な格好で
バルは立ち飲みが基本。両手が使えるよう、斜めがけできるバッグで。

★ 貴重品に注意
混んだ店内ではスリや置き引きに注意。貴重品は体から離さないように。

★ 長居はしない
ピンチョスを2～3品つまんで1杯飲んだら次の店へ、というのが現地流。

Bar 2
伝統的なスタイルで地元客にも人気

Gandarias
ガンダリアス

カウンターにはピンチョスがずらりと並び、どれにしようか迷ってしまうほど。カマレロはベテラン揃いで、混雑時でもテキパキと注文をこなし、雰囲気も◎。

Map 別冊P.26-A1 旧市街
🏠 31 de Agosto 23
☎ 943 426 362
🕐 毎日11:00～24:00
Card M.V. プレチャ市場から徒歩5分
URL www.restaurantegandarias.com

名物！ マッシュルームのピンチョ
Champiñón €1.80

ウニのグラタン
Erizo de Mar €4.50

牛ヒレ肉のピンチョ
Solomillo €2.75

チーズのリゾット
Risotto €2.55

チーズケーキだけ食べる人もいるよ！

ムール貝の詰め物
Mejillón Relleno €2.40

チーズケーキ
Tarta de Queso €5

ポテトサラダ、アンチョビの酢漬けなど、シンプルなピンチョスがおいしい。チーズケーキは濃厚な味わいで、赤ワインとも合う。

Map 別冊P.26-B1 旧市街
🏠 31 de Agosto 3 ☎ 943 427 495
🕐 10:30～17:00、18:30～24:00
🚫 月 Card M.V. プレチャ市場から徒歩5分
URL lavinarestaurante.com

Bar 3
絶品チーズケーキが名物の老舗バル

La Viña
ラ・ビニャ

名物！ チーズとアンチョビのカスティーリョ
Canutillo de Queso y Anchoa €2.20

美食巡りにカンパイ！

33

Bar 4 Karma シャルマ

バスクの伝統を大切にしてるわ

オーナーシェフ アイスペアさん

女性シェフのおしゃれピンチョス

名物！ シャルマ風サラダ
Ensaladilla Xarma €2.50

赤ピーマンの詰め物
Piquillo Parrillero Relleno €3

ツナのマリネ
Atún Marinado €3.50

ピンチョスは1階のバルで！

バスク出身の有名シェフ、アイスペアさんの創造性あふれる料理がピンチョスで楽しめる。地下はオープンキッチンのおしゃれなレストラン。

Map 別冊 P.26-B1 グロス地区

- Miguel Imaz 1 ☎943 142 267
- 9:00〜翌1:00（金・土〜翌2:00） 休火
- Card M.V. ブレチャ市場から徒歩10分
- URL xarmacook.com

Bar 5 Bodega Donostiarra ボデガ・ドノスティアラ

名物！ インドゥライン（青トウガラシとツナの酢のせ）
Induráin €2.45

地元っ子に愛される老舗

1928年創業、伝統的なスタイルで地元の人に大人気。温かい料理のメニューも豊富で、注文を受けてから作る熱々のオムレツもおすすめ！

ジャガイモのオムレツ
Patata Tortilla €2.20

タコのオーブン焼き
Pulpo a la Brasa €4.20

Map 別冊 P.26-B1 グロス地区

- Peña y Goñi 13 ☎943 011 380
- 9:30〜23:00（金・土〜24:00）、夏期は月〜土9:00〜24:00 休日・祝 Card A.J.M.V. ブレチャ市場から徒歩10分
- URL www.bodegadonostiarra.com

バルで役立つミニ会話

どのピンチョスがおすすめですか？
¿Qué pinchos me recomiendar?
ケ・ピンチョス・メ・レコミエンダール

私にも同じものをください
Lo mismo para mi, por favor.
ロ・ミスモ・パラ・ミ・ポルファボール

とてもおいしかったです
Estaba muy rico.
エスタバ・ムイ・リコ

テーブル席でゆっくり食べられる

View 絶景スポットはここ！

ここから見ると

海の青さがまぶしい
Monte Igueldo
モンテ・イゲルド

町の西側にある小高い丘。頂上からは弧を描くコンチャ湾と町並みが一望できる。

Map 別冊 P.26-A2外 サン・セバスティアン郊外

- ギプスコア広場から16番の市バスに乗り「Funicular」で下車、ケーブルカーに乗り換える
- URL www.monteigueldo.es

こちらもcheck！

風の櫛
Peine del Viento

モンテ・イゲルドの麓にある鉄のオブジェ。地元生まれの彫刻家チリーダの作品。

34

バスク地方 プチぼうけん 4

話題のバスク地方を大満喫！

Shopping
バスク雑貨&食材を お持ち帰り♪

日本語も 少しだけ OKよ！

カラフルなバスク布たち
Euskal Linge
エウスカル・リンゲ

テーブルクロスやランチョンマット、タオルなど品揃えが豊富。対応も親切。
※2019年に閉店

Map 別冊P.26-A1 旧市街

📍Mayor 8 ☎943 102 028 🕐月14:00〜19:00、火〜土12:00〜19:00、6/15〜9/30は毎日11:00〜21:00 休10/1〜6/14の日 Card J.M.V. 🚶プレチャ市場から徒歩5分 🌐lingebasque.fr

1. タオル地のバッグ€46
2. トウガラシの刺繍入りランチョンマット€11
3. バスクを象徴する7本のラインが入ったポーチ各€15
4. ラウブルの模様入りハンドタオル€16
5. ランチョンマット各€7

エスパドリーユを探すならここ
Kokékokó
コケコッコ

バスク発祥ともいわれるエスパドリーユ。どれもかわいくて大人買いしそう。少しきつめのサイズを選ぶのがコツ。

Map 別冊P.26-B2 旧市街

📍Hernani 13 ☎943 422 203 🕐10:00〜14:00（土10:30〜）、16:30〜20:00（土〜20:30）休日・祝 Card M.V. 🚶プレチャ市場から徒歩5分 🌐kokekoko.net

気軽に 試着して みてね！

1,2. 地元のデザイナーとコラボ各€32 3. 奥さんのブランカさんがデザインしたオリジナル商品€39 4. シンプルなエスパドリーユはカラーバリエーション豊富€16 5. フランス製のコットンシャツ€46

おいしいものがいっぱい！
Lur-Lan
ルーラン

バスク地方で作られた食品のみを扱う。特産のアンチョビや羊乳で作られるイディアサバルチーズはおみやげに◎。

バスクの 特産品が 勢揃い♪

Map 別冊P.26-B1 旧市街

📍Boulevard 7 ☎943 428 648 🕐10:00〜14:00、17:00〜20:00 休日・祝 Card M.V. 🚶プレチャ市場から徒歩2分 🌐www.lurlan.org

1. 青トウガラシの酢漬け€3.85 2. ビンチョウマグロのオイル漬け€12.80 3. 板チョコ各€2 4. チーズは量り売り 5. 老舗菓子店ゴロチャテギのクッキー€6.10

サン・セバスティアンのおすすめホテル Hotel

旧市街にありバル巡りに便利
Lasala Plaza
ラサラ・プラサ

20世紀初頭のクラシックな建物を改装し、2018年7月にオープン。屋上テラスからはコンチャ湾が見渡せる。

Map 別冊P.26-A1 旧市街

📍Plaza Lasala 2 ☎943 547 000 💰S/W€45〜300（Wi-Fi無料）Card A.D.M.V. 🛏58 🚶プレチャ市場から徒歩5分 🌐www.lasalaplazahotel.com

コンチャ海岸沿いに建つ4つ星ホテル
Tryp Orly
トリップ・オルリー

13階建てなので上層階なら眺めが抜群。客室はゆったりとした造りで、4人で泊まれるファミリールームもある。

Map 別冊P.26-A2 新市街

📍Plaza de Zaragoza 4 ☎943 463 200 💰S/W€85〜187（Wi-Fi無料）Card A.D.M.V. 🛏64 🚶プレチャ市場から徒歩10分 🌐www.melia.com

Bilbao

バスク地方の中心都市ビルバオで
**モダンアート&
グルメさんぽ**

かつて工業都市として栄えたビルバオは、グッゲンハイム美術館の開館に伴いアート都市へと変貌。また、最近はレベルの高いピンチョスを出すバルも増加中。モダンアートを堪能したあとは、バルで食べ歩きを楽しもう!

Map 別冊P.3-C1

ビルバオへのアクセス
● バルセロナから
サンツ駅から列車で約6時間30分〜7時間、1日3便、€63.10〜。飛行機で1時間15分。
● マドリードから
チャマルティン駅から約5時間、1日2便、€50.20〜。飛行機で1時間5分。
● サン・セバスティアンから
Pesa社のバスで1時間15分、30分おき、€12.30。
※ビルバオ空港から市内へはバスA3247で30分。

ビルバオの ℹ️ **Map** 別冊P.26-B3
📍Plaza Circular 1 📞944 795 760 🕘毎日9:00〜20:00 🌐www.bilbaoturismo.net

---

ビルバオのランドマーク
グッゲンハイム美術館
Museo Guggenheim

美術館外の作品だけでも見る価値あり!

ビルバオ川沿いの旧工業地帯に1997年に開館。チタンやガラスで覆われた斬新な建物は、アメリカ人建築家フランク・ゲーリーの設計。20世紀後半の作品を中心とした常設展のほか、多彩な企画展も開催されている。

Map 別冊P.26-B3
新市街
📞944 359 080
🕘火〜日10:00〜20:00　🕘9〜6月の月、1/1、12/25
💴€16、学生€9
🚇地下鉄モユア駅から徒歩10分
🌐www.guggenheim-bilbao.eus

年に2回
お色直しを
するの!

Ⓐ『パピー』ジェフ・クーンズ
正面入口前の広場にある、色とりどりの花で飾られた子犬

Ⓑ『高い木と目』アニッシュ・カプーア
ステンレス製の73個の球体が、風景を反射して光輝く

Ⓒ『霧の彫刻』中谷芙二子
毎時0分から約5分間、噴出する霧が幻想的に風に舞う

Ⓓ『ママン』ルイーズ・ブルジョワ
巨大なクモを象ったオブジェは、母親を表現している

バスク地方

プチ ぼうけん 4

話題のバスク地方を大満喫！

Bar
Gure Toki
グレ・トキ

創作系ピンチョスが人気

ピンチョスの大会で優勝した経験をもつシェフが腕をふるう。バルが連なるヌエバ広場の一角にあり、いつも人だかりができている。

フォアグラと卵のタパ
Topa de Huevo y Foie
€3.50

生ハムと
パンコントマテ
Pincho de
Pan con Tomate
€2

Map 別冊 P.26-B3　旧市街
- Plaza Nueva 12
- 944 158 037
- 9:00～23:30 (日9:30～16:00)
- 水
- M.V.
- カスコ・ビエホ駅から徒歩3分
- www.guretoki.com

バカラオのピンチョ
Bacalao €2.20～

チーズのスープ
Sopa de Idiazabal
€2.40

Bar
La Viña del Ensanche
ラ・ビニャ・デル・エンサンチェ

1927年創業の超有名店

いちばん人気は、最上級のイベリコ豚の生ハムをパンに載せたピンチョス。できたてで中がとろっと半熟のトルティーリャも絶品！

Map 別冊 P.26-B3　新市街
- Diputazio 10
- 944 155 615
- 8:30～23:00 (土12:30～)
- 日・祝
- M.V.
- 地下鉄モユア駅から徒歩5分
- www.lavinadelensanche.com

ヒルダ
Gilda €1.60

ビルバオから行く絶景スポットはここ！

ビスカヤ橋
Puente Vizcaya

今も活躍する世界初の運搬橋
世界遺産

ビルバオ川の河口にかかる全長約160mの鉄橋。エッフェルの弟子、ビルバオ出身のアルベルト・デ・パラシオの設計で1893年に完成した。船の運航を妨げないよう45mの高さに橋桁が設置され、人や車を積んだゴンドラが行き来する。

横から見ると

橋桁にはエレベーターで上るよ！

Map 別冊 P.26-A3外
- 毎日10:00～20:00 (11～3月～19:00)、ゴンドラは24時間
- 橋桁€8、ゴンドラ€0.40
- 地下鉄Areeta駅から徒歩10分
- www.puente-colgante.com

View

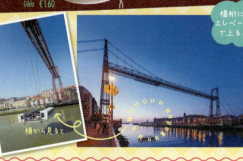

サン・フアン・デ・ガステルガツェ
San Juan de Gaztelugatxe

天へと続く神秘的な階段

2014年に「スペインで最も美しい風景」に選ばれた、バスク地方でも有数のビュースポット。島へ渡るには200段以上の階段を上り下りするので、歩きやすい靴で行こう。

教会の鐘

3回鳴らして

島への階段は「スペインの万里の長城」と呼ばれることも

Map 別冊 P.3-C1
- 24時間
- 無料
- モユア広場から3517番のバスで約1時間、Gaztelubeg下車（夏期以外は3518番でバキオBakioへ行き、3524番に乗り換え）。バス停から島まで徒歩で往復1時間30分ほど。

37

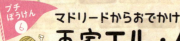

マドリードからおでかけ
画家エル・グレコが愛した古都
世界遺産 トレドで中世にタイムトリップ！

マドリードから南へ約70km、タホ川に抱かれたトレドは16世紀までスペインの政治・文化の中心として栄えた街。迷路のような旧市街を歩けば、まるで中世にさまよいこんだみたい♪

トレド日帰り旅
TOTAL 8時間30分

オススメ時間 9:20～18:00　予算 €60～

トレドの全景を眺めるには
タホ川の南側にある展望台へは、ミニトレイン（→P.43）やタクシーを利用。パラドール・デ・トレド（→P.45）のカフェのテラスからも街が一望できる。

TOLEDO

トレドの歴史
ローマ時代から城塞都市として栄え、560年には西ゴート王国の首都に。イスラム教徒の侵入で西ゴート王国が滅んだ後もキリスト教、イスラム教、ユダヤ教の文化が共存し、1561年のマドリッド遷都まで繁栄を誇った。

中世から変わらない街並みにうっとり♡

スペインの歴史が凝縮されているトレドの街並み。その美しさと魅力は、「もしもスペインに1日だけしかいられないなら、迷わずトレドへ行け」といわれるほど。

トレドへのアクセス
🚆 マドリードのアトーチャ駅から高速列車Avantで約30分、1日10～15便運行、片道€12.90。
🚌 マドリードの地下鉄6、11号線プラサ・エリプティカ駅にあるバスターミナルからAlsa社のバスで約1時間、ほぼ30分おきに運行、片道€5.47。

Map 別冊P.2-B2

トレドの ℹ️
Map 別冊P.12-B1
📍 Plaza de Zocodover 8
📞 925 267 666　🕐 月～土 9:00～18:00、日10:00～15:00　🏖 祝
🌐 www.toledo-turismo.com

列車でトレドに到着したら

駅にも注目！
ムデハル様式（イスラムとキリスト教の文化が融合して生まれた建築様式）の駅舎が美しい

→ **街が見えてくる！**

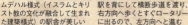

駅を背にして横断歩道を渡り、右方向へ歩くとすぐロータリーに出るので、左方向へと進む

タホ川に沿って進み、アルカンタラ橋を渡ったら、城壁に沿って右方向へ歩道を緩やかに上る

→ 歩道の左側にエスカレーターの入口があるので、これを利用して旧市街まで上る

→ **ここが街の中心！**

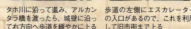

エスカレーターを降り、外に出てそのまま進むとソコドベール広場に到着する

※バスターミナルからエスカレーターの入口へは徒歩約10分。市バスを利用する場合は鉄道駅・バスターミナルともに5、5Dに乗るとソコドベール広場が終点。

名画を鑑賞しながら旧市街をおさんぽ

中世スペインを代表する画家、エル・グレコが後半生を送ったトレド。彼の作品が展示されている教会や美術館を訪ねながら、中世のたたずまいを残す旧市街を歩いてみよう。

プチぼうけん 6

世界遺産トレドで中世にタイムトリップ！

10:20 ソコドベール広場からスタート！

マドリード9:20発の高速列車に乗ると、トレド到着は9:53。駅からソコドベール広場へは徒歩25分ほど(→P.42)。

徒歩2分

エル・グレコってどんな人？

1541年にギリシアのクレタ島に生まれる。本名ドメニコス・テオトコプーロス。イタリアで絵画修行をしたのち、当時文化の中心だったトレドで1614年に亡くなるまで宗教画家として活躍。スペイン語で「ギリシア人」を意味するエル・グレコと呼ばれた。

こちらもCHECK! →P.114

10:30 サンタ・クルス美術館
Museo de Santa Cruz

エル・グレコの作品を多数展示

かつて慈善病院だった建物を美術館として利用。約20点のエル・グレコの作品を所蔵するほか、レパントの海戦を描いたタペストリー、ローマ時代や西ゴート時代の遺物、陶器やガラス、工芸品など、幅広いコレクションを展示する。

Map 別冊P.12-B1　トレド

🏠 Miguel de Cervantes 3
☎ 925 221 036　🕐 月〜土9:30〜18:30、日10:00〜14:00
休 祝　料 €5

16世紀に造られたルネッサンス様式の建物

必見はコレ！
『無原罪のお宿り』
引き伸ばされた人体表現が特徴的な、エル・グレコ晩年の作品。聖母マリアの頭上には聖霊による懐胎を表す白いハトが。

11:30 ミニトレインで街をひと巡り！

寄り道

トレドの街をぐるりと1周する列車型のミニバス。出発はソコドベール広場から。チケットは乗車時に購入。

トレインビジョン　Train Vision
☎ 625 301 890　🕐 10:00〜20:30（最終の発車時間は曜日や季節により変わるので要確認）　料 €5.50

さらに街を半周して、出発地点のソコドベール広場へ

GOAL!

START!

坂道を下り、ビサグラ新門を通って旧市街の外へ

タホ川を右側に見ながら、外周道路を上っていく

アルカンタラ橋の脇からアルカサルが見える

トレドの街が一望できる！

展望台で途中下車して、旧市街をバックに記念撮影

43

12:30 カテドラル *Catedral*

トレドのランドマーク

ソコドベール広場から徒歩15分

スペイン・カトリックの総本山がおかれている、ゴシック様式の大聖堂。1226年に着工し、1493年に主要部分が完成した。祭壇の裏にある「トランスパレンテ」と呼ばれる装飾が見事。

必見はコレ！
『聖衣剥奪』
キリストが十字架にかけられる直前の場面を描いた、エル・グレコ初期の傑作。聖堂内の聖具室に展示されている。

エル・グレコの息子も塔の一部を担当したといわれる

Map 別冊P.12-B2 トレド

☎ 925 222 241 ⏰10:00～18:30（日・祝14:00～）無休 €10（塔や博物館を含む共通券€12.50）※チケットは入口の向かいにある売店で購入する。販売は閉館30分前まで

13:30 トレドのグルメスポット

カテドラルから徒歩2～10分

ランチはここで！

地元でいちばん人気
パレンシア・デ・ララ
Palencia de Lara

州の料理コンクールで優勝の実力をもつオーナーシェフ、トマス氏が腕をふるう。バルのタパスは1品€2～3。

ひと口サイズがうれしい子豚のグリル

本格的な料理も食べられるよ！

Map 別冊P.12-B1 トレド

🏠 Nuncio Viejo 6 ☎ 925 256 746 ⏰13:30～16:00、20:00～23:00 休日の夜、月、1/1・6、12/25 Card A.M.V. URL www.asadorpalenciadelara.es

人気のグルメスポット
サン・アグスティン市場
Mercado de San Agustín

フードコートもあり、タパスから郷土料理、スイーツまでさまざまな食が楽しめる。

Map 別冊P.12-B1 トレド

🏠 Cuesta del Águila 1-3 ☎ 663 446 407 ⏰毎日10:00～翌1:30（金・土～翌2:00）Card 店によって異なる URL www.mercadodesanagustin.com

気軽につまめるタパスも！

レストランから徒歩10～15分

14:30 サント・トメ教会 *Iglesia de Santo Tomé*

エル・グレコの傑作を展示

12世紀に建てられ、その後荒廃していた教会を、オルガス伯が私財を投じて14世紀に再建。ムデハル様式の美しい塔をもつ。

Map 別冊P.12-A2 トレド

☎ 925 256 098 ⏰毎日10:00～18:45（10/15～4/28は～17:45）€2.80、スペイン語と英語のオーディオガイド含む

必見はコレ！
『オルガス伯の埋葬』
下部は肉体の埋葬、上部は伯爵の魂を迎える天上界を表現。参列者にはグレコ自身と息子の姿も。

徒歩2分

15:00 エル・グレコ美術館 *Museo de El Greco*

画家の邸宅を再現

必見はコレ！
『トレドの景観と地図』
1610年に制作され、当時のトレドの街が詳細に描かれている。地図を持つのはグレコの息子。

エル・グレコが住んでいたとされるユダヤ人地区の家を改装。グレコの作品を展示するほか、アトリエ、寝室や台所などが画家が暮らした当時の様子に再現されている。

Map 別冊P.12-A2 トレド

☎ 925 990 980 ⏰火～土9:30～19:30（11～2月～18:00）、日・祝10:00～15:00 休月 €3（土の14:00以降、日は無料）

お買い物タイム
15:45 おみやげハンティング

かわいい陶器がいっぱい
ホタ・セラーノ J. Serrano

トレド近郊で作られるタラベラ焼きを中心にさまざまな陶器や絵タイルを取り揃える。日本への郵送も可能。

Map 別冊 P.12-A2 トレド
- San Juan de Dios 16　☎925 227 345
- 月～土10:00～19:00、日10:00～15:00（6～9月は毎日10:30～19:30）
- Card A.D.J.M.V.

トレド銘菓マサパンの老舗
サント・トメ Santo Tomé

イスラムから伝わったマサパンは、アーモンドの粉と砂糖などを練って焼いた、おまんじゅうのようなお菓子。なかでも創業1856年のこのお店は有名。

マサパンは量り売り

Map 別冊 P.12-A2 トレド
- Santo Tomé 3　☎925 223 763
- 9:00～21:00　1/1、12/25
- Card A.D.J.M.V.
- URL www.mazapan.com

トレド 17:25発の高速列車に乗ると、マドリード帰着は17:59。

デザインと価格が魅力
クエーリョ Cuerho

昔から馬具や皮革で有名なトレド近郊の村、ベンタス・コン・ペーニャ・アギレラの職人一家が営むバッグ店。作りも確かで安心価格。

1. 手のひらサイズのミニバッグ €104.90
2. クラシックな万能かばん €124

Map 別冊 P.12-A1 トレド
- Plaza San Juan de los Reyes 1
- ☎925 213 053　10:00～20:00
- 日　Card A.D.J.M.V.
- URL www.cuerho.com

象眼細工の専門店
アタウヒア Ataujia

ダマスキナードと呼ばれる象眼細工は、トレド伝統の工芸品。3代続く職人のホセさんが店頭で実演も行う。

象眼細工を作り続けて約40年！

Map 別冊 P.12-B1 トレド
- Alfonso X El Sabio 2, L-2　☎925 220 819
- 毎日11:00～14:00（土・日12:00～15:00）、16:30～20:00　Card A.D.J.M.V.

手頃な価格のアクセサリーや雑貨なども扱う

プチぼうけん　世界遺産トレドで中世にタイムトリップ！

エル・グレコ美術館から徒歩1～10分

1泊するなら
絶景ホテルにステイ♪

トレドの街が一望のもと
パラドール・デ・トレド Parador de Toledo

駅からタクシーで10分。高台に位置し、テラスから見る風景はエル・グレコが描いた絵画そのもの。お茶や食事に立ち寄るのもおすすめ。

夜ライトアップされたトレドの街も幻想的

Map 別冊 P.12-B2
- Cerro del Emperador, s/n
- ☎925 221 850　FAX 925 225 166
- S/W €105～200（Wi-Fi無料）　Card A.D.J.M.V.　76室
- URL www.parador.es

カスティーリャ様式の建物。眺めのいい屋外プールもある

アラブのお屋敷に宿泊
アルムニア・デ・サン・ミゲル Almunia de San Miguel

テンプル騎士団が住んでいた地区にあるアラブ風住宅。バルコニーからの眺めは圧巻。

Map 別冊 P.12-B2
- San Miguel 12　☎925 257 772
- FAX 925 250 594　S/W €77～149（Wi-Fi無料）　Card A.J.M.V.　7室
- URL www.almuniadesanmiguel.com

バルコニーに広がるこの景色を見るだけでも1泊する価値あり

家具も小物もアンティークな部屋で、旅の疲れを癒やす

まだある！ オリーブオイルを扱うオススメShop

Barcelona
品揃えが豊富
オロリキッド Orolíquido
カタルーニャ産はもちろん、スペイン中から集められたこだわりオイルが揃う。オリーブオイルのコスメも充実。

Map 別冊P.8-A2
バルセロナ・ゴシック地区
データは→P.97

Madrid
品質は折り紙付き
パトリモニオ・コムナル・オリバレロ Patrimonio Comunal Olivarero
スペインのオリーブオイル保護財団が経営するショップだけあって、品揃えと品質ではマドリード随一。

Map 別冊P.16-B1 マドリード・チュエカ地区

- Mejia Lequerica 1 ☎913 080 505
- 月〜金10:00〜14:00、17:00〜20:00、土10:00〜14:00（7月は月〜土9:00〜15:00） 日・祝、8月 Card M.V. 4、10号線アロンソ・マルティネス駅から徒歩3分

オリーブオイル&ワインこだわり宣言

オリーブオイルミニ講座

おもなオリーブオイルの産地

● **エストレマドゥーラ**
テーブルオリーブとオイルの両方に使用されるマンサニージャ・カセレーニャとベルディアル・デ・バダホスがおもな品種。両オイルともフルーティで草系の香り。

● **アンダルシア**
スペイン全土の生産量のほぼ85%を占める。おもな品種はピクアル、オヒブランカ、レチンなど。ピクアルはイチジクの木や青トマトなどグリーンの風味がある個性的な品種で、やみつきになる人が多いオイル。

● **カタルーニャ**
おもな品種はアルベッキーナ。ぶどうの実のように房状に小さな実がなるのが特徴。スイーツで芳香高いやさしいオイル。

● **カスティーリャ・ラ・マンチャ**
マドリードの南、トレドを中心にコルニカブラ種が栽培されている。草系とアーモンドの風味があり、芳香も豊か。

※チャートの数値は平均的なもので、栽培地や栽培方法、製造方法などによって異なる。フルーティはオリーブの実の香りや味がどれくらいするか、また青みは草系など、フルーツはリンゴやアーモンドなどの香りと味の度数。

知っておきたい用語

● **D.O.P.**
原産地名称保護制度という意味で、EUの定めた農産物や食料品の原産地名認定・保護のための制度。スペインのオリーブオイルには2018年10月時点で29のD.O.P.がある。

● **単一 Monovarietal**
ひとつの品種のオリーブから作られるオイル。

● **ブレンド Coupage**
いくつかの品種をブレンドしたオイル。品種や割合によって、オリジナルの味を作り出す。

● **オーガニック・オリーブオイル Aceite de Oliva Ecológicoa**
EUが定めた有機農法のもとで栽培されたオリーブを、同法律のもと搾油をしたオイル。

オリーブが体にいい訳は？
- 主成分であるオレイン酸が、悪玉コレステロールを減らし、善玉コレステロールを増やす。
- 渋み成分ポリフェノールには、老化を防ぐ抗酸化作用がある。
- ビタミンEやAが含まれ、ミネラルの吸収を促進。

ブラックオリーブとは？
品種ではなく、成熟度の違い。緑は若く未熟な実、黒は完全に熟した実。

食べるオリーブにも注目！

マンサニージャ Manzanilla
テーブルオリーブにもオイルにもなる、いちばんポピュラーな品種。ブラックオリーブとしても人気がある。

ベルディアル Verdial
オイルにもなるが、果肉と種の割合がちょうどよいため、おもにテーブルオリーブとして食される。

ゴルダル Gordal
アンダルシア名物のテーブルオリーブ用の品種。大粒で食べがいがある。

テーブルオリーブはどこで買える？
スーパーで缶詰やビン詰が売られているけれど、種類の豊富さでは市場（メルカード Mercado）がいちばん。土地ごとに異なる品種があり、また店によって味付けも違うので食べ比べるのも楽しい。ただしあまり日持ちがしないので、なるべく現地で食べきろう。

47

ワイン編

おいしいワインを買いたい！飲みたい！

スペインではワインを気軽に、しかもお手頃に飲めるのがうれしい。グラスでいろいろ試したり、とっておきの1本をおみやげにしたり。奥深い、スペインワインの世界へようこそ！

ワインを買う＆飲む
TOTAL 30分〜
オススメ時間：1日中
予算：€5〜

おいしいワインがいっぱい！

おしえてくれる人　佐武祐子さん
バルセロナ在住。スペインワインのプロフェッショナルで、生産者と日本の業者との仲介のほか、個人向けにワイナリーツアーも行っている。
URL enoturismo.jp

日本へ持ち帰るには
液体物なので、飛行機内への持ち込みは禁止。エアークッションなど緩衝材で梱包し、スーツケースの中へ。タオルや衣服にくるんで動かないように詰めると割れにくい。オリーブオイルも同様に。

ちょこっとStudy！ ワインミニ講座❶

ワインの格付け
- 高級　Vino de Pago（単一ブドウ畑限定高級ワイン）
- D.O.Ca（特選原産地呼称ワイン）
- D.O.（原産地呼称ワイン）
- Vino de Calidad con Indicación Geográfica（地域名称付き高級ワイン）
- Vino de la Tierra（カントリーワイン）
- 日常　Vino de Mesa（テーブルワイン）

ワインの産地
フランス、イタリアに次いで世界第3位の生産量を誇るスペイン。地域により気候や風土が異なり、それぞれに個性豊かなワインが造られている。

熟成度による分類（赤ワインの場合）
- 芳醇　Gran Reserva（5年以上）
- Reserva（3年以上）
- Crianza（2年以上）
- フレッシュ　Sin Crianza（1年以上）

A リオハ Rioja
エブロ川上流に位置する、スペイン最古のワイン産地。最高級品質のD.O.Caを獲得している。赤ワインが有名。

B ナバーラ Navarra
フルーティなロゼワインで有名だが、近年は赤ワインもコンクールで数々の賞を獲得するなど評価されている。

C リアス・バイシャス Rias Baixas
スペイン北西部の大西洋沿岸。アルバリーニョ種から造られる白ワインは、シーフードとの相性が抜群。

D ルエダ Rueda
ルエダ原産といわれるベルデホ種のブドウから造られる白ワインで知られる。フレッシュでさわやかな味わい。

E リベラ・デル・ドゥエロ Ribera del Duero
リオハと並ぶワイン産地。ベガ・シシリア社の「ウニコ」をはじめ世界的に有名な赤ワインを産出している。

F ペネデス Penedes
バルセロナの南。白ワインのほか、シャンパンと同じ製法で造られるスパークリングワインのカバが有名。

G ラ・マンチャ La Mancha
スペイン最大のブドウ作付面積を誇り、良質でコストパフォーマンスのよいテーブルワインを産出する。

H ヘレス Jerez
ヘレス・デ・ラ・フロンテーラを中心としたシェリー酒の産地。おもに食前・食後酒として飲まれる。

ワインを買うならココ！

魚介やパエリャによく合う　佐武さんオススメ！
アウセルス（カタルーニャ）€11.30
5〜6種類のブドウをブレンド。バランスがよく華やかな味わい

キノコや肉料理におすすめ　佐武さんオススメ！
アシアノ（トロ）€18.70
ボディがしっかりしつつも飲みやすいフレッシュな赤

熟成したチーズや生ハムに　オーナーオススメ！
ミスティコス（アラゴン）€7.50
店のオリジナルワイン。フルーティで果実味が豊か

Barcelona　品揃えはバルセロナいち！
ビラ・ビニテカ
Vila Viniteca
€5程度の手頃なワインからビンテージものまで、3000種類以上のワインがぎっしり。向かいの食材店には小さなバルも併設。

🗺 Map 別冊P.8-B3　バルセロナ・ボルン地区
📍 Agullers 7　☎902 327 777　🕘8:30〜20:30
休 日・祝　Card A.D.J.M.V.　🚇4号線ジャウマ・プリメ駅から徒歩8分　URL www.vilaviniteca.es

Barcelona　こだわりワインをセレクト
モンビニック・ストア
Monvínic Store
スペインだけでなく、新世界ワインと呼ばれる南北アメリカやオセアニア、小規模で個性ある生産者のワインが揃う。

🗺 Map 別冊P.9-C3　バルセロナ・アシャンプラ地区
📍 Diputació 251　☎934 874 002　🕘12:00〜21:00
休 月・日・祝、8月　Card A.M.V.　🚇2、3、4号線パセジ・ダ・グラシア駅から徒歩10分　URL www.monvinicstore.com

Madrid　ビンテージものも揃う
レセルバ・イ・カタ
Reserva y Cata
スペイン産を中心に、約1700種類のワインを扱う。本誌を見せると、ワインの試飲が1杯無料、購入分は5%割引に！

🗺 Map 別冊P.15-C1　マドリード・サレーサス地区
📍 Conde de Xiquena 13　☎913 190 401　🕘11:00〜15:00、17:30〜20:30　土の午後、日・祝　Card A.M.V.　🚇5号線チュエカ駅から徒歩1分　URL www.reservaycata.com

ワインを飲むならココ！

Barcelona 自然派ワインならおまかせ
バル・ブルタル
Bar Brutal

スペインをはじめヨーロッパ中から集められたナチュラルワインは600種類以上。グラスでも10種類以上を週替わりで楽しめる。ボトルの購入のみも可。

Map 別冊P.8-B2　バルセロナ・ボルン地区

🏠Princesa 14　☎932 954 797　🕐火～木19:00～翌1:30、金・土13:00～翌0:30（16:00～20:00はワイン提供のみ）　休日、1/1、12/25　Card A.M.V.　不要　交4号線ジャウマ・プリメ駅から徒歩3分　URL www.cancisa.cat

佐武さんオススメ！
イ・ロ・オトロ・タンビエン（ルエダ）€26
今注目の女性生産者による無添加ワイン。和食にも合う！

ワインリストはありますか？
¿Tiene una carta de vinos?
ティエネ・ウナ・カルタ・デ・ビノス？

この土地のワインはありますか？
¿Tienen vino de esta región?
ティエネン・ビノ・デ・エスタ・レヒオン？

居心地のよい店内とおいしい料理であっという間にワイン好きの聖地に

Barcelona おしゃれなワインバー
モン・バル
Mont Bar

旬のオーガニック食材を使った小皿料理とともに、選りすぐりのワインが楽しめる。ボトルは250種類以上、グラスワインは常時6種類。

Map 別冊P.9-C3　バルセロナ・アシャンプラ地区

データは→P.85

ワインの味を引き立てる洗練された創作料理

佐武さんオススメ！
ラベントス・イ・ブランク（カタルーニャ）€33
繊細でフルーティなロゼのカバ（スパークリングワイン）

Madrid 常連客でにぎわう下町のバル
タベルナ・テンプラニーリョ
Taberna Tmpranillo

ワイン通が集まって開いたお店だけあって、スペイン中から選りすぐられた250銘柄以上のワインが揃う。グラスで€2.50～。

Map 別冊P.16-A3　マドリード・ソル周辺

🏠Cava Baja 38　☎913 641 532　🕐月20:00～24:00、火～日13:00～16:00、20:00～24:00　休1/1、6、8/10～30、12/24・25・31　Card M.V.　交5号線ラ・ラティーナ駅から徒歩3分

オーナーオススメ！
シエラ・カンタブリア（リオハ）€18.90
スペインを代表する名ワイナリーによるテンプラニーリョ100%の赤

おすすめのワインはどれですか？
¿Qué vino recomendaría?
ケ・ビノ・レコメンダリア？

ピンチョスは€3.90～

ワインミニ講座②　ちょこっとStudy♪

step1 ワインをオーダーしてみよう！
グラス？ボトル？
通常グラスワインもあるが、ボトルワインより種類が少ないことが多い。好きなワインがグラスで飲めるか聞いてみよう。

copa コパ（グラス）／botella ボテージャ（ボトル）

ワインはグラスで注文できますか？
Se puede pedir una copa de vino?
セ・プエデ・ペディル・ウナ・コパ・デ・ビノ？

step2 赤、白、ロゼ？
オーダーの際には赤、白、ロゼを指定しよう。ロゼは種類が少ない場合が多い。

赤 tinto ティント／白 blanco ブランコ／ロゼ rosado ロサード

赤ワインをグラスでください
Una copa de vino tinto, por favor.
ウナ・コパ・デ・ビノ・ティント、ポル・ファボール

step3 熟成度は？
おもに以下のように分類される。好みに応じて選ぼう。

熟成なしでフレッシュ Joven ホベン
少し熟成あり Crianza クリアンサ
しっかり熟成 reserva レセルバ
熟成ありで辛口（白）Seco セコ

白の辛口が飲みたいです
Quiero vino blanco seco.
キエロ・ビノ・ブランコ・セコ

ワインラベルの見方
熟成度／ワイン名／生産地／格付け／ブドウ収穫年

49

プチぼうけん ⑧

情熱のリズムにオーレ♪
本場のフラメンコが観てみたい！

スペインへ行くならゼッタイ観たいよね、フラメンコ！
本場ならではのアツ～い舞台に感動したら、
体験レッスンにチャレンジしちゃうのもいいかも☆

タブラオでフラメンコを観る
TOTAL 1～2時間

 オススメ時間 夜　　 予算 €25～

 ディナー付き？ ドリンクのみ？
タブラオには食事もできるところとドリンクだけのところがある。タブラオで食事を取ると高いので、安くすませたい場合はほかで済ませて行くのがオススメ。

情熱の踊りよ！

¡Ole!

ステキ♥

フラメンコを観るなら
タブラオへGO！

旅行者でも気軽にフラメンコの魅力に触れられるのが、タブラオTablaoと呼ばれるライブハウス。グラナダの有名タブラオ「クエバ・デ・ラ・ロシオ」の舞台演出を手がけるファンさんに、楽しみ方を教えてもらいましょ♪

クエバ・デ・ラ・ロシオ
Cueva de La Rocio

Map 別冊 P.21-C1　グラナダ・サクロモンテ

有名アーティストを数多く輩出してきたフラメンコの名門、マヤ家が経営するタブラオ。送迎付きは、ショーの前か後にアルバイシン地区の夜景見学が含まれる。

⛪ Sacromonte 70　☎ 958 227 129
⏰ ショーは22:00～23:00　休 12/24・31
🏨 ホテル送迎なし€25、送迎付き€30（いずれもワンドリンク込み）Card M.V. 要予約
🚕 ヌエバ広場からタクシーで5分
🌐 www.cuevalarocio.com

そもそもフラメンコって？
へぇ～☆
スペイン南部に伝わる民俗芸能。はっきりとした起源はわかっていないが、放浪の末15世紀中頃にアンダルシア地方に住み着いたロマ族（スペイン語でヒターノ）たちが、この地にあった歌や踊りを彼ら流にアレンジしたものがフラメンコのもとになったといわれる。

フラメンコ鑑賞の心得

1 人気のタブラオは満席になることもあるので、事前に予約を

2 ドレスコードは特にないけど、食事もできるレストラン形式のタブラオはおしゃれして出かけたほうがベター

3 フラメンコはリズムが重要なので、素人の手拍子は厳禁

4 写真やビデオの撮影が禁じられていることもあるので確認を

5 帰りが遅くなる場合は、店の人にタクシーを呼んでもらおう

グラナダ プチぼうけん 8

本場のフラメンコが観てみたい！

フラメンコ案内人

フアン・アンドレス・マヤさん
Juan Andrés Maya

1972年グラナダ生まれ。高名な舞踏家マリオ・マヤを叔父にもつ。3歳より父親が所有するタブラオで踊り始め、早くからその才能が注目される。国内外で公演を行うほか、教授やディレクターとしても活躍している。

楽しみ方 1
どんなところに注目したらいいの？

フラメンコは踊りのイメージが強いけど、最も重要なのはカンテ（歌）。それに踊りとギターが加わり、三位一体となった舞台を楽しんで。

バイラオーラ Bailaora
(男性はバイラオール Bailaor)
踊り手

カンタオール Cantaor
(女性はカンタオーラ Cantaora)
歌い手

ギタリスタ Guitarrista
ギタリスト

楽しみ方 2
曲にはどんな種類があるの？

70種類以上もの曲があるといわれており、コンパス（リズム）別に分類すると以下のようになる。
※基本リズムの○はアクセントの位置

● **ソレア系 Solea**
基本リズム 1 2 ③ 4 5 ⑥ 7 8 ⑨ 10 11 ⑫
フラメンコの最も古い形といわれるソレア、明るく陽気なアレグリアス、テンポの速いブレリアスなど。

○ **タンゴ系 Tango**
基本リズム ① 2 3 4 ⑤ 6 7 8
キューバから伝わったとされるタンゴやルンバは、ノリのよい軽妙な曲で、お祭りに欠かせない。

● **シギリージャ系 Seguiriya**
基本リズム ① 2 3 ④ 5 6 ⑦ 8 9 ⑩ 11 12
ロマ族の無伴奏歌トナー、それから派生したロマ族の「魂の叫び」を表現するシギリージャなど。

いろんな曲があるよ！

楽しみ方 3
ハレオ jaleo の掛け方を教えて！

アーティストを励まし、舞台を盛り上げるハレオ（掛け声）。慣れないとタイミングが難しいけれど、後半の見せ場で盛り上がってきたときや、踊り手が勢いよく止まって一区切りついたときに掛けてみて。

¡Ole! オレ！ すばらしい！
¡Bien! ビエン！ いいぞ！
¡Eso es! エソエ！ その調子！
¡Vamos! バモ！ さあ！
¡Vaya! バジャ！ 行け！
¡Guapa! グアパ！ いい女！

スペイン各地のおすすめタブラオ

有名なアーティストも出演する

マドリードでいちばんの老舗
コラール・デ・ラ・モレリア
Corral de la Morería

1956年に開店したマドリードで最も格式のあるタブラオ。歌と踊りの質には定評あり。

Map 別冊P.14-A3　マドリード・王宮周辺
Moreria 17　913 658 446
ショーは20:00〜、22:00〜の2回
無休　ドリンク付き€47〜50（食事をする場合は別途）　Card A.D.J.M.V.　要予約
5号線ラ・ラティーナ駅から徒歩7分
www.corraldelamoreria.com

マドリード→P.131 こちらも

バルセロナを代表するタブラオ
コルドベス Cordobés

アラブ風の内装がエキゾチック

客席とステージが近く迫力がある。食事は別室で取るので、開演1時間前までに入店を。

Map 別冊P.6-B2　バルセロナ・ランブラス通り
Ramblas 35　933 175 711　ショーは1日4〜6回（日によって異なるので公式サイトで要確認）
無休　ドリンク付き€44〜、タパス付き€59、ディナー付き€78.50〜　Card A.D.M.V.（ネット予約時のみ）　要予約
3号線リセウ駅から徒歩2分
www.tablaocordobes.com

セビーリャのタブラオ→P.162　コルドバのタブラオ→P.165

体験レッスンにチャレンジ！ ¡Olé!

グラナダにある日本人経営の「ゲストハウス・パティオ・グラナダ」（Map 別冊P.21-C2）では、初心者から上級者までレベルに応じてレッスンをアレンジしてくれる。一度体験すると、はまっちゃうかも？

気軽に参加できる♪
フラメンコレッスン Flamenco Lesson

体験レッスンは1時間€25〜。日本人講師を指定したり、別料金で通訳を付けることもできるので、言葉に自信がなくても安心。衣装や靴のレンタル（€5〜）も可能。

申し込み先　グラナダ旧市街
Animas 1　958 222 936
patiogranada.com　要予約（3日前までが望ましい）休
ヌエバ広場から徒歩1分
granadarco@hotmail.com

プチぼうけん 9

スーパースターがすぐそこに バルサvsレアル戦に大コーフン！

ミーハーですが何か？

サッカー王国スペインで断トツの人気を誇るのがこの2チーム。世界最高峰ともいわれる「リーガ・エスパニョーラ」で、地元サポーターと一緒にお気に入り選手を応援しちゃおう！

熱いスタジアムで本場のサッカー体験☆

スター選手たちによる華麗なプレイ、大歓声に包まれたスタジアム……その迫力は訪れた人しか体験できない！　試合の日程に合わせて旅のスケジュールを組んでみては？

サッカーを観戦する

TOTAL 3時間

オススメ時間	21:00～23:00	予算 €50～（シートにより異なる）

試合のスケジュール
8月下旬～5月下旬の日曜に開催。試合によっては土曜や平日に行われることもある。だいたいの日程はシーズン前に決まるが、詳細な日時は試合の2週間くらい前に発表されるので、各クラブの公式サイトなどでチェックを。試合開始時間は21:00前後が多い。

Woooo～! Woooo～!

メッシいた!!

バルサがんばれ～！

世界中に約14万人のソシオ（会員）をもち、コアなサポーターは**クレ（お尻）**と呼ばれる

日本では「レアル」と省略されることが多いけど、スペインでは**エル・マドリー**と呼ばれる

		バルサ		レアル
正式名称		FC Barcelona FCバルセロナ		Real Madrid CF レアル・マドリード
愛称		バルサ／ ロス・ブラウグラナス		ロス・メレンゲス／ エル・ブランコ
創設		1899年		1902年
応援フレーズ		バルサ、バルサ、バ～ルサ！		アラ・マドリー！

バルサの本拠地

カンプ・ノウ Camp Nou

収容人数は約9万8000人。チケット売り場はアクセス7または9から入ったオフィシャルショップの向かい。

Map 別冊P.4-A1　バルセロナ新市街

Av. Aristides Maillol, s/n　934 963 600　③3号線マリア・クリスティーナ駅または5号線コイブラン駅から徒歩10分

URL www.fcbarcelona.jp

この選手に注目！

リオネル・メッシ
FW　29歳　背番号⑩
FIFAバロンドール5回受賞。桁違いの実力に「地球外生命体」とも呼ばれる。
Photo/AFLO

ジェラール・ピケ
FW　29歳　背番号③
ファッションモデルも務めた長身イケメン。恋人は人気ラテン歌手シャキーラ。
Photo/Getty Images

セルヒオ・ブスケッツ
MD　30歳　背番号⑤
世界最高峰のボランチ、天才アンカーとの呼び声が高い「バルサの心臓」。

スタジアム見学

チケット売り場はオフィシャルショップの向かい。オーディオガイド（英語など）を聞きながら見学する。
夏期9:30～19:30、冬期10:00～18:30（日～14:30）※試合日はキックオフの3時間前まで。詳細は公式サイトで確認を
休1/1、12/25　料€25

オフィシャルショップ

アクセス7または9から入ると近い。好きな選手と合成で写真が撮れる記念撮影コーナーもある。
スタジアム見学と同じ
サンツ駅店、空港店など

バルセロナ
マドリード

プチぼうけん9

バルサVSレアル戦に大コーフン！

1 チケットを買おう！

インターネット
確実に入手するなら、クラブの公式サイトからのオンライン購入がおすすめ。もし売り切れの場合でも、試合日が近づくとソシオ（会員）用の席が売り出されることもあるので、こまめにチェックしてみよう。

旅行会社
バルサvsレアル戦などチケット入手が困難な場合は、料金は割高になるけれど、旅行会社や手配業者に頼む方法もある。また往復の飛行機とホテルがパックになったサッカー観戦ツアーを催行している旅行会社もある。

当日券
人気クラブ同士の試合や優勝がかかった試合でなければ、スタジアムのチケット窓口で当日券を購入できる場合が多い。スタジアム周辺にはダフ屋がいることもあるけれど、法律で禁止されていることを覚えておいて。

狙うべきシートはココ！

バックスタンド（サンティアゴ・ベルナベウはLateral Oeste、カンプ・ノウはLateral）の前方（delante）が、試合も観やすく、料金も€100前後と比較的お手頃。

2 応援グッズをGet！

チームのユニフォームやグッズを身に付ければ、気分もいっそう盛り上がる！ 試合前はショップも混雑するので、できれば事前にゆっくりと品定めしたい。

ニット帽 €15

マフラー €11

当日券を買う場合は早めに窓口へ

3 スタジアムへ行こう！

遅くともキックオフの30分前にはスタジアムへ。チケットに書かれた入口（Porta／Puerta）から入場する。座席の列は「Fila」、席番号は「Seient／Asiento」。席番号は通路を挟んで偶数と奇数になっており、1と3、2と4などは続き番号になる。

4 いざ観戦！

席での飲食は可能だけど、ペットボトルの持ち込みは制限されることがあるので注意。スタジアム内の売店には飲み物や簡単なスナックしかないので、お腹が空きそうなときはサンドイッチなどを用意しておこう。

応援フレーズを覚えよう！

いけ〜！ ¡Vamos! バモス！
うまいぞ！ ¡Bravo! ブラボー！
がんばれ！ ¡Ánimo! アニモ！
出てけ！ ¡Fuera! フエラ！

バルサ名物のホットドッグ！

5 試合終了後は

サポーターが一気に帰るため、地下鉄の駅などは大混雑になる。帰りの切符はあらかじめ購入しておこう。

Rea

レアルの本拠地

サンティアゴ・ベルナベウ
Santiago Bernabéu

チケット売り場はスタジアムの北側と南側の2ヵ所。試合によっては窓口販売がない場合もあるので注意。

Map 別冊P.13-D1　マドリード新市街

🏠 Paseo de la Castellana 104　☎ 902 301 709　🚇 10号線サンティアゴ・ベルナベウ駅から徒歩1分　URL www.realmadrid.jp

この選手に注目！

ティボー・クルトワ
GK 26歳 背番号⑬
ワールドカップでの大活躍が買われて、45億円でチェルシーからレアルへ移籍。

セルヒオ・ラモス
FW 30歳 背番号④
スペイン代表でチームのキャプテン。フラメンコと闘牛を愛するアンダルシア男。

ルカ・モドリッチ
FW 31歳 背番号⑩
プレイは天才的なのに試合後のリアクションがかわいすぎ！と女子にも評判。

スタジアム見学
チケット販売はゲート7の10番窓口。チケットを手に入れたらゲート20へ。順路に従って自由に見学する。
🕐 月〜土 10:00〜19:00、日・祝 10:30〜18:30　※試合日はキックオフの5時間前まで
休 1/1、12/25　料 €25

オフィシャルショップ
スタジアムの東側、ゲート59から入る。1階はユニフォーム、地下にオリジナルグッズ売り場がある。
🕐 毎日10:30〜20:30
🚇 Carmen 3
Map 別冊P.16-A2〜B2

Photo/Getty Images

プチぼうけん 10

サクッ、もちっな食感がたまらない♡ 人気店のチュロスをとことん食べ比べ！

スペインを代表するスイーツといえばチュロス！でも実は、スペインのチュロスは甘くないって知ってた？その起源から食べ方、地元で愛される人気店まで大公開☆

TOTAL 15〜30分

オススメ時期：午前中と夕方
予算：€2〜

💡どこで食べる？
「チュレリアChurrería（チュロス屋）」や「チョコラテリアChocolatería（チョコレート屋）」と名のつく店なら、自家製のおいしいチュロスが食べられる。ほとんどのお店ではテイクアウトも可能。

み〜んな大好き♪ おいしいチュロスを探せ！

スペインでは専門店があるほど身近な存在のチュロス。ほんのり塩味のチュロスを甘いチョコラテにつけて食べるのが本場流。人気店を食べ歩いて、お気に入りを見つけよう♪

揚げたてのおいしそうな香り〜☆

こちらがチュロス！
チュロス一筋だよ！
ジャンボポラス（チュロスの極太版）
ポラスを揚げてるよ

チョコラテ・コン・チュロス
Chocolate con Churros
€3.30
イートインのセット

チュロスまたはポラスのテイクアウトは€1.30/100g

おじさんがこまめに揚げているので、揚げたてを食べられる可能性が大。アットホームなお店の雰囲気も◎。
ローカル度 ★★★
オススメ度 ★★★

長さ約20cm 直径1.5cm
チュロスはほんのり塩味

チュロスのお供、チョコラテ（ホットチョコ）

作り方は？
小麦粉と水、塩などを練ったものをチュレラという容器から絞り出し、オリーブオイルで揚げる。絞り口が星形ならチュロスChurros、丸形ならポラスPorrasになる。

いつ食べる？
朝ごはんや、メリエンダと呼ばれるおやつタイム（11:00と18:00頃）に食べるのが一般的。お酒を飲んだシメには甘いチュロス、という人も。

チュロスの起源
中国でおかゆや豆乳と共に朝食として食べられる揚げパン「油条」がルーツとされ、大航海時代にスペインに伝わったといわれる。
ポラスは油条にそっくり！

食べ方いろいろ
チョコラテをつけて、またはシンプルに砂糖を振りかけて食べることが多い。甘いのが苦手な人は、カフェ・コン・レチェ（ミルクコーヒー）に浸して食べることも。

昔ながらのローカル店
チュレリア・ライエタナ
Churrería Laietana

カウンター席があるだけの、家族経営の小さな店。タイミングが合えばチュロスを作る様子も見学できる。

Map 別冊P.8-B1 　バルセロナ旧市街

🏠 Via Laietana 46　☎932 681 263　📅月〜金7:00〜13:00、16:30〜20:30、日・祝8:00〜13:30　休土、7月中旬〜8月中旬
Card 不可　🚇1、3号線カタルーニャ駅から徒歩7分

お役立ちミニ会話

チュロスとチョコラテを1人分（2人分）ください
Churros y chocolate para una(dos) persona(s), por favor.
チュロス・イ・チョコラーテ・パラ・ウナ（ドス）・ペルソナ（ス）、ポル・ファボール

持ち帰り用にチュロスを100gください
100 gramos churros para llevar, por favor.
シエン・グラモス・チュロス・パラ・ジェバール、ポル・ファボール

Barcelona

バルセロナ
マドリード
プチぼうけん 10

人気店のチュロスをとことん食べ比べ！

チョコレートの専門店
ペトリチョル・チョコア
Petritxol Xocoa

別名チョコレート通りとも呼ばれる、ペトリチョル通りにある。チョコやスイーツが並ぶ店の奥にカフェを併設。

Map 別冊 P.8-A2　バルセロナ・ゴシック地区
データは→P.72

生クリームこんもり！
€3.15
€1.80

Comment
カリカリのチュロスと、チョコレートに生クリームをたっぷり載せたスイソとのコンビネーションが最高！
ローカル度 ★★
オススメ度 ★★★

1941年創業の甘味屋さん
グランハ・ドゥルシネア
Granja Dulcinea

いかにも老舗らしい、古めかしい内装がすてき。クレマ・カタラナやアロス・コン・レチェなどの伝統デザートも。

€2.95
€1.70

Comment
さくっと軽い食感のチュロスは、量が控えめなので、ちょっとだけ食べたいときに◎。
ローカル度 ★★
オススメ度 ★★★

€2.20

Comment
チュロスはさくさくとして軽めの味。2サイズあるチョコラーテ（日本人には小がおすすめ！）は甘すぎず上品。
ローカル度 ★★
オススメ度 ★★

バルセロナっ子のお気に入り
ラ・パリャレサ
La Pallaresa

左の「ペトリチョル・チョコア」と同じ通りにある老舗の甘味店。おやつタイムは地元客や観光客で大にぎわい。

Map 別冊 P.8-A2　バルセロナ・ゴシック地区
データは→P.88

€3

Map 別冊 P.8-A2　バルセロナ・ゴシック地区
⏏ Petritxol 2　☎933 026 824　⏰9:00～13:00、17:00～21:00
🚫8月頃、12/25　Card M.V.　🚇3号線リセウ駅から徒歩3分

Madrid

マドリッ子に愛される老舗
サン・ヒネス
San Ginés

1894年創業、マドリードでは知らない人がいないほどの有名店。大晦日には約1万5000人が来店するそう！

Map 別冊 P.16-A2　マドリード・ソル周辺
⏏ Pasadizo de San Ginés 5　☎913 656 546　⏰24時間　🚫無休　Card V.
🚇1、2、3号線ソル駅から徒歩3分

セットで €4

Comment
マドリードでいちばんおいしいチュロスとチョコラーテの店といわれるだけあって、いつ食べても安定の味。
ローカル度 ★★★
オススメ度 ★★★

Comment
ポラスのような見た目で、外はカリッ、中はもちっ。注文を受けてから揚げるので、いつもアツアツが食べられる！
ローカル度 ★★
オススメ度 ★★★

セットで €4.30

有名メーカーの直営店
バロール
Valor

1881年から続く大手チョコレート会社、バロールのカフェ。さまざまなフレーバーのホットチョコも楽しめる。

Map 別冊 P.16-A2　マドリード・ソル周辺
⏏ Postigo de San Martin 7　☎915 229 288
⏰月～木8:00～22:30、金・土9:00～翌1:00、日9:00～23:00
🚫無休　Card M.V.
🚇3、5号線カリャオ駅から徒歩1分

変わりチュロスもある！
ラス・ファロラス
Las Farolas

客のほとんどは地元スペイン人というチュレリア。クロワッサンや菓子パンなどもあり、朝食にもおすすめ。

Map 別冊 P.16-A2　マドリード・ソル周辺
⏏ Mayor 11　☎913 660 244　⏰7:00～23:00
🚫無休　Card M.V.　🚇1、2、3号線ソル駅から徒歩2分

€1.30

Comment
中にクリームを詰めたチュロス・レジェーノがおすすめ。甘いので、カフェ・コン・レチェと一緒にどうぞ。
ローカル度 ★★★
オススメ度 ★★

中にクリームが☆
1本 €1.50

55

プチぼうけん 11

これぞスペイン！な風景をひとり占め
白い村ミハスで絵になる写真をパチリ

アンダルシアの太陽に輝く白壁の家、窓辺を飾る赤いゼラニウム……スペインで最も有名な白い村ミハスには、絵はがきのような風景がいっぱい！ステキな写真をたくさん撮って、「いいね！」をゲットしちゃおう♪

ミハスでカメラ女子さんぽ
TOTAL 4時間
オススメ時間 11:00～15:00
予算 €50～

お役立ち情報
マラガからミハスへは直通バス(URL www.ctmam.es)もあるが、本数が少ない。列車でフエンヒローラまで行き、バスに乗り換えたほうが便利。

撮影POINT
斜面に白壁の家々がぎっしりと並ぶ。遠くには真っ青な地中海が
Map 本誌P.56-ⓐ

MIJAS

いいね！な景色を探してカメラ女子さんぽ♪

地中海を見下ろす山の中腹に、真っ白な家々が並ぶミハス。ゆっくり歩いても1～2時間あればひと回りできちゃう。気ままにおさんぽしながら、ステキな写真をいっぱい撮影しちゃお♪

マドリード
バルセロナ
ミハス★
Map 別冊P.2-B3

ミハスへのアクセス
マラガ Málaga からPortillo社のバスで1時間45分、1日3～4便。またはマラガから列車で約50分のフエンヒローラ Fuengirola まで行き、ミハス行きのバスに乗り換えて25分。

ロバタクシーに乗ってみたい！
ミハス名物のロバタクシー Burro Taxiに乗って、村をおさんぽするのも楽しい！ 所要15分ほどでひとり€10。ふたり乗りのロバ車は1台€15。

ロバさんとおさんぽ☆

なぜ白く塗るの？
強烈な太陽光を反射させて、家の中を涼しく保つため

撮影POINT
家の壁や戸口に花の鉢植えが飾られた、アンダルシアらしい風景
Map 本誌P.56-ⓑ

ミハスの ℹ️
Map 本誌P.56
📍 Plaza Virgen de la Peña, s/n ☎ 952 589 034 🕐 月～金9:00～20:00（冬期～18:00）、土・日・祝10:00～14:00

ミハス
バス停へ
ビルヘン・デ・ラ・ペニャ広場 Plaza Virgen de la Peña
サン・セバスティアン教会 Iglesia de San Sebastián
サン・セバスティアン通り San Sebastián
Calvario
Charcones
Málaga
Compás
ロバタクシー乗り場
ラ・ペニャ聖母礼拝堂 Ermita Virgen de la Peña
郷土資料館 Casa Museo
Alegre
Carril
Pilar
Coin
ⓐ
ⓑ
ⓈⓃ ノボ
アルカサバ
Ⓢアマポーラ
ガンテラス通り
Canteras
コンスティトゥシオン広場 Plaza de la Constitución
Cristóbal Alarcón
0 50 100m
闘牛場 Plaza de Toros

ⓐ～ⓒ
本誌P.56～57
撮影ポイント

ミハス

プチぼうけん 11

START!
11:00
ラ・ペーニャ聖母礼拝堂
Ermita Virgen de la Peña

16世紀に修道士が岩を彫って造ったといわれる、聖母を祀る小さな祠。

Map 本誌P.56

⏰ 毎日10:00～20:00　💰無料

11:20
コンスティトゥシオン広場
Plaza de la Constitución

ここが村の中心。周りにはレストランやみやげ物屋が並ぶ。

Map 本誌P.56

徒歩5分 → ← 徒歩5分

白い村ミハスで絵になる写真をパチリ

11:30
サン・セバスティアン教会
Iglesia de San Sebastián

サン・セバスティアン通りの入口にある、白壁が美しい教会。

Map 本誌P.56

⏰ ミサの時間のみ　💰無料

徒歩5分

12:00
闘牛場
Plaza de Toros

1900年に造られた、世界最小といわれる楕円形の闘牛場。

Map 本誌P.56

⏰ 毎日10:00～19:00（6～9月～22:00）
💰€4

撮影POINT
日本のCMなどにもしばしば登場する、ミハスで最も有名な通り

Map 本誌P.56-ⓒ

徒歩5分

12:45
アルカサバ *Alcazaba*

地中海を眺めながらランチ♪

城塞跡にある展望レストラン。地中海のさわやかな風を感じながらテラスで食事を。

Map 本誌P.56

📞952 590 253
⏰12:30～16:00、19:00～23:00　休月
💳A.D.J.M.V.

FRIGILIANA
フリヒリアナ

もうひとつの白い村

マラガから東へ約60km、地中海を望む山中に位置し、かつて「スペインで最も美しい村」に選ばれたこともある。村の歴史を描いたタイルをたどりながら散策するのも楽しい。

フリヒリアナへのアクセス
ネルハからバスで約20分（1日9便、日曜・祝日は運休）、タクシーは片道€12程度。ネルハNerjaへはAlsa社のバスでマラガから約1時間15分、グラナダから約2時間。

Map 別冊P.2-B3

カラフルに塗られた家のドアや窓もおしゃれで絵になる！

徒歩1分

14:15
おみやげGet!

ノボ *Novo*

オリーブ製品やお菓子など、ばらまきにぴったりのみやげ物が充実。

Map 本誌P.56

📞952 485 508
⏰ 毎日9:00～19:00
💳J.M.V.

オリーブ石鹸とリップクリーム€5

アマポーラ *Amapola*

アンダルシアの可憐な押し花を使ったアクセサリーや小物が揃う。

Map 本誌P.56

⏰ 毎日9:00～19:00
💳J.M.V.

ペンダントトップ各€6.50

57

プチぼうけん 12

イケメンマタドールの男気スパーク！
勇猛な闘牛にハラハラ☆ドキドキ☆

スペインの国技でもある闘牛。牛さんがかわいそう…だけど、一度はナマで観てみたい！
見どころポイントやその舞台裏を、現役イケメン闘牛士に教えてもらいました！

生と死をかけた熱いドラマに感動！

死を恐れぬマタドールと、最期まで勇猛に闘う巨牛の高貴なるコリーダ（闘い）。スペインの魂と美学が凝縮された華麗なファエナ（技の見せ場）を自分の目で体験してみたい！

闘牛を観る
TOTAL 2〜3時間
オススメ時間：日曜の夕方
予算：€5〜140（席により異なる）

闘牛のシーズンと開始時間
3月中旬から10月下旬まで、マドリードではほぼ毎週日曜に開催。開始時間は日没の2時間前が基本で、春と秋は17:00〜18:00頃、夏は19:00頃にスタートする。

Corrida de Toros

牛と人の真剣勝負が繰り広げられる
ラス・ベンタス闘牛場
Plaza de Toros de las Ventas

ネオ・ムデハル様式の建物が美しい、スペインを代表する闘牛場。1931年の落成式以来、歴史に残る名コリーダを見せてきた。毎年5月に行われるサン・イシドロ闘牛祭は有名。

Map 別冊P.13-D2　マドリード新市街
Alcalá 237　913 562 200
木〜土10:00〜14:00、17:00〜20:00、日10:00〜開演（チケット売り場）
2、5号線ベンタス駅から徒歩2分
URL www.las-ventas.com

闘牛観戦のAdvice
★ソル席は日差しが強いので、帽子と日焼け止めは必須
★スナック程度の飲食ならOK。売店ではひまわりの種などが売られている
★細かい技を観るには双眼鏡があると便利
★写真撮影はOKだけど、フラッシュは禁止
★スペイン各地の闘牛はURL www.mundotoro.comでチェックを。なおバルセロナのあるカタルーニャ州では2012年より闘牛が廃止された

闘牛場の座席

…ソルSol（日向席）
…ソンブラSombra（日陰席）
…ソル・イ・ソンブラSol y Sombra（中間席）

オススメは、ソル・イ・ソンブラの1〜2階席で、料金は€50くらい

チケット入手法
闘牛場の窓口のほか、公式サイトからも購入できる。祭りの期間中や人気の闘牛士が出演する場合を除くと満員になることは少なく、だいたい当日券が手に入る。

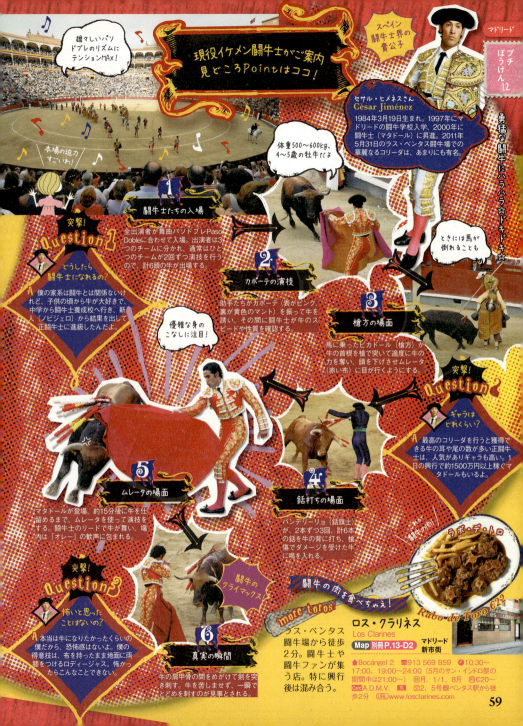

aruco調査隊が行く!!
スペインの伝統スイーツ
トゥロン Turrón をチェック!

aruco CLOSE UP! アーモンドが丸ごと入っているので香ばしくて、食べごたえあり!

Alicante アリカンテ

アーモンドのヌガー菓子、トゥロン。地味な姿ながら、クリスマスには欠かせないスイーツなんです!

Jijona ヒホナ

aruco CLOSE UP! 軟らかいので食べやすくて、アーモンドの味が凝縮されている!

丸ごと粒状のアーモンドを固めたハードタイプ。トゥロン・ドゥーロTurrón Duro（固いトゥロン）ともいう。€46/kg（B）

代表的なのはこの2種類！

アーモンドの粉を練って固めたソフトタイプ。トゥロン・ブランドTurrón Blando（軟らかいトゥロン）ともいう。€46/kg（B）

こんな変わりトゥロンも！
バルセロナの有名シェフ、フェラン・アドリアが作ったトゥロン。上からフランボワーズ、ライスプディング、チョコレート＆コーン味。€19（2）

このほかにも…
卵黄を加えて練った「イェマYema」、ココナッツを固めた「ココCoco」、フルーツの砂糖漬けを埋め込んだ「フルータFruta」など、さまざまなバージョンが作られている。

What's? Turrón

甘〜いトゥロンをどうぞ！

アーモンドをハチミツや砂糖、卵白などと混ぜ合わせて固めたお菓子。スペインがイスラムの支配下にあった中世に、アーモンドの産地だったアリカンテ地方でアラブ人が作り始めたといわれる。スペインではマサパンやポルボロン（→P.88）とともに、クリスマスによく食べられる。

「イェマ・トスターダ Yema Tostada」€24/1個（B）

aruco CLOSE UP! イェマを焦がした、カスタードプディング味

マサパン生地の中に数種類の生地を挟んで巻いた、アンダルシアのトゥロン
「パン・デ・カディス」€46/kg（B）

aruco CLOSE UP!

おみやげにオススメ！
ガウディのパッケージがいかにも、代表的なトゥロンの詰め合わせ。€12.15（A）

A BARCELONA
老舗菓子メーカーの直営店
ビセンス Vicens

伝統的なものから、有名シェフが現代風にアレンジしたものまで、店内には約100種類のトゥロンがぎっしり。

Map 別冊 P.8-A2 バルセロナ・ゴシック地区
🏠 Petritxol 15 ☎ 933 043 736 🕐 月～土10:00～20:30、日11:00～20:00 休1/1・6、12/25
Card M.V. 🚇 3号線リセウ駅から徒歩5分
URL www.vicens.com

B MADRID
1842年創業のトゥロン専門店
カサ・ミラ Casa Mira

常時10種類ほどのトゥロンがあり、クリスマス時期には種類が増える。古めかしい店内も一見の価値あり。

Map 別冊 P.16-B2 マドリード・ソル周辺
🏠 San Jerónimo 30 ☎ 914 298 895 🕐 10:00～14:00、17:00～21:00 休1/1、6・9月の日・祝、7・8月、12/25 Card M.V. 🚇 1、2、3号線ソル駅から徒歩3分

スーパーでも買える！
「メルカドーナ」（→P.100）や「エル・コルテ・イングレス」（→P.140）など、スーパーのお菓子売り場もチェックしてみて。特にクリスマスシーズンは山積みで販売されている。

「エル・コルテ・イングレス」のオリジナルトゥロン€4,20

バルセロナ

ガウディをはじめとするモデルニスモ建築家の作品が建ち並び、
ピカソ、ミロ、ダリなど絵画の巨匠たちを生み出したバルセロナは、
スペインが世界に誇る「芸術の街」。ふらりと歩いているだけで、
自然と感性が高まってくるのが実感できちゃうはず。
そのせいかな？ ファッションやグルメまで、センスのいいモノたちは
ここバルセロナに集まってくるんだって！

バルセロナへのアクセス

- マドリードから約1時間、ほぼ1時間ごとの運航
- マドリードのアトーチャ駅からAVEで2時間30分～3時間10分、1日30便程度運行
- マドリードからAlsa社のバスで約8時間、1日30便程度運行

独自の文化を
もつカタルーニャ
地方の都だよ

ふむふむ…

TIPS FOR TOURISTS
バルセロナ街歩きのヒント

地中海を望むスペイン第2の都市。中世の街並みと、ガウディをはじめとするモデルニスモ建築のハーモニーを楽しんで！

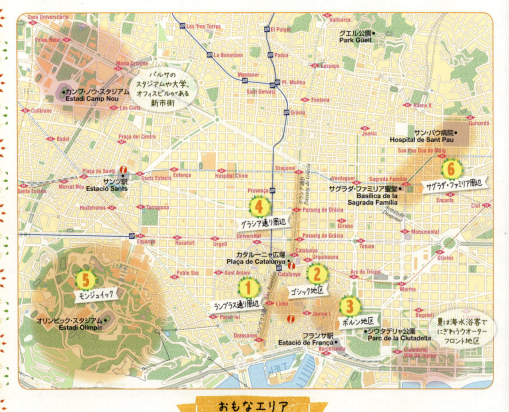

おもなエリア

1 ランブラス通り周辺

街の中心カタルーニャ広場と港を結ぶ旧市街の目抜き通り。大道芸人や露店も出て、1日中人通りが絶えない。

2 ゴシック地区

カテドラルを中心に、13〜15世紀に造られたゴシック様式の街並みが残る。美術館など見どころも多い。
→P.72

3 ボルン地区

ゴシック地区の東に隣接するエリア。中世のたたずまいを残す路地に個性的なお店が並ぶおしゃれなスポット。
→P.74、92

4 グラシア通り周辺

カタルーニャ広場から北へ延びる、にぎやかなメインストリート。モデルニスモ建築やブランド店が並ぶ。
→P.76

5 モンジュイック

街の南西にそびえる標高173mの丘。緑地に美術館やスポーツ施設が点在し、市民の憩いの場となっている。

6 サグラダ・ファミリア周辺

19世紀以降に開発されたアシャンプラ地区に位置し、世界遺産に登録されているサン・パウ病院もある。

旅プランQ&A

旅のテーマは？
何といっても、ガウディをはじめとするモデルニスモ建築と、ピカソやミロなどのアート鑑賞。地元で人気のバルで、おいしいタパスの食べ歩きも楽しみたい。

交通手段は？
ランブラス通りやグラシア通り周辺なら徒歩でOK。中心部から離れたエリアへは地下鉄かバスで。おもな観光スポットを巡るツーリストバス(→P.67)も便利。

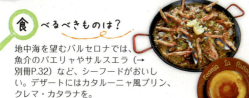

食べるべきものは？
地中海を望むバルセロナでは、魚介のパエリャやサルスエラ(→別冊P.32)など、シーフードがおいしい。デザートにはカタルーニャ風プリン、クレマ・カタラナを。

スリに気をつけてね！ もちろんさ！ ワン！ワン！

治安は？
観光都市バルセロナでは、旅行者を狙ったスリも多い。観光スポットの周辺や地下鉄など、人の多い場所では特に注意を。バルやレストラン、ホテルのロビーや朝食会場での置き引きにも気をつけて。

旅のお助けinfo

便利なバルセロナカード
公共交通機関を使って、できるだけ多くの観光スポットを訪れたいという人におすすめ。その都度チケットを買う手間も省ける。URL www.barcelonacard.org

有効期限&価格
- 3日 €45
- 4日 €55
- 5日 €60
（連続した日数のみ使用可）

購入先
- 観光案内所
- 公式サイト（割引あり）

利用内容
- 市内の公共交通機関（地下鉄、バス、renfe近郊線、カタルーニャ鉄道など）に乗り放題
- 約70ヵ所の美術館、博物館、モニュメントが無料または割引（対象スポットはウェブサイトで要確認）

人気スポットは事前予約を
ガウディのサグラダ・ファミリア聖堂(→P.24)とグエル公園(→P.64)は、人数制限があるため、観光シーズンは予約がないと数時間待ちや翌日以降ということも。事前にインターネット予約するのが鉄則！

観光案内所はこちら
現地の最新情報を手に入れるなら観光案内所へ。地図の配布やホテル、催事、交通など、知りたい情報を案内してくれる。

カタルーニャ広場（地下）
Map 別冊P.8-A1　カタルーニャ広場
☎ 932 853 834　毎日8:30〜21:00
URL www.barcelonaturisme.com

サン・ジャウマ広場（市庁舎内）
Map 別冊P.8-A2　旧市街
月〜金8:30〜20:00、土9:00〜20:00、日・祝9:00〜15:00

サンツ駅構内
Map 別冊P.4-A2〜B2　市内西部
毎日8:30〜20:30

SCHEDULE 1day観光ルート

9:00	サグラダ・ファミリア聖堂 P.24	徒歩10分	比較的空いている朝いちがおすすめ。予約をお忘れなく
10:30	サン・パウ病院 P.67	バス92番またはタクシーで10分	
12:00	グエル公園 P.64	地下鉄+徒歩30分	チケット予約は必須！
13:30	グラシア通り P.76	徒歩すぐ	レストランが多いエリアなのでここでランチを
14:30	カサ・ミラ P.65	徒歩5分	
15:30	カサ・バトリョ P.65	地下鉄+徒歩30分	
17:30	カテドラル P.73	徒歩15分	チケットは事前にネットで予約しておこう
18:00	ピカソ美術館 P.70	徒歩10分	
19:00	ボルン地区 P.74,92		バルでタパスの食べ歩きを楽しんで！

これだけは見ておきたい！

バルセロナ観光のハイライト☆
ガウディ建築を1日で制覇

P.64～67の建築物はぜ〜んぶ世界遺産！

バルセロナの観光で絶対に外せないのが、ガウディの代表作の数々。
効率のよい回り方と、それぞれの見どころポイントをお教えします。
さらにもう1日あれば、19世紀末のモデルニスモ建築も要チェック！

9:00

まずはここからスタート！

サグラダ・ファミリア聖堂
Basílica de la Sagrada Família

所要 1時間30分

ガウディが生前に完成させた「生誕のファサード」は、朝日があたる午前中が撮影のベストタイム。入場チケットは時間指定があるので、必ず事前にオンライン購入しておいて！

Map 別冊P.5-C2　アシャンプラ地区　詳細は→P.24

タクシー約15分

11:00

まるでおとぎの国みたい♪

グエル公園
Park Güell

所要 1時間

ガウディのパトロンだったグエルの依頼で設計した、イギリス風の住宅街。しかし住居が売れなかったため工事が途中で中断された。高台にあり、バルセロナの街と地中海が一望できる。

Map 別冊P.5-C1　新市街

☎934 091 831
⏰4月末～8月末8:00～21:30、10月末～2月中旬8:30～18:15、2月中旬～3月末8:30～19:00、それ以外の期間8:00～20:30 ※入場は閉園1時間前まで　休無休　料€10（シャトルバス代込み）　4号線アルフォンス・デシモ駅からシャトルバスで約15分　URL www.parkguell.cat

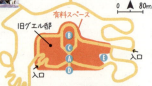

有名なドラゴンの噴水

Ⓐ 大階段
市場へと続く階段にはギリシア神話をもとにしたシンボルがある。

必見2

Ⓑ モザイクのベンチ
「ギリシア劇場」と呼ばれる広場にある、人間工学に基づいて造られた波形のベンチ。

陶器やビンなど廃材をリユース

必見3

Ⓒ 市場
86本のドーリア式の列柱が並ぶ。下には雨水を貯める貯水槽が。

必見4

Ⓓ 正門
門の両脇には『ヘンゼルとグレーテル』をイメージした守衛小屋。

Ⓔ ガウディの家博物館 Casa Museu Gaudí
ガウディが約20年暮らした家。彼がデザインした家具もある。公園と別料金。

⏰9:00～20:00（10～3月10:00～18:00）　休無休　料€5.50
URL www.casamuseugaudi.org

64　グエル公園は朝の開園時間前に行くと、無料で入園できます。（神奈川県・みやこ）

Lunch Time

ランチはここで！
カフェ・デ・ラ・ペドレラ
Café de la Pedrera

カサ・ミラの2階にあるカフェレストラン。飲み物だけでも気軽に利用できる。

Map 別冊P.9-D2
アシャンプラ地区

詳細は → P.76

波打つ天井がステキ

12:00

20世紀初めの高級マンション
カサ・ミラ
（ラ・ペドレラ）
Casa Milà（La Pedrera）

所要1時間

直線部分がまったくないユニークな建物。石を積み上げたような外観から、ラ・ペドレラ（石切場）とも呼ばれる。バルセロナでは初めて地下駐車場が造られるなど革新的なアイデアも。

Map 別冊P.9-D2　アシャンプラ地区

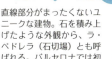

屋上テラス
山の稜線を思わせる波打つ屋上には山の峰々をイメージした煙突や換気塔が立っている。

必見 3

アーチの中にサグラダ・ファミリアが見える！

必見 2

住居スペース
居間や寝室など20世紀初頭のブルジョワの住居が再現されている。

必見 1

玄関ホール
鉄とガラスの扉はカメの甲羅や蝶の羽をモチーフにしたといわれる。

🏠 Pg. de Gràcia 92
☎ 932 142 576　⏰ 9:00〜18:30（3/1〜11/4、12/26〜1/3は〜20:30）※入場は閉館30分前まで
休 1月中旬の1週間、12/25
料 €22、学生€16.50　🚇 3、5号線ディアゴナル駅から徒歩1分
🌐 www.lapedrera.com

徒歩約10分

バルセロナ Barcelona
ガウディ建築を1日で制覇

🌙 ナイトツアーもあるよ！
夜のカサ・ミラをガイド付きで見学する。ライトアップされた建物も幻想的！
⏰ 毎日19:00〜21:00（3/1〜11/4・12/26〜1/3は〜21:00〜23:00）
料 €34（昼と夜のセット券は€41）

ここ見て！

必見 2

中央サロン
曲線と彩色ガラスが美しい窓からは、グラシア通りが見下ろせる。

天井が渦巻き状に

必見 3

屋上テラス
ドラゴンの背中のような屋上には破砕タイルで飾られた煙突が。

必見 1

玄関ホール
壁にはカメの甲羅や魚のうろこのような模様が。階段の手すりをはじめすべて曲線で構成されている。

15:30

ガウディのこだわりが光る
カサ・バトリョ
Casa Batlló

所要1時間

繊維会社を経営していたバトリョ家の邸宅をガウディが改装。家具やドアの取っ手までガウディがデザインした。バルコニーの形から「骨の家」「あくびの家」とも呼ばれた。

Map 別冊P.9-C3
アシャンプラ地区

🏠 Pg. de Gràcia 43
☎ 932 160 306　⏰ 9:00〜21:00　※入場は20:00まで　休 無休　料 €25、学生€22　🚇 2、3、4号線パセジ・ダ・グラシア駅から徒歩1分　🌐 www.casabatllo.es

春から秋にかけての観光シーズンはどこも混み合うので、早めに公式サイトからチケットを購入しておこう。

まだまだあるよ！ガウディ傑作選

もっとガウディの世界に浸りたい！
という人のために。訪れたいのはこの3つ。

天井から光が降り注ぐ

正面のアーチが印象的
グエル邸
Palau Güell

グエル家の邸宅として建てられたガウディ初期の傑作。大理石や木材がふんだんに使われた内装が豪華で、特に2階にある吹き抜けの中央サロンはみごと。地下は馬小屋になっている。

Map 別冊P.6-B2　旧市街

- Nou de la Rambla 3-5
- ☎934 725 775
- 10:00～20:00（11～3月～17:30）※入場は閉館1時間前まで
- 休 月、1/1、1月の第3週、12/25・26
- €12、学生€9
- 3号線リセウ駅から徒歩3分
- URL www.palauguell.cat

イスラム風の喫煙の小部屋

ここ見て！

ガウディの最高傑作といわれる
コロニア・グエル教会
Cripta de la Colònia Güell

バルセロナから約20km、グエルが建設した工業団地内に造られた、労働者のための教会。未完ながらガウディ建築のすべてが凝縮されているとして、専門家の評価も高い。

Map 別冊P.3-D1　バルセロナ郊外

- Claudi Güell, s/n ☎936 305 807
- 10:00～19:00（11～4月～17:00、土・日・祝～15:00）
- 休 1/1・6、12/25・26
- €8.50、学生€6.50
- バルセロナのスペイン広場（Map 別冊P.4-B2）からFGC（カタルーニャ鉄道）のS4、S8、S33に乗り約20分、Colònia Güell駅下車。駅から教会へは徒歩15分。入場券は教会の近くにあるビジターセンターで購入する
- URL www.gaudicoloniaguell.org

蝶のような形の色ガラス

緑と花模様のタイル

2017年に一般公開スタート！
カサ・ビセンス
Casa Vicens

ガウディが初めて手がけた個人住宅。キリスト教建築とイスラム教建築が融合したムデハル様式を模した建物で、建築主がタイル業者だったためタイルが多用されている。

Map 別冊P.5-C1　グラシア地区

- Carolines 20-26 ☎935 475 980
- 10:00～20:00 ※入場は～19:00
- 休 1/1・6、12/25
- €16、学生€14
- 3号線フォンタナ駅から徒歩5分
- URL casavicens.org

ここ見て！

グエルって誰？
バルセロナ生まれの実業家・政治家。早くからガウディの才能に着目し、自宅の建築などを依頼。生涯にわたってガウディ最大の支援者となった。

コロニア・グエルにあるグエルの像

 コロニア・グエル教会では、日本語のオーディオガイドが€2で借りられます。（富山県・ちえ）

ガウディのライバル モンタネールの代表作

モデルニスモ → P.76

モデルニスモを代表する建築家モンタネール。
優美で華麗な作品にうっとり

バルセロナの守護聖人 サン・ジョルディの像

華麗なコンサートホール
カタルーニャ音楽堂
Palau de la Música Catalana

モデルニスモ建築のなかで最も美しいといわれる、モンタネールの最高傑作。モザイクや作曲家の胸像で飾られた正面、ステンドグラスがみごとな大ホールなど、どこを見ても美しい。

Map 別冊 P.8-B1　旧市街

🏠 Palau de la Música 4-6
☎ 932 957 200　🕘 9:00～15:00（ガイドツアーは9～6月10:00～15:30、聖週間と7月10:00～18:00、8月9:00～20:00）
休 1/1、12/25　料 €20（ガイドツアー）　🚇 1/4号線ウルキナオナ駅から徒歩3分
URL www.palaumusica.cat

塔の上には寺院のオブジェが
ここ見て！

モンタネール最大の建造物
サン・パウ病院
Hospital de Sant Pau

芸術には人を癒やす力があるというモンタネールの信念により、いたるところに装飾が施されている。広い敷地に48棟の建物が並び、2009年まで病院として使用されていた。

Map 別冊 P.5-D2　サグラダ・ファミリア周辺

🏠 Sant Antoni Maria Claret 167　☎ 935 537 801　🕘 9:30～19:00（11～3月～16:30、日・祝～15:00）　休 1/1、6、12/25　料 €15　※2/12、4/23、9/24、第1日曜は無料　🚇 5号線サン・パウ・ドス・デ・マッチ駅から徒歩1分
URL www.santpaubarcelona.org

リュイス・ドメネク・イ・モンタネール
Luis Domènech i Montaner
（1850～1923年）

バルセロナの裕福な印刷業者の家に生まれる。25歳で建築学校の教授になり、2歳年下のガウディに講義を行ったことも。花模様を巧みに表現したことから「花の建築家」と呼ばれ、生前はガウディ以上に名声を博した。

19世紀末のバルセロナを代表する建築家

そのほかのモデルニスモ作品
* アントニ・タピエス美術館→P.76
* カサ・アマトリェール→P.77
* ロエベ（カサ・リェオ・イ・モレラ）→P.77
* ホテル・エスパーニャ→P.104

現在もクラシックコンサートやオペラなどが行われる大ホール

バルセロナ観光に便利なツーリストバス

市内の主要スポットを巡る、乗り降り自由の2階建てバス。右記の2社が運行しており、同じ会社であればルートの乗り継ぎも可能。両社とも日本語オーディオガイド付きで、1日券€30、2日券€40。観光スポットや飲食店などで使える割引クーポンがもらえるので、上手に使えばお得！

バス・トゥリスティック　Bus Turistic
青、赤、緑の3つのルートがある。
バス停は45ヵ所。
URL www.barcelonabusturistic.cat

車体のデザインが一新

バルセロナ・シティツアー
Barcelona City Tour

ルートは東と西のふたつ。
32ヵ所にバス停がある。
URL www.barcelona.city-tour.com

赤い車体が目印だよ

カタルーニャ音楽堂のチケットは、21日前までにオンライン購入すると€16になる。

サン・ジュセップ市場
Mercat de Sant Josep

まるで食のテーマパーク！
バルセロナを代表する市場

これはいくらですか？
¿Cuánto cuesta esto?
クアント・クエスタ・エスト？

市民から「ボケリアBoqueria」の愛称で親しまれる、バルセロナで最も古い市場。カットフルーツや生ハムなどその場で食べられるものもたくさんあり、観光客でも楽しめる。

創設	1840年
店舗数	約200
混雑度	★★★
ローカル度	★

Map 別冊P.6-B1
ランブラス通り
🏠 Ramblas 91　☎ 933 182 584　🕐 8:00～20:30　休 日・祝
🚇 3号線リセウ駅から徒歩3分
🌐 www.boqueria.info

フルーツ盛り合わせ €2

食べ歩きフードもたくさんあるわ

PICK UP!
市場の有名バル
ピノッチョ Pinotxo

名物オーナーのフアニートさんが迎えてくれる人気バル。タパスは家庭的な味わい。

🕐 6:00～16:00　休 日・祝

市場でいちばんの有名人だよ！

ひよこ豆とソーセージ €6

見て、買って、食べて楽しい♪
バルセロナ市民の台所、**メルカット**へGO！

トマトもいろいろな種類がある

これを試食できますか？
¿Puedo probar esto?
プエド・プロバール・エスト？

地元民に愛されるメルカット
斬新な建物にも注目して！

サンタ・カタリーナ市場
Mercat de Santa Caterina

創設	1845年
店舗数	約80
混雑度	★★
ローカル度	★★

規模は小さめだが、観光客が少ないので落ち着いて買い物ができる。「現代のガウディ」と呼ばれるエンリケ・ミラーレスによって改装された建物も一見の価値あり。

オリーブオイルはP.46を見てね！

PICK UP!
タパスから本格料理まで
クイナス・サンタ・カタリーナ
Cuinas Santa Caterina

市場の一角にあるバルレストラン。タパスから創作料理までメニューが充実。

🕐 毎日12:30～16:00、19:30～23:00（バルは9:00～23:00）
シーフードパエリャ €18.50

Map 別冊P.8-B2
ボルン地区
🏠 Av. Francesc Cambó 16　☎ 933 195 740　🕐 7:30～15:30（火・木・金～20:30）
休 日・祝　🚇 4号線ジャウマ・プリメ駅から徒歩3分
🌐 www.mercatsantacaterina.com

フルーツジュース €2

19:00以降にサン・ジュセップ市場に行くと、カットフルーツやジュースが値引きされていて、お得に買い物できました。（群馬県・なつみ）

バルセロナ

サン・アントニ市場
Mercat de Sant Antoni

2018年にリニューアル完了 衣類も扱うのはここだけ!

下町の風情が残るサン・アントニ地区にある、地域密着型の市場。レトロな外観を残しつつ、内部はモダンに改装。地下にはドイツ資本の格安スーパー「リドル」もある。

創設 1882年
店舗数 約100
混雑度 ★★
ローカル度 ★★★

Map 別冊P.6-A1
サン・アントニ
🏠 Comte d'Urgell 1
☎ 934 263 521
🕐 8:00〜20:00 休 日・祝
🚇 2号線サン・アントニ駅から徒歩1分
URL www.mercatdesantantoni.com

PICK UP!
カサ・ブランカ
Casa Blanca
地元客で大にぎわい
カタルーニャの伝統料理が手頃な料金で楽しめる。特にシーフードがおすすめ。
🕐 13:00〜15:30 休 日・祝 €15前後
食事の予算はひとり

100gください
Cien gramos, por favor
シエン・グラモス・ポルファボール

バルセロナ市民の台所、メルカットへGO!

気軽に食べられるフィンガーフードも / オリーブは量り売り

珍しい食材やおいしそうな総菜が並ぶ市場は、最高に楽しい観光スポット!
併設のバルやレストランでグルメを楽しんだり、日本へのおみやげを探したり。
それぞれ雰囲気の異なるメルカットをはしごして、お気に入りを見つけよう☆

市場で役立つ会話→P.39
イカ墨のパエリャ€18

市場を楽しむコツ
● 人込みではスリに注意。貴重品は体から離さないこと。
● 基本的には定価販売だけど、たくさん買えばおまけしてくれることも。
● 買い物袋はもらえないこともあるので、エコバッグを持参すると便利。

PICK UP!
素材には自信あり!
ラ・メドゥーサ73
La Medusa 73
魚屋さんが経営するだけあって、シーフードの新鮮さは折り紙付き!
🕐 10:00〜18:00(金〜20:00、土〜17:00) 休 日・月

スーパーマーケットも併設
人気上昇中のグルメな市場

ニノット市場
Mercat del Ninot

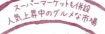
お寿司もあるよ〜

2015年に改装され、広々とした市場内はとてもきれい。総菜を売る店やイートスペースを併設する店が多いのが特徴。地下にはスーパー「メルカドーナ」(→P.100)も。

創設 1892年
店舗数 約50
混雑度 ★
ローカル度 ★★★

Map 別冊P.4-B2 アシャンプラ地区
🏠 Mallorca 133-157
☎ 933 234 909
🕐 月〜土8:00〜21:15 休 日・祝
🚇 5号線オスピタル・クリニック駅から徒歩3分
URL www.mercatdelninot.com

ひとつ(ふたつ)ください
Deme uno (dos), por favor.
デメ・ウノ(ドス)・ポルファボール

モダンな市場内

サン・アントニ市場の周りでは、毎週日曜の8:30から14:00頃まで、古本市が開催される。

69

スペイン現代
ピカソ
バルセロナではこ

バルセロナ生まれのミロと、青春
美術館でじっくりと作
街角アートや画家ゆかりの場

パブロ・ピカソ
Pablo Picasso
(1881～1973年)

「私は対象を
見えるようにではなく、
私が思うように
描くのだ」

スペイン南部マラガ生まれ。美術教師だった父親の転勤により14歳でバルセロナに移り、パリに移住する22歳までこの地で多感な青年時代を過ごす。生涯に2回結婚し、3人の女性との間に4人の子供を作った。

ティファニーのデザイナーである娘、パロマ・ピカソの名は、彼が大好きだったハト（パロマ）から

この作品のココに注目！

『初聖体拝受』　　『マルゴット』　　『ラス・メニーナス』
La Primera Comunión 1896年　　Margot 1901年　　Las Meninas 1957年

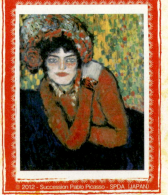

© 2012 - Succession Pablo Picasso - SPDA (JAPAN)

透きとおるようなレースの表現が見事

妹をモデルに描いた最初の大作。15歳にしてすでに伝統絵画の手法を完璧にマスターしていたとは、さすが天才！

点描法は当時パリで流行していた技法

初めてパリを訪れたあと20歳で描いたもの。パリの影響を受けながら自分のスタイルを模索していた様子がうかがえる。

P.112のオリジナルと比較してみて！

76歳のときに南仏カンヌで制作した、ベラスケスの『ラス・メニーナス』をモチーフにした作品。58ある連作のうちの1枚。

天才画家のルーツを探る
ピカソ美術館
Museu Picasso

貴族の館を改装した館内に、油彩、素描、版画、陶器などが年代順に展示され、作風の変遷を知ることができる。特に初期の作品が充実しており、「ピカソ以前のピカソ」に出合える貴重な美術館。

📍Map 別冊P.8-B2　ボルン地区

🏠Montcada 15-23　📞932 563 000
🕐10:00～17:00、火・日9:00～20:30（木～21:30）　休11/1～3/15の月、1/1、5/1、6/24、12/25　￥€12（木曜の18:00以降は無料）　🚇4号線ジャウマ・プリメ駅から徒歩5分
🌐www.museupicasso.bcn.es

カフェでひと息

バルセロナの有名レストラン「Iaie」が経営しているので、料理やスイーツも本格的。

1. 自然光が入る明るい店内　2 ランチタイムには軽い食事も！

ミュージアムグッズも！

ボールペン €4
マグネット €8.50
ピルケース €6.50

こちらもチェック！

ピカソが通ったカフェ
クアトラ・ガッツ 4 Gats

19世紀末、芸術家たちのたまり場だったカフェ。若き日のピカソも足しげく通い、店のメニューをデザインしたことも。

📍Map 別冊P.8-A1　ゴシック地区

🏠Montsió 3　📞933 024 140
🕐9:00～24:00（レストラン13:00～16:00、19:00～24:00）　休12/25　CardA.D.J.M.V.
🚇1、3号線カタルーニャ駅から徒歩5分

建築家会館の壁画

カテドラル前のノバ広場に面した建物に注目！　カタルーニャ地方の民俗舞踊サルダーナや祭りの様子が描かれている。

📍Map 別冊P.8-A2　ゴシック地区

ピカソ美術館のカフェは入場券がなくても入れるので、街歩きの途中の休憩にもおすすめ。（北海道・のん）

美術の巨匠 とミロ のふたりに注目！

時代をこの街で過ごしたピカソ。品を鑑賞したあとは、所などもチェックしてみて！

ジョアン・ミロ
Joan Miró
（1893〜1983年）

商業学校を卒業後、18歳で療養のためバルセロナ郊外のモンロッチ村に滞在。この頃から画家をめざすようになり、村の自然がミロの芸術に影響を与えたといわれる。晩年は母親の生地マヨルカ島で制作活動を行った。

「記号こそ、魔術的な感覚を引き起こす」

温厚な性格で、いたずらっ子のような心を持ち続けたミロを、ピカソは「永遠の子供」と称した

この作品のココに注目！

『少女の肖像』
Retrat d'Una Vaileta 1919年

影像のような力強い人物造形に注目！

26歳で描いた初期の作品。鮮やかな色彩と大胆な造形は、故郷カタルーニャ地方の中世ロマネスク美術の影響も感じられる。

『白い手袋』
Pintura (El Guant Blanc) 1925年

ミロは目に見えるものを記号化して描いた

シュルレアリスムへの転換期に制作された作品。パリに出た1920年代以降、ミロの特徴である記号が使われるようになった。

『蒼天の金』
L'or de l'Azur 1967年

鮮やかな色彩とユーモラスな線描が印象的

金色の大気の中に天を思わせる青色の楕円が浮かぶ。ミロは記号を言語のように使い、「線の詩人」と呼ばれた。

画家の精神が今も息づく
ミロ美術館
Fundació Joan Miró

地中海の光があふれる白い建物は、ミロの友人セルトの設計。約1万点におよぶミロの作品を所蔵するほか、ミロの遺志に従い企画展や若手作家の展示が行われ、現代芸術の発展に貢献している。

Map 別冊 P.4-B3　モンジュイック

🏠 Parc de Montjuïc, s/n　☎934 439 470　🕐火〜土10:00〜18:00（4〜10月〜20:00）、日10:00〜15:00（4〜10月〜18:00）　休月、1/1、12/25・26　€13　フニクラのパルク・モンジュイック駅から徒歩3分　URL www.fmirobcn.org

カフェでひと息

飲み物やサンドイッチなどの軽食のほか、ランチタイムには本格的な料理も楽しめる。

1. 窓の外には緑いっぱいの風景が　2. メイン料理は1品€10程度

ミュージアムグッズも！

ミニカレンダー €5
ゴムバンド付きノート €10
マグカップ €8

こちらもチェック！

ランブラス通りのモザイク

1976年に制作された、赤、青、黄の3原色からなるモザイク画。地下鉄リセウ駅近くの歩道にあり、人通りが多いので見逃さないで！

Map 別冊 P.8-A2　ランブラス通り

高さは22m
『女と鳥』 Dona i Ocell

スペイン広場近くのミロ公園にある、1983年に完成したオブジェ。ミロの最晩年の作品で、遠くからでも目立つカラフルな彫刻は公園のシンボルとなっている。

Map 別冊 P.4-B2　アシャンプラ地区

ミロの生家は現在「ホテル・リアルト Hotel Rialto」Map 別冊 P.8-A2 になっている。

石畳の道をぐるぐる♪
ゴシック地区で古きよきバルセロナに出合う

旧市街の目抜き通りランブラスの東側に広がる、バルセロナで最も古いエリアがゴシック地区。老舗に寄りつつ、中世の時代に思いを馳せてみて。

TOTAL 4時間

ゴシック地区おさんぽ TIME TABLE

- **9:30** レイアール広場
  - ↓ 徒歩3分
- **10:00** ラ・マヌアル・アルパルガテラ
  - ↓ 徒歩5分
- **10:30** ペトリチョル・チョコア
  - ↓ 徒歩3分
- **11:00** カエルン(→P.88)でお茶休憩
  - ↓ 徒歩2分
- **11:30** カテドラル
  - ↓ 徒歩2分
- **12:15** 王の広場
  - ↓ 徒歩1分
- **12:30** 市歴史博物館
  - ↓ 徒歩1分
- **13:00** セレリア・スビラ

1 市民や観光客が集う レイアール広場 9:30
Plaça Reial

19世紀半ばに修道院を改造した広場で、噴水が中央に。広場に面してバルやレストランも多い。市から委託されたガウディ初期作品の街灯がある。

ガウディデザインの街灯

Map 別冊P.8-A2
🚇3号線リセウ駅から徒歩3分

2 エスパドリーユ専門店 ラ・マヌアル・アルパルガテラ 10:00
La Manual Alpargatera

日本でも人気の縄底靴エスパドリーユ（スペイン語でアルパルガタ）の老舗専門店。形、デザイン、色、サイズ展開が豊富。

職人による製造実演も見られる

Map 別冊P.8-A2
🏠Avinyó 7　📞933 010 172
🕘9:45~13:30（土10:00~13:30）、16:30~20:00　休日・祝
Card A.D.J.M.V.
🚇3号線リセウ駅から徒歩5分
🌐www.lamanualalpargatera.es

1. 軽くて足なじみがよく、履き心地◎の定番モデル€11
2. 熟練の職人がすべて手作り
3. 夏にぴったりのカラフルなサンダル€39

3 チョコレート専門店 ペトリチョル・チョコア 10:30
Petritxol Xocoa

チョコレート通りとも呼ばれる、細い路地にある。かわいらしい店内にはチョコやスイーツがぎっしり。奥にカフェも併設している。

全商品の材料と品質にこだわりが

1. オリジナルのチョコレートは種類が豊富
2. パンはカフェでも食べられる

こちらも CHECK！→P.55

Map 別冊P.8-A2
🏠Petritxol 11　📞933 018 291
🕘9:30~21:00　休無休
Card M.V.　🚇3号線リセウ駅から徒歩5分

カタルーニャの踊り、サルダーナ

カタルーニャ地方を代表する民族舞踊で、コブラという楽隊が伴奏し、男女が手をつないで大勢で輪になって踊る。毎週日曜の12:00〜13:00にカテドラル前で見られる。

ランブラス通りには大道芸人がたくさんいて、見物しながら歩くのも楽しかったです。（山梨県・由美）

ゴシック地区のシンボル
4 カテドラル 11:30
Catedral

13〜15世紀に約150年かけて建てられ、その後も改築が行われた、バルセロナで最も古い建築物のひとつ。ステンドグラスが美しい中央祭壇の地下には、バルセロナの守護聖人、聖エウラリアが眠っている。

Map 別冊P.8-A2

- Pla de la Seu
- ☎933 428 260
- 月〜金8:30〜12:30、17:45〜19:30（特別入場12:30〜19:45）、土8:30〜12:30、17:15〜20:00（特別入場12:30〜17:30）、日・祝8:30〜13:45、17:15〜20:00（特別入場14:00〜17:30）
- 無料（回廊、宝物館、展望台などの見学を含む特別入場は€7）
- 4号線ジャウマ・プリメ駅から徒歩3分
- www.catedralbcn.org

Map 別冊P.8-A2

1. ファサードはネオ・ゴシック様式
2. カタルーニャ・ゴシック様式の聖堂内部
3. 中庭を囲む回廊には美術館も併設している

Map 別冊P.8-A2

数々の歴史の舞台となった
5 王の広場 12:15
Plaça del Rei

バルセロナ伯爵の住居としても使われた王宮、アガタ礼拝堂、副王の館に囲まれた広場。新大陸到達後のコロンブスがカトリック両王に謁見するために上った四分円の階段もある。

Map 別冊P.8-B2

- 4号線ジャウマ・プリメ駅から徒歩2分

バルセロナの歴史を学べる
6 市歴史博物館 12:30
Museu d'Història de la Ciutat

王の広場に面する建物を改装した、ローマ時代からのバルセロナの歴史を伝える博物館。コロンブスがカトリック両王に謁見したティネルの間なども見学可能。

1. 15世紀末建造の貴族の館が博物館に
2. 地下で発掘されたローマ時代の遺跡は必見。公衆浴場や水路も残る

Map 別冊P.8-B2

- Plaça del Rei, s/n
- ☎932 562 100
- 火〜土10:00〜19:00、日10:00〜20:00
- 休1/1、5/1、6/24、12/25
- €7
- 4号線ジャウマ・プリメ駅から徒歩2分
- museuhistoria.bcn.cat

ランブラス名物の花屋

老舗のキャンドル店
7 セレリア・スビラ 13:00
Cereria Subira

創業1791年。バルセロナでいちばん古いろうそく店といわれ、伝統的な手作りろうそくからデザインものまで品揃え豊富で価格も手頃。

1. 19世紀のままの店内も一見の価値あり
2. キノコの形がキュート€1.65
3. ニワトリをかたどったロウソク€1.35
4. カラフルなロウソクがいっぱい

たくさん欲しい！

Map 別冊P.8-B2

- Libreteria 7
- ☎933 152 606
- 9:30〜13:30、16:00〜20:00（土10:00〜20:00）
- 休日・祝
- Card D,J,M,V
- 4号線ジャウマ・プリメ駅から徒歩1分

「ペトリチョル・チョコア」のあるペトリチョル通りには、かつてこの通りに住んでいた著名人を紹介するタイル画が飾られている。

個性派スポットを訪ねて新旧ミックスの**ボルン地区**をおさんぽ

大道芸人もたくさんいるよ！

ゴシック地区のおとなりにあるボルン地区は、中世の街並みとトレンドが融合する注目のエリア。路地を歩きながらグルメとお買い物を楽しんで♪

TOTAL 5時間30分

ボルン地区おさんぽ TIME TABLE

- 13:00 サンタ・カタリーナ市場
- ↓ 徒歩2分
- 13:30 バル・デル・プラ
- ↓ 徒歩2分
- 14:40 ピカソ美術館（→P.70）
- ↓
- 16:00 サンタ・マリア・ダル・マル教会
- ↓ 徒歩すぐ
- 16:30 カサ・ジスペルト
- ↓ 徒歩1分
- 17:00 ラ・ビニャ・デル・セニョール
- ↓ 徒歩すぐ
- 17:30 ブボ
- ↓ 徒歩5分
- 18:00 ボルン・カルチャーセンター

---

1 13:00

モデルニスモ様式の市場
サンタ・カタリーナ市場
Mercat de Santa Caterina

おいしい生ハムもいっぱい！

詳細は→P.68

150年以上の歴史をもつ市場が8年間の再生プロジェクトを経て2005年にリニューアル。圧巻なのは30万枚もの陶器タイルが貼られたカラフルで巨大な屋根。

---

2 13:30

ワインが豊富な老舗風バル
バル・デル・プラ
Bar del Pla

開店は2007年と比較的新しいが、レトロな内装が雰囲気たっぷり。タパスは伝統料理にオリジナリティをくわえたもので、どれもおいしい！

1. 夜は常連客で混むので、早めの時間がおすすめ
2. イワシのコカ（オープンサンド）€8.40
3. イベリコ豚のステーキ €14.50
4. イカ墨のコロッケ €1.90

Map 別冊P.8-B2

🏠 Montcada 2　☎ 932 683 003
🕐 12:00〜23:00（金・土〜24:00）
🚫 日・祝　💳 A.M.V.　🚇 4号線ジャウマ・プリメ駅から徒歩4分
🌐 www.bardelpla.cat

---

3 16:00

かつて海と陸の境だった
サンタ・マリア・ダル・マル教会
Església de Santa Maria del Mar

まるで中世にタイムスリップしたみたい！

中世の趣が残るモンカダ通り

サンタ・マリア・ダル・マル教会までは、中世の貴族や商人のお屋敷などの建築物がそのまま残っている、美しいモンカダ通りを歩こう。バルセロナ観光に欠かせない有名な通りのひとつ。途中にピカソ美術館もある。

バルセロナが地中海貿易で栄えた14世紀に建てられたカタルーニャ・ゴシック様式の教会。海の聖母マリアに、航海する人々の安全を祈願したそう。

14世紀のステンドグラス！

1. ステンドグラスが優美な内部
2. 無駄な装飾のない壁面と八角形の柱が特徴

Map 別冊P.8-B3

🏠 Plaça de Santa Maria 1
☎ 933 102 390　🕐 9:00（日・祝10:00）〜13:00、17:00〜20:30　🚫 無休
💳 無料　🚇 4号線ジャウマ・プリメ駅から徒歩5分

ボルン地区にはおしゃれな店がたくさんありました！（三重県・みな）

4 カサ・ジスペルト
1851年創業の乾物店 16:30
Casa Gispert

創業当時から使われている店の奥の窯で、ナッツなどを自家焙煎している。サンタ・マリア・ダル・マル教会のすぐ脇にある、古めかしい店舗も一見の価値あり。

Map 別冊P.8-B3

- Sombrerers 23　☎933 197 535　⊙10:00～20:30　休日・祝　Card A.D.J.M.V.　⊗4号線ジャウマ・プリメ駅から徒歩5分　URL www.casagispert.com

1. カタルーニャ地方の伝統菓子カルキニョリス€7.50
2. 自家焙煎のヘーゼルナッツ€4.15とアーモンド€4.40

5 ラ・ビニャ・デル・セニョール
気軽に立ち寄れるワインバー 17:00
La Vinya del Senyor

サンタ・マリア・ダル・マル教会の前にあり、テラス席にすわって教会を眺めながらひと休みできる。ワインはスペイン産を中心に約350種類が揃う。

Map 別冊P.8-B3

- Plaça Santa Maria 5　☎933 103 379　⊙12:00～翌1:00（金・土～翌2:00、日～24:00)　休12/25　Card A.D.J.M.V.　⊗4号線ジャウマ・プリメ駅から徒歩5分

1. ワインに合うシンプルなタパスが揃う
2. ワインはグラスでも注文可

6 ブボ
ケーキでティータイム 17:30
Bubó

国内外で何度も賞を受賞している有名パティシエの店。おみやげにぴったりの焼き菓子やチョコレートも扱う。店内には小さなイートインスペースもある。

店を代表するケーキ「シャビナ」€4.90

Map 別冊P.8-B3

- Caputxes 10　☎932 687 224　⊙10:00～21:00（金・土～23:00)　Card A.D.J.M.V.（7€以下の支払いは現金のみ）　⊗4号線ジャウマ・プリメ駅から徒歩5分　URL bubo.es

こちらもCHECK!→P.89

7 ボルン・カルチャーセンター
1700年代にタイムスリップ 18:00
El Born Centre de Cultura

バルセロナがスペイン継承戦争に敗れた、1714年頃の遺跡が保存されている。有料の展示会場には、当時の街並みの模型や食器、タイルなども。

かつて市場だった建物の地下から遺跡が発見された

Map 別冊P.7-C2

- Plaça Comercial 12　☎932 566 851　⊙10:00～20:00　休月、1/1、5/1、6/24、12/25　料無料（展示は€4.50）　⊗4号線ジャウマ・プリメ駅から徒歩10分　URL elborn culturaimemoria.barcelona.cat

バルセロナの旧市街にはスリやひったくりも多い。人けのない路地には立ち寄らないようにしよう。

ガウディのライバルたちがブランドストリートで火花を散らす！
アシャンプラ地区へ

グラシア通りは、3人のモデルニスモ建築家たちの作品が建ち並び、彼らの張り合い？を見るのが楽しい！ついでにブランドショップのはしごもしちゃお。

TOTAL 6時間30分

アシャンプラ地区おさんぽ TIME TABLE

- 13:00 カフェ・デ・ラ・ペドレラ
  ↓ 徒歩2分
- 14:30 プリティ・バレリーナ
  ↓ 徒歩10分
- 15:15 ビンバ・イ・ロラ
  ↓ 徒歩5分
- 16:00 アントニ・タピエス美術館
  ↓ 徒歩5分
- 17:00 カサ・アマトリェール
  ↓ 徒歩1分
- 18:00 ロエベ
  ↓ 徒歩3分
- 18:45 ザラ・ホーム

1. ガウディ設計の波打つ天井が美しい
2. 入口はグラシア通りに面した1階にある
3. 日替わりランチコースは€25

1 優雅にランチ♪ 13:00
カフェ・デ・ラ・ペドレラ
Café de la Pedrera　ガウディ

ガウディの代表作、カサ・ミラの2階にあるカフェレストラン。サンドイッチなどの軽食のほか、本格的なコース料理も楽しめる。

Map 別冊P.9-D2

- Pg. de Gràcia 92
- 934 880 176
- 9:00～23:00（ランチ12:00～16:00、ディナー19:00～22:30）
- 無休
- Card A.J.M.V.
- 3、5号線ディアゴナル駅から徒歩2分
- URL www.cafedelapedrera.com

こちらもCHECK！→P.65

モデルニスモって？
日本では「アールヌーヴォー」として知られる、19世紀末に流行した世界的な新しい芸術や文化のムーブメント。スペインでは産業革命で強い経済力をもったバルセロナがその中心となり、ガウディ、モンタネール、プッチをはじめとする建築家たちが、カタルーニャの伝統に独自の様式を取り入れ、新しい時代を象徴する作品を生み出した。

2 セレブ愛用のバレエシューズ 14:30
プリティ・バレリーナ
Pretty Ballerinas

有名モデルやハリウッド女優が愛用したことから、世界的にブームに。熟練した職人によって手作りされ、履き心地もバツグン！

Map 別冊P.9-D2

- Pg. de Gràcia 106
- 934 156 524
- 10:00～21:00
- 日・祝
- Card A.M.V.
- 3、5号線ディアゴナル駅から徒歩1分
- URL www.prettyballerinas.com
- マドリード店：Lagasca 30　Map 別冊P.17-D3

1. 店内にはシューズがぎっしり
2. スワロフスキーのバックル付き€265
3. 定番のヒョウ柄€175

3 おしゃれ女子は要チェック！ 15:15
ビンバ・イ・ロラ
Bimba y Lola

スペインの有名デザイナー、アドルフォ・ドミンゲスの姪である姉妹が創設したブランド。個性的で遊び心のあるデザインが人気。

Map 別冊P.9-D2

- Pg. de Gràcia 55-57
- 932 158 188
- 10:00～21:00
- 日・祝
- Card A.D.J.M.V.
- 3号線パセジ・ダ・グラシア駅から徒歩2分
- URL www.bimbaylola.com
- マドリード店：Serrano 22　Map 別冊P.17-C3

1. バッグ€120。ウエアのほかレザーアイテムやアクセサリーも充実
2. ブレスレット€30
3. 星モチーフのネックレス€39

4 モダンアートの中心地 16:00
アントニ・タピエス美術館
Fundació Antoni Tàpies　モンタネール

1885年にモンタネールが建てたモンタネール・イ・シモン出版社を改装。スペイン現代美術の巨匠のひとり、タピエスの1940年代以降の作品や現代アートを展示する。

Map 別冊P.9-C2　モンタネール→P.67

- Aragó 255
- 934 870 315
- 10:00～19:00（金～21:00、日～15:00）
- 月、1/1・6、12/25
- €8
- 3号線パセジ・ダ・グラシア駅から徒歩3分
- URL www.fundaciotapies.org

19世紀末の建物にも注目！

1. イスラム風アーチが施されたレンガのファサードの上には針金のオブジェ。目を凝らすと中には大きな椅子が
2. 吹き抜けの館内

「カフェ・デ・ラ・ペドレラ」は朝食やティータイムにもおすすめです。（山形県・ひろみ）

5 カサ・アマトリェール
三角屋根がポイント！ 17:00
Casa Amatller
プッチ

カサ・バトリョの隣に建つ、チョコレート王アマトリェールがプッチに改装を依頼した邸宅。豪華な調度品やステンドグラスで飾られた内装がすばらしい。

1. ダイニングルームや居間、書斎などが見学できる 2. フランドル風の切り妻屋根が特徴

Map 別冊P.9-C3
🏠 Pg. de Gràcia 41
☎ 934 617 460
🕐 毎日10:00～19:00
休 1/1・6、12/25
料 €19 ※英語のガイドツアー（所要1時間）は11:00、€24 3号線パセジ・ダ・グラシア駅から徒歩1分
URL www.amatller.org

ドアノブのデザインもステキ♪

6 ロエベ
王室御用達ブランド
モンタネール
Loewe 18:00

スペイン王室や世界中のセレブに愛されてきた高級皮革店。定番のアマソナやナパから新作、プレタポルテまで揃う。モデルニスモ様式の建物も必見。

Map 別冊P.9-C3
🏠 Pg. de Gràcia 35
☎ 932 160 400
🕐 月～土10:00～20:30
休 日・祝 Card A.D.J.M.V.
3号線パセジ・ダ・グラシア駅から徒歩2分
URL www.loewe.com
🏠 マドリード店→P.134

1. ゴールドのコインパース€195 2. 柔らかなレザーを使用したナパラインのバッグ「コラ」€990 3. モンタネールが改装を手がけたカサ・リェオ・イ・モレラの1階にある

プッチって誰？
ガウディとモンタネールに続く、モデルニスモ第2世代を代表する建築家。政治家や建築学校の教授としても活躍し、カタルーニャの伝統再生に尽力した。ロマネスク美術の研究家でもあり、作品には中世の影響も見られる。

7 ザラ・ホーム
おしゃれなインテリア雑貨
Zara Home 18:45

人気ブランド「ザラ」（→別冊P.35）が手がけるインテリアショップ。ベッドリネンやテーブルウエアをはじめ、幅広いアイテムが揃う。

Map 別冊P.9-D3
🏠 Pg. de Gràcia 30 ☎ 933 041 292
🕐 10:00～21:00 休 日・祝 Card A.D.J.M.V. 3号線パセジ・ダ・グラシア駅から徒歩3分
URL www.zarahome.com

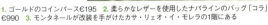

バルセロナ Barcelona

ガウディのライバルたちが火花を散らす！アシャンプラ地区へ

いっぱいお買いものしちゃった！

1. コットンのキッチンクロス3枚セット€5.99 2. カラフルなプラスチックのコップ 各€3.99 3. 木製ボウル€5.99

カサ・アマトリェールの1階奥にあるカフェとチョコレートショップもおすすめ！

どれ食べる？ 人気店を徹底比較！
本場のパエリャをいただきま～す

スペインへ行ったら絶対に外せないのがパエリャ！おいしいと評判の店を取材スタッフが実食して、本音レポートをお届けしちゃいます♪

当店自慢のパエリャです！

実食レポート
魚介のスープがしっかり染み込んだ米は、硬すぎず軟らかすぎず上品な味。海の見えるロケーションも最高です！

漁師風パエリャ
Paella Marinera
€23／1人前
具：エビ、ムール貝、アサリ

39cm（2人前）

海を望む本格シーフード店
エル・カングレホ・ロコ
El Cangrejo Loco

目の前に広がる地中海がまぶしい、1000人収容可能な大型店。パエリャ以外にも、エスケイシャーダやエスカリバーダなど地元の伝統的な料理が豊富。料理と雰囲気の両方楽しめる。海が見える2階の窓際席は予約を。

Map 別冊P.7-D3　オリンピック港

- Moll de Gregal 29-30, Port Olimpic
- ☎932 210 533
- 営毎日13:00～翌1:00
- 休無休
- €25～
- Card A.D.M.V.
- 予不要（窓際の席は要予約）
- 4号線シウタデリャ駅から徒歩10分
- URL www.elcangrejoloco.com

米の硬さ／店の雰囲気／味の濃さ／洗練度／油っぽさ

こちらもオススメ！

ロブスターのスープパエリャ
Arroz Caldoso de Bogavante
€31／1人前

前菜はコレ！

エスケイシャーダ（タラのサラダ）
Esqueixada
€14.70

エスカリバーダ（野菜のオーブン焼き）
Escalivada
€9.90

エル・カングレホ・ロコはテラス席もあり、夏は外で食事するのも気持ちよかったです。（東京都・みか）

おひとりさまOKの パエリャレストラン

ひとりでもパエリャが食べたい！という人のために、1人前から注文できて、気軽に入れるレストランをご紹介。

歴史を感じる老舗レストラン
セッテ・ポルタス
7 Portes

1836年にキャバレーとしてオープン。スペイン版ムーラン・ルージュが、今では世界各国から著名人が訪れる名門の米料理専門店。毎日600人もの人がここでパエリャを食べるそう。

Map 別冊P.8-B3　旧市街
- Passeig d'Isabel II 14　☎933 193 033　⏰13:00～翌1:00　無休　€25～　Card A.D.J.M.V.
- 望ましい　4号線バルセロネータ駅から徒歩3分
- URL www.7portes.com

フィデウア (パスタのパエリャ)
Fideua
€16

シーフード・パエリャ
Paella de Marisco
€24

パエリャ・パレリャーダ
Paella Parellada
€24.90

有名人も食した伝統の味です！

港近くのシーフード店
カル・ピンチョ
Cal Pinxo

パエリャやシーフード料理には定評があり、特にフィデウアは絶品。3～4人なら、ひとつの鍋で魚介、野菜、イカ墨の3種類の味が楽しめるトリオ・デ・パエリャ€75がおすすめ！

Map 別冊P.7-C2　バルセロネータ
- Plaça de Pau Vila 1　☎932 212 211　⏰12:00～23:30　無休　€20～　Card A.D.J.M.V.　不要
- 4号線バルセロネータ駅から徒歩6分　URL www.calpinxo.com

米料理の種類が豊富
カステイ・デ・シャティバ
Castell de Xàtiva

店内はシンプルだが、昼は地元客、夜は観光客でにぎわう米料理店。昼は前菜、パエリャ、デザート、飲み物がセットになったお得なランチメニューがある。

Map 別冊P.5-C2　アシャンプラ地区
- Valencia 360　☎934 583 418　⏰13:00～16:00、20:30～23:00　日の夜、月、8月　€15～　Card A.D.M.V.　不要
- 4、5号線ベルダゲル駅から徒歩4分

バレンシア風パエリャ
Paella Valenciana

ロブスターのカルドッソ
Arroz Caldoso de Bogavante
€19

€10.50

これは2人前！

パエリャ
Paella
€13.50

パエリャが人気の小さな店
ラ・ルビア
La Rubia

バルセロナ現代美術館の前にある、ひとりでも気軽に入れるバルレストラン。タパス中心のメニューだが、シェフ自慢のパエリャも人気。テラス席だとひとり€2追加。

Map 別冊P.6-A1　旧市街
- Ferlandina 29　☎934 424 627　⏰12:00～翌1:00（金・土・翌2:00）　無休　€15～　Card M.V.　不要　1、3号線カタルーニャ駅から徒歩5分

スペイン料理は量が多め。3人で2人前のパエリャを注文してシェアするくらいが、日本人にはちょうどいい。

MONTCADA

モンカダ通り

ピカソ美術館や中世の邸宅が並ぶ趣きある通り。ボルン地区のショップ巡り（→P.92）と合わせて楽しんで♪

ピカソ美術館
Museu Picasso

とっておき バルセロナの路地

タパスやピンチョスをつまみながら観光客に人気のモンカダ通りと、初心者でも気軽にバル巡り

Xampanyet €1.80
店名にもなっているスパークリングワイン

Matrimonio €4.50
カタクチイワシの酢漬けとアンチョビ

Bacalao y Tomate Seco €4.50
タラコンフィとドライトマト

A EL XAMPANYET
エル・シャンパニェト

家族経営でアットホーム

昔ながらの雰囲気が味わえる老舗バル。魚介類のシンプルな冷製タパスと、店オリジナルのスパークリングワインがウリ。

Map 別冊P.8-B3　ボルン地区
🏠 Montcada 22　📞933 197 003　🕐12:00～15:30、19:00～23:00　休日の夜、8月　Card D.J.M.V.　🚇4号線ジャウマ・プリメ駅から徒歩5分

B TAPEO
タペオ

シェフの本格料理に大満足

食材から火加減までこだわってるよ

長年レストランで経験を積んだシェフによるタパスと創作料理の店。どれも注文を受けてから、ていねいに作られる。

Map 別冊P.8-B3　ボルン地区
🏠 Montcada 29　📞933 101 607　🕐12:00～24:00　休月　Card D.J.M.V.　🚇4号線ジャウマ・プリメ駅から徒歩5分
URL www.tapeoborn.cat

Calamar con Sanfaina €12
ヤリイカの野菜煮込み詰め

Fideua €13
フィデウア（パスタのイカ墨煮）

C EUSKAL ETXEA
エウスカル・エチェア

バスク風ピンチョスが勢揃い

Map 別冊P.8-B3　ボルン地区
🏠 Placeta de Montcada 1-3　📞933 102 185　🕐毎日10:00～翌0:30（金・土・翌1:00）　Card A.M.V.　🚇4号線ジャウマ・プリメ駅から徒歩7分　URL www.euskaletxea.eu

カウンターにはモンタディートと呼ばれるピンチョスがずらりと並ぶ。奥のレストランでは本格的なバスク料理も楽しめる。

バスク産のシードラだよ！
シードラを注ぐパフォーマンスがみごと！

Sidra €3
シードラ（リンゴ酒）

Montadito 各 €2.10
冷製のものとできたての熱々のものがある

タパスとピンチョス

タパスとは小皿に盛られた少量の料理のこと。カウンターに並んでいる場合もあれば、メニューから注文することもある。ピンチョスは元来は串を刺したつまみのことだが、バスク地方ではタパスのことをこう呼ぶ。

「エル・シャンパニェト」は店の外まで客があふれるほど混んでいました。（千葉県・メイ）

BLAI

ブライ通り

長さ500mほどの通りに十数軒のバルがあり、それぞれに趣向を凝らしたピンチョスが並ぶ。

タパスを求めて裏でバルはしご♪

サクッと1杯、がスペイン流。地元民御用達のブライ通りなら、らが楽しめちゃうんです！

バルでの注文方法 →P.33

E LA TASQUETA
ラ・タスケータ

いつも地元客で大盛況

ブライ通りのなかでも早い時間帯からにぎわっている。次々と新しいピンチョスが並ぶので、できたての熱々が食べられる。

Map 別冊P.4-B3　パラレル周辺
- Blai 17　☎931 730 561
- 日～木 12:30～翌1:30、金・土12:00～翌2:30
- Card M.V.　②2、3号線パラレル駅から徒歩4分
- URL www.grupotasqueta.com

Salmón con Yogourt y Miel Trufada €3
サーモンとヨーグルト、トリュフ風味のはちみつがけ

アーティチョークなど季節限定のモンタディートも

D QUIMET & QUIMET
キメ・キメ

立ち飲みのみの有名店

サーディンやキャビアなど高級缶詰をアレンジした豪華タパスを提供。メニューのなかから好きなものを選んで注文する。

Map 別冊P.6-A2　パラレル周辺
- Poeta Cabanyes 25　☎934 423 142
- 12:00～16:00、19:00～22:30　土・日
- Card M.V.　②2、3号線パラレル駅から徒歩4分

Pinchos €1/€1.80
日替わりピンチョス

F L'ATELIER
ラ・トリエール

味が自慢のピンチョス

冷凍品は一切使わないなど食材にはこだわっている。ボリュームもたっぷりで、日替わりを楽しみに毎日通う常連さんも。

Map 別冊P.4-B3　パラレル周辺
- Blai 38　☎932 695 933
- 月・水～金 17:00～翌1:00、土・日12:00～24:00　火
- Card J.M.V.　②2、3号線パラレル駅から徒歩6分

Pinchos €1/€1.50
日替わりピンチョス

バルのドリンク

ビノ **Vino**
ワイン。
→P.48

セルベッサ **Cerveza**
生ビールはカーニャ、Cañaという

クラーラ **Clara**
ビールを炭酸飲料で割ったもの

ティント・デ・ベラーノ **Tinto de Verano**
赤ワインを炭酸飲料で割ったもの

サングリア **Sangria**
赤ワインにフルーツを加えたもの

モスト **Mosto**
ブドウのジュース

定番タパスメニューは→別冊P.34

ブライ通りへ行くなら、地元の人でにぎわう夜がおすすめ。19:00以降のほうがカウンターに並ぶピンチョスも充実している。

83

ますますオシャレに進化中！
創作タパスがおいしいガストロバル

バルセロナでは今、レストランも顔負けの本格的な料理を提供するバルが増加中。なかでも女子におすすめの店をピックアップ！

ガストロバルって？
レストランと変わらない本格的な料理を、小さめのポーションでタパスとして提供するバル。テーブル席が中心で、落ち着いて食事ができるところも多い。

本格サングリアバル
Casa Lolea
カサ・ロレア

キュートなボトルで世界的に人気上昇中のサングリアメーカー「カサ・ロレア」の直営バル。おしゃれでモダンなタパスがサングリアとともに楽しめる。

Map 別冊P.8-B1 旧市街

- Sant Pere Més Alt 49
- 936 241 016
- 9:00～24:00（料理は12:00～24:00）
- 無休
- Card M.V.
- 望ましい
- 1、3号線カタルーニャ駅から徒歩10分
- URL casalolea.com

推薦ポイント
サングリアやタパス、内装や小物までプレゼンテーションがキュート。サングリアもおいしい！

- サングリア Sangria €4.50
- 黒トリュフとチーズクリームのパスタリゾット Risotto de Pasta Crema de Queso con Trufa Negra €9.50
- パタタス・ブラバス（ジャガイモのアリオリソース）Patatas Bravas €5.10
- マグロの燻製 Mojamas €14.70
- デザートのハチミツスープ €6.50

朝から夜までオープン

マネージャー マルセラさん

白ワインのサングリアもあるよ

水玉模様のビンがかわいい

Vinitus
ビニトゥス

地下と1階の広いテーブル席、さらにカウンター席もある大型店。カウンターに並ぶフレッシュなシーフードをはじめ、タパスは50種類以上も揃う。

Map 別冊P.9-C3 アシャンプラ地区

- Consell de Cent 333
- 933 632 127
- 11:30～翌1:00
- 無休
- Card A.M.V.
- 不可
- 3号線パセジ・ダ・グラシア駅から徒歩7分

推薦ポイント
ひと口サイズのタパスからしっかりした料理までメニューが豊富。シェアして食べたい。

メニューが充実！

- 小イカのフライ Chipirones €10.25
- グラスワイン Copa de Vino €3.20～
- ハチミツ風味のタラ Bacalao a la Miel €9.95
- エビとイカの串焼き Brocheta de Langostinos y Calamares €4.35
- エスカリバーダとヤギのチーズ Timbal de Escalibada con Queso de Cabra €5.80
- 牛ステーキのモンタディート Montadito de Solomillo €4.50

サービスの速さも自慢なの

マネージャー エレナさん

『カサ・ロレア』は店内がかわいくて、料理もおいしかったです。（宮城県・なつこ）

ガストロバル攻略法

予約は必要？
予約は必須ではないが、しておいたほうが賢明だ。多少待たされたりカウンター席でも構わない場合は予約は必要ない。予約のキャンセルは連絡必須。

飲み物は？
ワインや水、ビールが主流だけれど、ベルムーという食前酒やトニックウォーター、コーラなどをオーダーする人も多い。果物ジュースはあまりない。

服装＆注意点
カジュアルな装いでOK。手荷物には注意を払うこと。ウエイターに「オラ」とひと声かけてから席に着くこと。店員がすぐに来なくても気にしないで。

レストランで役立つミニ会話

予約してある○○です
Soy ○○ y tengo una mesa reservada.
ソイ○○、イ・テンゴ・ウナ・メサ・レセルバーダ

ふたりで1人前ください
Una racion para los dos, por favor.
ウナ・ラシオン・パラ・ロス・ドス・ポルファボール

おすすめの料理はどれですか？
¿Que plato recomendaría?
ケ・プラート・リコメンダリーア？

バルセロナ *Barcelona*

創作タパスがおいしいガストロバル

オーナーシェフ
ダニ・レチュガさん

肉料理以外もあるよ！

推薦ポイント
地元の人に絶大な人気を誇るシェフの味が楽しめる。サグラダ・ファミリア聖堂にも近い。

牛ヒレのステーキ
Solomillo Angus Beef Nebraska €24

牛テールのカネロネ
Canelón de Rabo de Buey €12

ステーキタルタル
Steak Tartar €15 **オススメ！**

フォアグラのコカ
Coca de Foie €12

肉食系タパスが◎
Bardeni バルデニ

肉料理に定評のある、地元出身のシェフのバル。本格的な高級料理が小さめのポーションで食べられる。数種類あるグラスワインのセレクトもグッド。

Map 別冊P.5-D2 アシャンプラ地区

🏠 Valencia 454　📞 932 314 511　🕐 13:30〜15:10、20:30〜22:30
休 日・月　Card A.D.J.M.V.　予 不可　交 2、5号線サグラダ・ファミリア駅から徒歩5分

フォアグラのコカ
Coca de Foie €3.90

豚足とエビのビキニ
Biquini de peus de porc i Gambetes €3.50

和牛のタルタル
Tartar de Wagyu €4.50

グラスワイン
Copa de Vino €3.90〜

トウモロコシのハラペーニョ
Jalapeño de maíz €4 **オススメ！**

チーフシェフ
ドメニコさん

ボクが料理を作るよ！

推薦ポイント
ワインに合う料理が充実。素材にこだわり、カタルーニャの伝統を大切にした料理を提供している。

ワイン好きにおすすめ！
Mont Bar モン・バル

野菜、肉、チーズなど、ピレネー山脈奥地で自社で生産した旬のオーガニック食材を使用。ワインのセレクトもセンスがよく、250種以上を常備している。

こちらもCHECK！ → P.49

Map 別冊P.9-C3 アシャンプラ地区

🏠 Diputacio 220　📞 933 239 590
🕐 13:00〜17:00、18:00〜翌1:30
休 火、12/25・31　Card A.M.V.　予 不要　交 1、2号線ウニベルシタット駅から徒歩5分　URL www.montbar.com

---

『バルデニ』のすぐ隣には、本格的な料理を提供する姉妹レストラン『カルデニ Caldeni』もある。　85

おしゃれでヘルシーなカフェ料理
Brunch & Cake
ブルンチ・アンド・ケイク

野菜やフルーツたっぷりの、ヘルシーでボリューム満点のメニューが大人気。フレッシュジュースやスイーツも充実している。おひとりさまの客も多く、旅行者でも入りやすい。

ここが優秀！
ヘルシーフードが手頃に楽しめる。自家製ヨーグルトなど細部まで手作りなのもうれしい。

ブルーベリー・ボンブ €5.95
アーモンドミルクとブルーベリーのジュース

ベーグルに付いてくるマッシュルーム入りスクランブルエッグ

ベーグルサンド €8.90
生ハムとリコッタチーズ入り

Map 別冊P.9-C3 アシャンプラ地区
🏠 Enric Granados 19　☎ 932 002 872　🕘 9:00～20:00　💳 M.V.　予不要　英　🚇 1、2号線ウニベルシット駅から徒歩10分　URL www.cupcakesbarcelona.com/tiendas-brunchcake

オーガニックフルーツサラダ €8.90
甘酸っぱいアサイーにフルーツを載せて

エッグベネディクトとサーモン €11.90
甘いワッフルにポーチドエッグとサーモン

シェフ マリナさん

ブランチにぴったりよ♪

野菜とフルーツモリモリ

おひとりさま
朝ごはんにもランチ

さくっと食事したいときや、気軽に入れて、女子におヘルシーメニューが充実して

フレキシブルに使えるカフェ
La Esquina
ラ・エスキーナ

ここが優秀！
カタルーニャ広場に近く、ロケーションはバツグン！朝から夜遅くまで使えて便利。

街の中心にあるにもかかわらず、テーブル間が広く、ゆったりしたスペースでオアシスのような雰囲気。朝食やランチからスイーツまで、こだわりのカフェメニューが楽しめる。

Map 別冊P.9-C3 カタルーニャ広場周辺
🏠 Bergara 2　☎ 937 687 242　🕘 8:30～18:30　休 無休　💳 M.V.　予不要　英　🚇 1、3号線カタルーニャ駅から徒歩5分　URL laesquinabarcelona.com

スモ・デ・ナランハ €3.50
絞りたてのフレッシュなオレンジジュース

季節のフルーツのサラダ €7
ミントの香りがさわやか！

スモークサーモンのトースト €8
自家製スモークサーモンとゆで卵載せ

カフェ・コン・レチェ €2.20
バリスタがいれる本格コーヒーが評判

スタッフ アンヘルさん

ゆっくりくつろいでね！

「ブルンチ・アンド・ケイク」は地元の人に大人気で、お昼頃行ったら満席でした。（山梨県・モモ）

バルセロナ Barcelona

スイカジュース €5.95
果肉たっぷりのスイカとココナッツ味

トウモロコシ粉のバーガー €11.95
アレパというベネズエラのサンドイッチ

エッグベネディクト €11.95
ポーチドエッグが載ったマフィンのセット

アレパに付く揚げバナナとアボカド

スペシャルパンケーキ €7.50
チーズクリームとベリーをトッピング

ここが優秀！
ゆったりとした空間で、ひとりでも気兼ねなくくつろげる。おしゃれなブランチにぴったり！

女子に人気だよ！

リゾート気分のくつろぎカフェ
Trópico トロピコ

オーナー ラファさん

オーナーがインテリアデザイナーとあり、ナチュラルで明るい空間が印象的。メニューは南国がテーマ。ブラジル、ベネズエラ、メキシコなどの料理も楽しめる。

Map 別冊P.6-A2　ラバル地区
🏠 Marquès de Barberà 24
☎ 936 677 552　⏰ 10:00〜23:00（金・土〜24:00）
無休　Card M.V.　予 不要
交 3号線リセウ駅から徒歩10分
URL www.tropicobcn.com

朝ごはんにもランチにも◎な優秀カフェ

ウエルカム♪
にも◎な優秀カフェ

座ってお茶したいとき、おすすめのカフェをご紹介。いるのもうれしいポイント！

ここが優秀！
セルフサービスなのでひとりでも気軽に入れて、広い店内でくつろげる。テイクアウトもOK！

チーズケーキ €4.95
グルテンフリーでヘルシー

ヘルシー志向の女子御用達
Flax & Kale フラックス&ケール

グラシア通りに面した「H&M」の2階にあり、ショッピングの合間に利用できる。「フレキシテリアン料理」と呼ばれる、セミ・ベジタリアンの個性的なメニューが評判に。

Map 別冊P.9-C3　アシャンプラ地区
🏠 Pg. de Gràcia 11（H&M内）☎ 932 492 434
⏰ 10:00〜22:00（10〜5月9:30〜21:00）日・祝
Card A.J.M.V.　交 1、3号線カタルーニャ駅から徒歩3分
URL teresacarles.com/fk/

コールドプレスジュース €5.95
旅で不足しがちなビタミンCがたっぷり取れる

ローピーガンラザーニャ €7.95
野菜たっぷりで食べごたえあり

サンドイッチ €4.50
ホウレン草のフムスとツナ入り

お手軽に済ませたいときはスペインのファストフード ボカディーリョ Bocadillo

老舗ハムメーカーが経営するバル
アンドレウ Andreu
ゆったりとした店内で、生ハムを使った軽食やタパスが気軽に楽しめる。写真入りメニューがあるので注文も簡単。

Map 別冊P.9-C2　アシャンプラ地区
🏠 Rambla de Catalunya 125　☎ 933 482 807
⏰ 9:00〜23:00（金・土〜24:00、日・祝12:00〜）
6〜9月の日　Card A.D.J.M.V.　交 3、5号線ディアゴナル駅から徒歩5分

生ハムのボカディーリョ €8.70

ボカディーリョは約50種類
コネサ Conesa
ブティファラ（ソーセージ）やハムを挟んだホットサンドが名物で、お昼時には行列ができるほど。テイクアウトも可。

Map 別冊P.8-A2　ゴシック地区
🏠 Llibreteria 1　☎ 933 101 394　⏰ 7:30〜22:15　日・祝　Card M.V.　交 4号線ジャウマ・プリ駅から徒歩2分
URL www.conesaentrepans.com

ソーセージのホットサンド €4.15

ボカディーリョは、バゲットを半分に割って中に生ハムやチーズなどを挟んだ、スペイン風サンドイッチ。

Traditional

オススメ♡

クレマ・カタラナ €3.90
カタルーニャ地方を
代表するスイーツ

とろ～り
クリームに
パリパリの
キャラメル

いちばん
人気♡

上にたっぷりの
生クリーム！

こちらも →P.55
CHECK!

スイソ €3.15
チュロスのお供、ホットチョコレート

チュロス €1.80
スペインのお菓子といえばこれ！

フラン・コン・ナタ €4.50
プリンの生クリーム添え

アロス・コン・レチェ €3.10
お米をミルクで煮込んだライスプディング

甘いもの
天国だよ☆

1947年創業の老舗
ラ・パリャレサ
La Pallaresa

スペインの老若男女が集う伝統カフェ。生クリームをてんこ盛りにしたホットチョコ、スイソとチュロスが名物。歩き疲れたらエネルギーを補給して！

どっちが
お好き？

伝統系と
arucoおすすめ
召しあ

素朴な伝統系
おしゃれなモダン
どっちも試してみたいのが
イートインOKの
食べ歩きを楽し

Map 別冊P.8-A2　ゴシック地区

🏠 Petritxol 11　☎ 933 022 036
🕘 9:00～13:00、16:00～21:00
📅 1/1、7月、12/24　💳 不可
🚇 3号線リセウ駅から徒歩5分
🌐 www.lapallaresa.com

ボンボン　ボンボン　ボンボン

口のなかで
ほろほろっと
くずれる！

サンタ・クララの
イェマ
€12.50（12個入り）
アビラで作られる卵黄菓子

オススメ♡

おもしろいね☆

ポルボロンってどんなもの？
小麦粉、アーモンドの粉、砂糖などを練って焼いたアンダルシア地方のお菓子で、クリスマスなどお祝いのときに食べられる。口の中に入れ、「ポルボロン」と3回唱えながら食べると願いが叶うそう！

マンテカーダス
€16
レトロな缶に入ったスポンジ菓子

トゥロン
€13.95（350g）
アーモンドのヌガー菓子

ポルボロン
€8.95（8個入り）
アンダルシア地方の伝統菓子

いちばん
人気♡

ハートの
形が
かわいい～

素朴な修道院スイーツ
カエルン　Caelum

スペイン各地の修道院のお菓子が集まるカフェ。午後のみオープンする地下スペースはユダヤ人の公共風呂跡。素朴なお菓子をミステリアスな雰囲気で楽しめる。

Map 別冊P.8-A2　ゴシック地区

🏠 Palla 8　☎ 933 026 993　🕘 10:00～21:30（金・土～22:00）　📅 無休　💳 A.D.J.M.V.（カフェは不可）　🚇 3号線リセウ駅から徒歩5分
🌐 www.caelumbarcelona.com

マジパンクッキー
大€2.90、小€2.30
アーモンドの粉を
練り込んだクッキー

88　✉「カエルン」にはショップも併設されていて、お菓子をおみやげに買うこともできます。（大阪市・マユ）

Modern

なめらか パイニーリャ
€4.90
チョコクリームケーキの上にバジルやラズベリー

ジャンドゥージャ（左）とマカダム（右）各€13.50
海塩がアクセントのナッツ味と大粒のマカダミアナッツ入り。おみやげに◎

モダン系スイーツをめしあがれ！

スイーツも、系スイーツも、女ゴコロというもの。スイーツ店で、んじゃおう！

ブボ・マルフィル
€4.90
ホワイトチョコとレモンのムースが主体の甘酸っぱいケーキ

ケーキのニューウェーブ
ブボ Bubó

スペインを代表するパティシエ、カルレス・マンベルの店。内部にあるイートインスペースを利用しよう。旧市街のボルン地区にあるので、観光や買い物途中の休憩におすすめ。

Map 別冊P.8-B3　ボルン地区

📍Caputxes 10　☎932 687 224　🕙10:00〜21:00（金・土〜23:00）🗓無休　💳A.D.J.M.V.　🚇4号線ジャウマ・プリメ駅から徒歩5分
🌐bubo.es

シャビナ €4.90
パティシエの世界大会でベストチョコレートケーキを受賞

チョコレートがつやつや〜

いちばん人気！

エクレア €4.90
バルセロナの伝統デザート、クレマ・カタラナクリームが詰まっている

意外な組み合わせ

こちらもCHECK! →P.75

モダンなカフェも併設
ラ・パスティセリア・バルセロナ
La Pastisseria Barcelona

フランスのデザートコンクールで優勝したスペイン代表チームのメンバーの店。斬新な見た目と、どこか懐かしい風味のケーキで地元の人たちに大人気。

Map 別冊P.9-C2　アシャンプラ地区

📍Aragó 228　☎934 518 401
🕙9:00〜14:00、17:00〜20:30（日・祝〜14:30）🗓無休　💳M.V.　🚇3号線パセジ・ダ・グラシア駅から徒歩10分
🌐www.lapastisseriabarcelona.com

カラフルでキュート！

オススメ！

マンゴーとベリー €4.80
マンゴームースとラズベリークリームの組み合わせ

モヒート €4.80
カクテルのモヒートをイメージしたムースケーキ

ピュア・チョコレート €4.80
チョコクッキーがベースのチョコムース

ラ・ロサ・デ・サン ジョルディ €4.80
バラの花の形のチョコレートムースケーキ

オーナーパティシエ ジョセップ・マリア・ロドリゲスさん

心をこめて作ったよ！

真っ赤なサクランボに胸キュン

いちばん人気！

ラ・シレラ €4.80
サクランボ、ミルクチョコ、ヨーグルトのコンビネーション

バルセロナ *arucoおすすめスイーツを召しあがれ！

「ブボ」は東京の表参道にショップ＆カフェがあり、オンラインショップでの商品の購入も可能。🌐bubojapan.stores.jp

ハイクオリティでおしゃれ♡
シューズ&バッグ

スペインには、有名な「ロエベ」や「カンペール」特にバルセロナ発のブランドは個性派揃いで、

★ここpoint
エスパドリーユは通気性がよく蒸れないのが◎。夏物は特にかわいい！

夏のバカンスシューズにぴったり
クリスティーナ・カスタニェール
Cristina Castañer

エスパドリーユ職人から始まった老舗メーカー。伝統的なサンダルをおしゃれにアレンジし、海外で人気に火がついた。秋冬はブーツなど革靴がメイン。

1. ベーシックなエスパドリーユ€80 2. 乙女心をくすぐるギンガムチェック€95 3. 厚底タイプも人気€113 4. デニム生地に花の刺繍入り€215

エスパドリーユって何？
地中海沿岸に昔から伝わる、底を縄で編んだサンダル。もとはイネ科のエスパルトから作られていたが、現在ではジュートを使うのが一般的。スペイン語ではアルパルガタと呼ばれる。

デザイナー クリスティーナさん

Map 別冊 P.9-C2　アシャンプラ地区
🏠 Roselló 230　☎ 934 142 428
⏰ 10:30～20:30　休 日・祝　Card A.D.J.M.V.　🚇 3、5号線ディアゴナル駅から徒歩3分　URL www.cristinacastaner.com

手頃な価格のバレエシューズ
コクア Kokua

手作りのバレエシューズメーカーの直営店。店内には約100種類ものカラフルなシューズが積み上がり、見るだけでテンションが上がること間違いなし！

Map 別冊 P.8-A2　ゴシック地区
🏠 Petritxol 18　☎ なし　⏰ 9:30～21:00（日10:00～）　休 祝
Card M.V.　🚇 地下鉄3号線リセウ駅から徒歩5分　URL kokuabarcelona.com

1. シンプルで履きやすいデザイン€50 2. 表革とスエードのコンビ€70 3. 花柄と赤いつま先がアクセント€70 4. 色違いで何足も欲しくなる！各€70

★ここpoint
とにかくカラーバリエが豊富。上質な革が使用されていて歩きやすい

★ここpoint
繊細でひと工夫あるデザインとニュアンスカラーが大人女子にぴったり

ボルン地区発の靴ブランド
ビアリス Vialis

フェミニンなパステルカラーのストラップシューズもあれば、メンズライクなスニーカーも。すべて植物染料を使い、手作りなので履き心地も抜群！

Map 別冊 P.8-B3　ボルン地区
🏠 Vidreria 15　☎ 933 199 491　⏰ 10:30～21:00　休 日・祝　Card A.D.J.M.V.　🚇 4号線ジャウマ・プリメ駅から徒歩8分　URL www.vialis.es

1. ユニセックスの定番スニーカー「aro」€75 2. 日本をイメージした「Japón」€135 3. 厚底で歩きやすい「Xula」€129 4. ストラップ付きのチャンキーヒール「Marina」€139

「クリスティーナ・カスタニェール」は日本でも買えますが、本店は品揃えが豊富で値段は日本の約半額です。（北海道・Yumi）

バルセロナで買うべき コレクション

以外にも、ハイセンスなブランドがいっぱい。
どれも欲しくなっちゃうこと間違いなし！

ぜんぶ欲しいな〜

☆point
ガウディ建築やミロの絵画をモチーフにデザインしたバッグが個性的

上質なハンドメイドの革製品
カプリチョ・デ・ムニェカ
Capricho de Muñeca

女性デザイナーのリサさんが経営する皮革バッグと小物の店。シンプルで日常使いできるものが多い。ユニセックスの商品も豊富なので、彼へのおみやげにも！

Map 別冊P.8-B2　ボルン地区
🏠 Brosoli 1　☎ 933 195 891　⏰ 11:30〜14:00、15:00〜20:30　休 日・祝　Card M.V.　④4号線ジャウマ・プリメ駅から徒歩3分
URL caprichodemuneca.com

☆point
ちょっと値段は張るけど、手作りなので丈夫。使えば使うほど味が出る

1. 牛革のトートバッグは収納力たっぷり€117　2. しなやかな水牛革を使ったリュックサック€155　3. ゴートスキンのバッグ€232　4. ペンケース€38

声をかけてくださいね
スタッフ秋山さん

有名モデルもご愛用♪
ルポ **Lupo**

扇のような形の革バッグで一躍有名になったバルセロナのブランド。上質でスタイリッシュな製品は、世界のセレブにも愛用されている。日本人スタッフが常駐。

Map 別冊P.9-C2　アシャンプラ地区
🏠 Mallorca 257　☎ 672 301 524　⏰ 10:00〜20:30　休 日・祝　Card A.D.J.M.V.　③、5号線ディアゴナル駅から徒歩5分
URL www.lupobarcelona.com

1. カサ・ミラをモチーフにした「バケットノ」€540　2. 「ラ ペドレラ」シリーズの財布€265　3. ルポを代表する扇形のバッグ「アバニコ」€650　4. 新シリーズの「アバニコレディ」€650

☆point
軽くしなやかな上質の革を使い、飽きずに使えるシンプルなデザイン

オリジナルデザインが◎
ロレーナ **Lorena**

アルゼンチン出身のバッグデザイナー、ロレーナさんのショップ。素材はほとんどが地元カタルーニャのもので、縫製もバルセロナ近くの工房で行っている。

1. 麻素材のボタニカル柄ショルダー€120　2. ポーチ付き牛革バッグ€290　3. メッシュのミニバッグはロレーナさんお気に入り€95　4. クラッチバッグ€50

Map 別冊P.8-B3　ボルン地区
🏠 Guillem 3　☎ 931 774 371　⏰ 11:00〜14:00、16:00〜20:30　休 日・祝　Card A.J.M.V.　④4号線ジャウマ・プリメ駅から徒歩10分
URL www.lorenabarcelona.com

「ルポ」のマヨルカ店では、日本人スタッフに話しかけるとプレゼントのサービスがある！

バルセロナ生まれの雑貨ブランド「Wouf」のポーチ€37

缶入りサーディンの形のおつまみピック€15

ピカソの似顔絵をプリント€15

バルセロナの街をデザインしたタオル€29

気軽に立ち寄ってみてね♪

O アートみたいな雑貨たち
OMG Barcelona
オー・エメ・へー・バルセロナ

こぢんまりとした店だけれど、陶器、文房具、Tシャツ、バッグなど、商品のラインアップは豊富。斬新かつユニークな、バルセロナらしいデザインのグッズが見つかる。

Map 別冊P.8-B2　ボルン地区
🏠 Plaça de la Llana 7　☎ 933 194 320
⏰ 11:30～21:00　休日　Card M.V.
🚇 4号線ジャウマ・プリメ駅から徒歩2分

ビニール製ポーチ€5.90

バルセロナの絵柄がかわいい布製ポーチ€10.95

T バルセロナグッズが勢揃い
Tienda Palau Moja
ティエンダ・パラウ・モハ

カタルーニャ州観光局が運営する、バルセロナデザインの雑貨や書籍、名産品などを集めたショップ。ランブラス通りに面していて、おしゃれなカフェも併設。

Map 別冊P.8-A1　ランブラス通り
🏠 Ramblas 110　☎ 634 972 605
⏰ 毎日10:00～21:30　Card A.M.V.
🚇 3号線リセウ駅から徒歩3分

バルセロナフラワーと呼ばれる花模様がモチーフ。色違いもある。€12.50

キュートさにデザイン雑貨☆

ガウディ、ピカソ、ダリを地元のアーティストたちにデザイン雑貨は、バルセ

ペットボトルやビンにかぶせると花瓶に変身！€9

ピカソ（左）とダリ（右）の似顔絵キーホルダー各€5.50

サングリアの絵柄のウォールアート€15

木製ピアス€21.90

バルセロナとガウディをテーマにした塗り絵本€5

中身はこんな感じ！

ユニークなアイテムがたくさん！

ポストカード各€2

カラフルな雑貨がいっぱい！
La Nostra Ciutat
ラ・ノストラ・シウタット

バルセロナで活躍する約180人ものデザイナーによる作品やグッズが、広々とした店内に並ぶ。アクセサリーや文房具、インテリアにぴったりのイラスト画など、どれもオリジナルの商品ばかり。

Map 別冊P.8-A2　ゴシック地区
🏠 Pi 11　☎ 931 561 539　⏰ 毎日11:00～21:00　Card A.J.M.V.　🚇 3号線リセウ駅から徒歩5分
URL lanostraciutat.co

「ティエンダ・パラウ・モハ」にはおしゃれなカフェもあり、休憩におすすめです。（島根県・M）

94

有名デザイナー、マリスカルによるタパス皿 €15

思わず食べそうになる？生ハムとスペインオムレツをかたどったメモ帳 各€6

パエリャと扇をデザインしたマグネット 各€1.50

人気商品の「チャチャキャット」€15.50

Wawas Barcelona
まるでおもちゃ箱のよう！
ワワス・バルセロナ

バルセロナで活躍するクリエイターたちの作品を中心に、カラフルでポップな雑貨がところ狭しと並び、見ているだけでも楽しくなる。バルセロナ発「チャチャ」のアイテムもある。

Map 別冊P.8-B2　ボルン地区

🏠 Carders 14　☎ 933 197 992　🕐 毎日 11:00～14:00、17:00～20:30　**Card** A.D.J.M.V.　🚇 4号線ジャウマ・プリメ駅から徒歩5分

※ デザイン雑貨☆ハンティング ※

ひとめボレハンティング

モチーフにしたアイテム、よりカラフルでユニークなバルセロナみやげの新定番！

バスク地方発祥のベレー帽 €24.20

1980年代のショッピングバッグ €9.95

壁にかけられる陶器のツバメ €7.95

La Moderna Singular
スペイン・メイドのレトログッズ
ラ・モデルナ・シングラール

昔ながらのパッケージの石鹸や化粧品、1793年から生産されている板チョコ、ホーローの食器など、レトロ好きにはたまらない商品ばかり。奥の小部屋には懐かしのコビちゃんグッズも！

Map 別冊P.6-A1　サン・アントニ

🏠 Comte Borrel 99　☎ 931 068 903　🕐 10:30～14:30、17:00～20:30（夏期は10:30～20:30）　休日・祝　**Card** M.V.　🚇 2号線サン・アントニ駅から徒歩5分　URL www.lamodernasingular.com

ボタと呼ばれる携帯ワイン入れ €24.10

カフェオレカップやスープボウルにぴったりの素朴な陶器 €5.50

アリオリ（ニンニク）ソースを作るための鉢 €5.80

ニンニクを保存するための容器 €8.50

La Caixa de Fang
カラフルな陶器がいっぱい
ラ・カイシャ・デ・ファング

地元で作られたものを中心に、スペイン各地の陶器が揃う。カタルーニャ地方でクリスマスに飾られるカガネー人形や、ガウディ建築をモチーフにした写真立てなど、ユニークなアイテムも見つかる。

Map 別冊P.8-A2　ゴシック地区

🏠 Freneria 1　☎ 933 151 704　🕐 毎日10:00～20:00（日11:00～）　**Card** A.D.J.M.V.　🚇 4号線ジャウマ・プリメ駅から徒歩3分

楊枝とオリーブの種入れ付きおつまみ皿 €5

翌年の豊穣と繁栄を祈るカガネー人形

陶器を買う予定の人は、梱包用にエアクッションなどを日本から持参すると安心。

ちまたでナチュラル美人が急増中？
うわさの自然派コスメをリサーチ！

スペインではナチュラルコスメがジワジワ来ているらしい！
そんなうわさを聞きつけて、aruco取材班が地元女子に聞き込み調査。
女子スタッフが実際に使ってみた感想も参考にしてみてね！

お肌つやつや間違いなし！

for Face フェイス用

 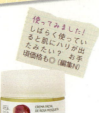    

使ってみました！しばらく使っていると肌にハリが出たみたい？ お手頃価格も◎（編集N）

A 保湿や肌荒れに。ローズヒップクリーム€21

A ローズマリーの香りがさわやかな化粧水€9

C 目元の小じわやクマに効果絶大のアイクリーム€7.90

D 甘い香りに癒やされる、オレンジの花の化粧水€59.36

タリェール・デ・アマポーラのジュディトさん

for Body ボディ用

  敏感肌にも◎

使ってみました！ベタベタしないで、肌にすーっと浸透していく感じ。エキゾチックな香りもステキ（編集N）

私も愛用してます♪

B オーガニックのオリーブオイル入りシャワージェル€9.50

C パッケージがキュートなベビー用シャワージェル€4.60

A 植物のエキス配合アンチセルライトクリーム€23

D ストレスを解消し肌につやを与えるボディクリーム€63.66

D 「エジプトの女王」という名のオーデコロン€66.05

for Hair ヘア用

髪がしっとり

使ってみました！髪につけて5分後に洗い流したらパサついた髪がサラサラ！（ライターH）

B すべての髪質に使えるオリーブオイル入りヘアマスク€22

C セットで使うとより効果的なシャンプー€4.10＆コンディショナー€4.40

C 傷みやすい髪の救世主。枝毛防止用クリーム€10.90

ラ・チナタのリリアナさん

「ラ・チナタ」の商品は、日本でもネット通販で購入できます。検索してみて！（広島県・ゆかり）

バルセロナ *Barcelona*

うわさの自然派コスメをリサーチ！

コスメ探しのスペイン語

日本語	スペイン語	カタカナ
化粧水	tónico	トニコ
クリーム	crema	クレマ
シャンプー	champú	チャンプー
コンディショナー	acondicionador	アコンディショナドール
石鹸	jabón	ハボン
クレンジング	desmaquillante	デスマキリャンテ
保湿	hidratante	イドラタンテ
アンチエイジング	antiedad	アンティエダッド
敏感肌用	para la piel sensible	パラ・ラ・ピエル・センシブレ
乾燥肌用	para la piel seca	パラ・ラ・ピエル・セカ
オイリー肌用	para la piel grasa	パラ・ラ・ピエル・グラサ

  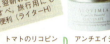

A アンチエイジングに効果があるといわれるアルガンオイル。肌にハリが出る。€25

C トマトのリコピン酸入りフェイシャルクリーム€11.50
使ってみました！これを塗って寝ると翌朝お肌がすべすべ。旅行用にも便利（ライターH）

お顔には贅沢を！
D アンチエイジングシリーズのフェイシャルクリーム€90.62

Hand cream ハンドクリーム

A グレープフルーツとキンセンカの香り€5.50

B コルドバ産のオリーブオイル入りクリーム€10.50

C バージンオリーブオイルとハチミツ入り€3.60

肌に優しい商品ばかりよ
オロリキッドのアビゲイルさん

使ってみました！ずっと手になじんでべたつかない！爪にも使ったらツヤピカに。甘い香りも◎（ライターM）

Soap 石鹸

C オリーブの形がかわいい3色のミニソープ€2.95

乾燥肌にもいい！
B ローズマリーエッセンス入りの高級石鹸€10.50

使ってみました！ナチュラルな使い心地がお気に入り♪ 洗顔にも使える！（コーディネーターK）

A 左は甘い香りで満たされるミルクとハチミツ。右はロマンティックな野バラの香り。各€5

ここで買えます♪

A タリェール・デ・アマポーラ Taller de Amapola

スペイン中央部のセゴビア発。自社店舗は工房の店とバルセロナのこの店のみ。店内は狭いが、パッケージもかわいい石鹸やボディケア商品がいっぱい。

Map 別冊P.8-B2　ボルン地区

🏠Bòria 20　📞935 131 292　🕐10:30～14:30、16:30～20:30　休日・祝　Card M.V.
🚇4号線ジャウマ・プリメ駅から徒歩1分
🌐www.talleramapola.com

B オロリキッド Orolíquido

オリーブ製品の専門店。オイルはもちろんのこと、基礎化粧品、ボディケアやヘアケア商品の品揃えも充実している。

Map 別冊P.8-A2　ゴシック地区

こちらもCHECK! →P.47

🏠Palla 8　📞933 022 980　🕐月～土10:30～20:30、日11:00～15:30　休6～9月の日　Card M.V.　🚇3号線リセウ駅から徒歩3分
🌐www.oroliquido.es

C ラ・チナタ La Chinata

1932年にエストレマドゥーラ地方で創業して以来、質の高いオリーブオイルを作り続けている老舗。オイルのほかコスメやグルメ製品など幅広い品揃え。

Map 別冊P.6-B1　旧市街

🏠Àngels 20　📞934 816 940　🕐月～土10:00～21:00、日12:00～19:00　休祝　Card A.J.M.V.　🚇3号線リセウ駅から徒歩7分
🌐www.lachinata.es

D アルキミア Alqvimia

1984年創業、100％天然素材にこだわったスペインきっての高級自然派コスメ＆アロマテラピーブランドとして知られる。タックスフリー対応。店内には小さなスパも併設。

Map 別冊P.9-C3　アシャンプラ地区

🏠Rambla Catalunya 24　📞934 817 132　🕐10:00～21:00　休日・祝　Card A.J.M.V.　🚇2、3、4号線パセジ・ダ・グラシア駅から徒歩5分　🌐www.alqvimia.com

スペインには「マツキヨ」のようなドラッグストアはなく、薬局（ファルマシアFarmacia）を利用するのが一般的。

ちょっと差のつくおみやげを探すなら

スペイン中からこだわりの食材を集めたグルメショップに、チョコレートや手作りキャン

Secrets del Mediterrani
セクレツ・デル・メディテラニ

厳選食材が集結！

売れ筋！パエリャの簡単キット
ミックスパエリャの材料がセットに。缶もかわいい！€10.20

サフラン入りの塩 €10.50

アーモンドヌガーのクリーム、クレマ・デ・トゥロン €7.20

バルセロナの缶入りサフラン €8.50

レモン味のアーモンドチョコ €2.50

バルもおすすめ！
食材が並ぶ店舗の奥にはおしゃれなバルを併設しているので、店のオリジナルタパスをつまみながらひと休みというのもオススメ！

串のピンチョス1本 €1.60

間口は小さいけれど、奥に細長い店内には、缶詰やお菓子、ワインなど、スペイン中のグルメな食品がぎっしり。しゃれたパッケージの商品も多く、おみやげに◎。

Map 別冊 P.7-C1　アシャンプラ地区

Pg. Sant Joan 28　935 160 581
月～土10:00～24:00（バルは12:30～23:00）
Card M.V.　①1号線アルク・ダ・トリオンフ駅から徒歩3分

GOURMET SHOP

Colmado Casa Buendía
コルマード・カサ・ブエンディア

地元の人にも評判の店

売れ筋！やさしいミルクコーヒー味

1886年の創業当時から伝統の製法で作られているキャラメル €7.30

トリュフ入りマヨネーズ €5.80

ピーマンのジャム €2.95

高品質、かつパッケージもすてきな、こだわりの食材が揃う。価格がお手頃なのもうれしい。昔のコルマード（食料品店）をイメージしたレトロな店構えもかわいい。

Map 別冊 P.5-C2　アシャンプラ地区

Roger de Flor 139　934 638 701
月～金9:45～14:30、16:30～20:30、土10:00～14:00　日
②2号線テトゥアン駅から徒歩3分

Entre Latas
エントレ・ラタス

グルメ缶詰が勢揃い

売れ筋！有名レストランの味

スモークしたマグロのトロ €11.75

ガリシア風タコ €5.80

イワシの炭焼き €12

タラのパテ €3.10

スペイン産を中心に約400種類の缶詰が揃う。オーナー自ら試食して厳選しただけあって、品質には自信あり！パッケージもかわいいので、おみやげに喜ばれそう！

Map 別冊 P.9-D1　グラシア地区

Torrijos 16　930 154 725
火～土11:00～14:30、18:00～21:00、日12:00～15:00　月　Card M.V.　③3号線フォンタナ駅から徒歩7分

『エントレ・ラタス』のオーナーは、スペイン語しか話せないけど親切だった。（山形県・ふく）

グルメショップ＆スイーツ店をチェック

ディが人気のスイーツ店。おいしそうなものが満載で、ついつい買い過ぎちゃう♪

Cacao Sampaka
カカオ・サンパカ

スペイン王室御用達チョコ

ここが本店！

売れ筋！いろんな味が楽しめる

おみやげに人気のガウディコレクション€9.95

フルーツジャム入りチョコの詰め合わせ€14.95

カカオ豆の選別から製造まで、全行程を自社で管理している。希少な品種のカカオやスパイスを使ったものなど、珍しいチョコも。

グエル公園のタイルがパッケージに。各€4.35

Map 別冊P.9-C3　アシャンプラ地区

🏠 Consell de Cent 292　📞 932 720 833　🕐 9:00〜21:00（8月12:00〜20:30）休日・祝　Card A.J.M.V.　🚇 2、3、4号線パセジェ・ダ・グラシア駅から徒歩7分　URL www.cacaosampaka.jp　マドリード店 Map 別冊P.16-B1

Chocolates Brescó
チョコラテス・ブレスコ

ガウディの建物も必見

売れ筋！絵タイルがチョコに

ボンボンは量り売りで€41.50/kg

カサ・カルベに貼られているタイルがモチーフ€6.25

チョコレート入りオリーブオイル€4.25

ガウディ初期の作品カサ・カルベの1階にあるチョコレートショップ兼カフェ。ショーケースにずらりと並ぶボンボンのなかから、好きなものを選ぶのもいい。

Map 別冊P.9-D3　アシャンプラ地区

🏠 Casp 48　📞 934 816 591　🕐 月〜金 9:00〜20:30、土9:00〜14:00、17:00〜20:30　休日　Card A.D.J.M.V.　🚇 1、4号線ウルキナオナ駅から徒歩3分

SWEETS SHOP

Papabubble
パパブブレ

カラフルな金太郎飴

ここが本店！

こうやって作るよ！

売れ筋！バルセロナがモチーフ

フルーツミックス100g入り€5.20

おみやげにいちばん人気のミックスバルセロナ190g入り€8.00

1日に数回実演が行われる

日本をはじめ世界中に支店をもつキャンディショップの第1号店。一つひとつ異なる味や、口の中でほろほろと溶ける食感が人気。職人のパフォーマンスも楽しい。

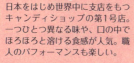

Map 別冊P.8-A3　ゴシック地区

🏠 Ample 28　📞 932 688 625　🕐 月〜金10:00〜14:00、16:00〜20:30、土10:00〜20:30　休日・祝　Card A.M.V.　🚇 4号線ジャウマ・プリメ駅から徒歩7分

Cukor
スコール

甘〜い香りが漂う♪

売れ筋！季節によって味が変わる

ベリーとマンゴー味のマシュマロ€5.90

咳止めキャンディ€2

キャンディ€7.50

フルーツジェリー€6

ふわっふわのマシュマロやキャンディなどを、店内の工房で手作りしている。自然素材だけを使っているのもうれしい。夏はビーガン向けのジェラートも販売。

マシュマロだよ〜

Map 別冊P.8-A3　ゴシック地区

🏠 Palau 5　📞 931 802 983　🕐 火〜土11:00〜14:00、16:00〜20:00、日11:00〜14:00　休月　Card M.V.　🚇 3号線リセウ駅から徒歩5分　URL www.cukor.es

バルセロナ

グルメショップ＆スイーツ店をチェック

「カカオ・サンパカ」は日本に支店があり、通販でも商品が購入できる。URL www.cacaosampaka.jp

お値打ちグルメはココで調達☆
人気スーパー「メルカドーナ」へ急げ！

はやく はやく〜♪

---

famous super MERCADONA
FOODS 食材

スペインの味をリーズナブルにゲットしちゃおう！

お手軽おつまみの定番！ €3.30

タコのオイル漬け
大きめのざく切りがゴロゴロ入っている。レモン搾ってさっぱりと

€0.69

フィデウア用パスタ
パスタの太さはさまざま。写真の極細はスープパスタやサラダにも

日本でスペインの味を再現 €1.30

パエリャの素
家庭でお手軽パエリャを。使いやすい粉末タイプで、6人分×5袋入り

---

famous super MERCADONA
SWEETS & SNACKS スイーツ&スナック

旅行中のおやつからバラマキみやげまで、ここで調達♪

€2.95

アーモンド
甘くておいしいスペイン産マルコナ種。炒ってあるので香ばしい！

€1.10

ピパス（ヒマワリの種）
伝統スナック。歯で殻を割って中身を食べる。カルシウム満点！

ついつい食べ過ぎちゃう♪ €0.77

ポテトチップス
オリーブオイルで揚げたもの。ポテトが厚めで食べごたえあり

---

famous super MERCADONA
DRINKS 飲み物

ハーブティーはおみやげに。ガスパチョはホテルで飲もう！

€0.49

ハーブティー
食後や就寝前にどうぞ。胃もたれを防ぎ、心が落ち着く作用がある

紙パックなので手軽に飲める！ €1.80（3個）

ガスパチョ
まさに飲むサラダ！ 手作りっぽい優しい風味でおいしい

€1.30

水出しハーブティー
水出しなので手軽に作れる、みかんとニンジン風味のルイボスティー

このマークが目印！

毎日でも通いたくなる
メルカドーナ Mercadona

バレンシア地方に本社があり、スペイン約50都市に店舗をもつ庶民派スーパーマーケット。バルセロナ市内には全部で43店舗ある。

Map 別冊P.9-D3　アシャンプラ地区

☎ Concell de Cent 366　📞 932 725 586　🕘 9:15～21:15
📅 日・祝　💳 M.V.　🚇 4号線ジローナ駅から徒歩1分　🌐 www.mercadona.es　📍 Av. Roma 22-30　Map 別冊P.4-B2　ほか

ところで
人気のワケは？

自社で開発したプライベートブランド「HACENDADO（アセンダード）」の商品が充実していて、しかも値段のわりに高品質なのが支持を集めている理由。店内がきれいなのも、女子にはポイントが高いよね。

これが自社ブランドのマーク
HACENDADO

ミネラルウォーターはスーパーで買うと1.5ℓ入りが€0.50程度とお得です。（高知県・ぷりん）

スペイン人主婦に「よく買い物に行くスーパーは?」とたずねると、「メルカドーナ!」という声が多数。さっそく人気の秘密を探りに潜入。滞在中のおやつから日本へのおみやげまで、取材班が選んだ品をご紹介!

人気スーパー「メルカドーナ」へ急げ!

パンに塗ってワインのおとももに!

€1.60

€0.99

サフラン
めしべを乾燥させた高級食材。パエリャやブイヤベースの風味付けに

オリーブのパテ
ほどよい酸味と塩味がやみつきに!チーズと合わせてもおいしい

こちらもオススメ!

スーパーも充実のデパート
エル・コルテ・イングレス El Corte Inglés

洋服や化粧品、日用雑貨なども扱うスペイン最大のデパートチェーン。バルセロナには5店舗あるが、ここカタルーニャ広場店が最大で、街の中心に位置するので便利。スーパーマーケットは地下にある。

詳しくは→P.140

Map 別冊P.8-A1　カタルーニャ広場
🏠 Plaça de Catalunya 14　☎933 063 800
🕐 月～土10:00～22:00　休 日・祝　Card A.D.J.M.V.
🚇 1、3号線カタルーニャ駅から徒歩1分

毎日営業している便利なスーパー
スーペルコル Supercor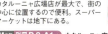

日曜と祝日にはほとんどのお店が閉まってしまうバルセロナで、唯一休みなしで営業しているのがこのスーパー。しかも朝8:00から深夜2:00まで(一部の店舗は7:00～翌1:00)開いているので、忙しい旅行者の強い味方になってくれること間違いなし!バルセロナには12店舗あり、なかでも旅行者が行きやすいのは以下の3つ。そのほかの支店はホームページで検索を。

Map 別冊P.5-D2　サグラダ・ファミリア聖堂周辺
URL www.supercor.es
🏠 Carrer de la Marina 304
🏠 Carrer de Aragó 308　Map 別冊P.9-D3　グラシア通り周辺
🏠 Gran de Gràcia 33　Map 別冊P.9-D1　ディアゴナル通り周辺

大人から子供までファン多し!

€1.60 (6個)

€3.25

ギリシアヨーグルト
トロリとした食感に濃厚な味わい。チョコレートチップ入り

ノンシュガーチョコ
ミルク、トリュフ、プラリネの3種類のボンボン。個別包装18個入り

famous super
MERCADONA

COSME
コスメ

旅行中に使えて便利。気に入ったらおみやげにまとめ買い!

€3.10

ボディ用アーモンドオイル
オイル100%のナチュラルな商品。刺激が少なくお肌に優しい

お肌がすべすべになる～

€1.65

オリーブのボディクリーム
べとつかずお肌がしっとり。量も多くコストパフォーマンス度高し

€1

ハンドクリーム
さわやかな桜の香りでべたつかないのが◎。パッケージもかわいい

レジでの支払いはこういう流れ

いっぱい買っちゃった!

① 商品をカゴから取り出す
日本とは異なり、自分でカゴから商品を取り出して、ベルトコンベヤーの上に置く。自分の順番がきたら「オラ!」と店員さんにあいさつ。

前後の人の商品と間違われないよう仕切り板を

② 支払いを済ませる
クレジットカードの場合は、機械の端末に自分でカードを差し込み、暗証番号を入力することが多い。

クレジットカードも使える

③ 袋につめる
レジを通った商品を自分で袋につめる。レジ袋が欲しいときは「ウナ・ボルサ、ポルファボール」と言う。

レジ袋は有料なので、エコバッグ持参がおすすめ!

日曜定休のため土曜の夕方はとても混む。買い物は平日か午前中に。日曜は「スーペルコル」なら開いてるよ。

個性派デザインに注目！バルセロナのホテル案内

遊び心のある ホテルライフを楽しみたい！

部屋履きもカンペール

ハンモックでお昼寝♪

ここがおすすめ！
1階に24時間オープンのバーがあり、朝食のほか、ソフトドリンクやスナックが無料

ショップ詳細は → P.134

カンペール好きにはたまらない！
Casa Camper
カサ・カンペール

マヨルカ島に本拠をおく人気シューズメーカー、カンペールが手がけるデザインホテル。客室は廊下を挟んでリビングルームとベッドルームに分かれているなど、ポップでキュートな靴のイメージどおりコンセプトも斬新。

Map 別冊P.6-B1　旧市街

- Elisabets 11　933 426 280
- FAX 933 427 563　€198～341
- €220～363（朝食込み・Wi-Fi無料）
- Card A.D.J.M.V.　40
- 1、3号線カタルーニャ駅から徒歩5分
- www.casacamper.com

1.ロビーには宿泊客しか入れないのでセキュリティは万全。奥にあるセルフサービスバーのソフトドリンクとスナックは無料 2.リビングルームにはハンモックが吊るされている 3.ベッドルームは赤で統一。客室をはじめホテル内は全館禁煙

パン好きにはうれしいカジュアルホテル

明るいおへや！

シャワーも清潔だよ！

ここがおすすめ！
1階にバルセロナでいちばんおいしいと評判のパン屋があり、朝食に食べられる！

コンセプトがユニーク
Praktik Bakery
プラクティック・ベーカリー

ホテルとベーカリーが合体したユニークなホテル。パン屋の奥に、ホテルのレセプションと購入したパンを食べられるカフェがある。このほか、花屋やワインバー併設のホテルも展開している。

Map 別冊P.9-D2　アシャンプラ地区

- Provença 279　934 880 061
- €60～189（Wi-Fi無料）　Card A.D.J.M.V.　72
- 3、5号線ディアゴナル駅から徒歩5分
- www.hotelpraktikbakery.com

1. シンプル・イズ・ベストな客室はコンパクトで機能的
2. 全室バスタブはなく、シャワーのみ 3. ベーカリー＆カフェは一般客も利用できる
4. バルセロナっ子に大人気の「バルアルド」のパン

「カサ・カンペール」の周りにはバルやレストランもたくさんあって便利でした。(宮城県・タンタン)

クールなデザインホテルからモデルニスモ建築まで、アートな街バルセロナには個性的な
ホテルが目白押し！　せっかくならちょっと奮発しておしゃれに過ごしたい。

バルセロナのホテル案内

サグラダ・ファミリアをひとり占めしたい！

朝食もおいし〜♪

景観はもちろんコスパも◎

Ayre Hotel Rosellón
アイレ・ホテル・ロセリョン

サグラダ・ファミリア聖堂から直線距離にしてわずか100m。客室や屋上バーからの眺めは感動的！　料金は割高になるが、予約の際には必ず「サグラダ・ファミリア・ビュー」の部屋を指定しよう。

Map 別冊P.5-C2 アシャンプラ地区

- Rosellón（Rosellò）390　☎936 009 200
- S €84〜220　W €94〜250（Wi-Fi無料）
- Card A.D.J.M.V.　105　2/5号線サグラダ・ファミリア駅から徒歩3分
- URL www.ayrehoteles.com

ここがおすすめ！
朝、昼、夜とさまざまな表情を見せるサグラダ・ファミリアを心ゆくまで堪能できる♪

1. 客室はモダンでシンプルな造り。湯沸かし器と無料の水が用意されているのもうれしい　2. 朝食ビュッフェも充実している　3. 吹き抜けで明るい朝食ルーム　4. 屋上バーは宿泊客以外でも利用できる

まったりできる〜

こちらもCHECK! → P.20

スタイリッシュなアパートホテル

屋上にはプールも！

カサ・ミラをひとり占め

暮らすように滞在したい

Suites Avenue
スイーツ・アベニュー

バルセロナの目抜き通りに面し、はす向かいにはガウディのカサ・ミラという最高のロケーション。日本人建築家、伊藤豊雄氏がデザインした建物には、いたるところにアートが感じられる。

ここがおすすめ！
キッチン付きなので料理をしたい人に。食材購入代行サービスなど便利なサービスも♪

1. 波をイメージしたホテルのファサード　2. バルコニーからカサ・ミラが見える部屋も　3. 夏はプールサイドでのんびりするのもおすすめ　4. キッチン用品やアイロンも完備　5. スタイリッシュな客室

Map 別冊P.9-D2 アシャンプラ地区

- Pg. de Gràcia 83　☎934 874 159
- FAX 934 452 521　S W €108〜335（Wi-Fi無料）
- Card A.D.J.M.V.　41　3、5号線ディアゴナル駅から徒歩3分
- URL www.derbyhotels.com

ホテルの料金は日によって変動するので、ホテルのホームページやホテル予約サイトでチェックしよう。

103

モデルニスモ様式の
食堂で優雅な時間を

クラシックとモダンが調和
España
エスパーニャ

1859年にレストランとして開業し、20世紀初頭にモデルニスモの建築家モンタネールが改装を行った。当時の面影を残すレストランをはじめ、ロビーやサロンもエレガントな雰囲気。ランブラス通りに近く、観光や買い物にも便利。

Map 別冊P.6-B2　ランブラス通り周辺

🏠Sant Pau 9-11　☎935 500 000
FAX 935 500 007　💰S W €102〜221（Wi-Fi無料）　Card A.D.M.V.　🛏83
🚇3号線リセウ駅から徒歩2分
URL www.hotelespanya.com

ここが
おすすめ!
モンタネールが手
がけたレストラン
がステキ。朝食時
の利用は宿泊客
のみの特権！

1. レストラン「フォンダ・エスパーニャ」ではミシュラン3つ星シェフ監修の料理が味わえる　2. 夏期はテラスバーがオープン　3. タイルが美しい朝食ルーム　4. 暖炉の彫刻が見事なサロン　5. 客室は改装され快適

歴史的建造物で
クラシカルステイ

優雅なモデルニスモ建築
Casa Fuster
カサ・フステル

モンタネールによって1908年に建てられた、最後のモデルニスモ建築を改装。ファサードやロビーをはじめ、館内には古きよき時代の名残がいま見られる。創作スペイン料理で地元の人に愛されるレストラン「ギャラクソ」もある。

Map 別冊P.9-D1　アシャンプラ地区

🏠Pg. de Gràcia 132　☎932 553 000
FAX 932 553 002　💰S W €177〜396（Wi-Fi無料）　Card A.D.M.V.　🛏105　🚇3、5号線ディアゴナル駅から徒歩3分
URL www.hotelcasafuster.com

1. アメニティはロエベ
2. ゴージャスな客室
3. 壮麗なファサード
4. ミニプールのある屋上からはグラシア通りが一望できる　5. 20世紀初頭に文化人の社交場としてにぎわった1階カフェも復活

ここが
おすすめ!
歴史的な建物で優
雅に過ごすことが
できる。こまやか
なホスピタリティ
にも定評あり！

「カサ・フステル」に宿泊しました。リッチな気分でホテルライフを過ごすことができました。（奈良県・ガガ）

バルセロナからおでかけ

スキャンダラスな天才画家ダリのシュールな世界に迷いこむ

『海を見る裸のガラ』
Gala Desnuda Mirando el Mar 1975年
ダリは自分の最大の理解者だったガラを「ミューズ（女神）」と呼び、モデルとして制作を行った。

遠くから見るとリンカーンの顔。近くで見ると……あら不思議、ガラの後ろ姿が浮かび上がる！

妻のガラよ！

バルセロナから北へ約130km、フランス国境に近いフィゲラスはシュルレアリスムの奇才、サルバドール・ダリが生まれた町。人を驚かすのが大好きだったというダリの不思議世界を体験して！

天才を演じきると天才になれる

サルバドール・ダリ
Salvador Dali
(1904～1989年)

少年時代から才能を認められ、17歳でマドリードの美術学校に入学。その後シュルレアリスムの画家として成功するが、1982年に妻ガラが亡くなると「人生の舵を失った」と制作活動をやめ、故郷で晩年を過ごした。

フルネームは
サルバドール・ドメネク・ファリプ・ジャシン・ダリ・イ・ドメネク。幼くして亡くなった兄と同じ「サルバドール」と名付けられたことが、ダリの心のトラウマとなった。

奇行の数々
ゾウに乗って凱旋門を訪れたり、潜水服で講演して危うく窒息しかけたりなど奇妙な行動で知られるが、親しい友人の前では繊細な気配りのできる常識人だったそう。

ひげの秘密
「歴史上最も有名な口ひげの持ち主」で1位に選ばれたこともある、見事な口ひげ。どうやって形を維持しているのかと聞かれて「水あめで固めている」と答えたとか。

ガラとの関係
フランスの詩人ポール・エリュアールの妻だったガラと恋に落ち、30歳で結婚。しかしその後も元夫と関係を続けたり、相手かまわず不倫を繰り返すガラに、ダリは悩まされ続けた。

スキャンダル〜

チュッパチャプスもダリ作なの！
→P.140

© Salvador Dali, Fundació Gala-Salvador Dali, JASPAR Tokyo, 2012
D0046

ダリ芸術の集大成
ダリ劇場美術館
Teatre-Museu Dali

内戦で破壊された劇場を改装し、1974年に開館。廃墟と化した建物をダリ芸術の殿堂として生まれ変わらせるため、自ら設計や内装にたずさわり、独自の世界を完成させた。

シュルレアリスムとは
1920年代にフランスでおこった芸術運動で、日本では「超現実主義」と訳される。フロイトの精神分析に影響をうけ、個人の意識よりも無意識や夢を重視し、自動筆記やコラージュなど偶然性の高い技法が使われた。

Map 本誌P.107 フィゲラス
🏠 Plaça Gala-Salvador Dali 5, Figueres ☎972 677 500
～9月9:00～20:00、3・10月9:30～18:00、11～2月10:30～18:00
※入館は閉館45分前まで
月(6～9月は無休)、1/1、12/25
€15 フィゲラス駅から徒歩15分
www.salvador-dali.org

フィゲラスへのアクセス
バルセロナのサンツ駅から高速列車で55分、快速で約2時間、毎時1～2便運行、片道€12～60.30。

Map 別冊P.3-D1

ダリ劇場美術館は外観もとっても奇抜！遠くからでも目立ちます。(青森県・ゆきんこ)

フィゲラス Figueres

天才画家ダリのシュールな世界に迷いこむ

『エステル女王』 Queen Esther

機械にお金を入れると、車内に雨が降る！

キャデラックの上に載っているオブジェは、ウィーン幻想派の入り家のひとりとして知られるエルンスト・フックスの作品。

『中央パティオ』 Patio Central del Museo

この床下でダリが永遠の眠りについている

パティオを飾る大作は、ニューヨークのメトロポリタン歌劇場で上演された『迷宮』の舞台背景を拡大し描き直したもの。

『回顧された女性胸像』 Buste de Femme Rétrospectif 1970年

顔にアリ、首にトウモロコシ、意味不明です

女性の頭の上のインクの絵画は、有名なミレーの絵画『晩鐘』をモチーフにしたもの。

『風の宮殿』 Palacio del Viento 1972~73年

天井からダリとガラが舞い降りてくる！

天井にはバロック風のだまし絵が。奥の部屋にはダリが昼寝をした寝台が置かれている。

『メイ・ウエストの部屋』 Rostro de Mae West 1974年

レンズを通して見るとメイ・ウエストの顔に

ダリがアメリカの女優をモデルに描いた絵画をもとに設計。正面から見ると巨大な顔に。

© Salvador Dali, Fundació Gala-Salvador Dali, JASPAR Tokyo, 2012
D0046

ダリの家美術館 Casa-Museu Salvador Dali

フィゲラスから足を延ばして　地中海に面したカダケスの町

リゾート地カダケスの外れ、ポル・リガットの入り江にある、ダリとガラが住んでいた「卵の家」を公開。ふたりの寝室やダリのアトリエなどが当時のままに残されている。

Map 別冊P.3-D1　カダケス

🏠 Portlligat, Cadaqués　☎ 972 251 015　🕐 10:30〜18:00 (6/15〜9/15は9:30〜21:00) ※入場は閉館50分前まで
🚫 冬期の月、1/1、1月上旬〜2月上旬、12/25　💴 €11　⚠️ 要予約　🚌 フィゲラスのバスターミナルからSarfa社 [URL www.sarfa.com] のバスでカダケスまで約1時間、1日4便運行。カダケスから美術館へは徒歩約20分　[URL www.salvador-dali.org]

フィゲラス　広域図 MAP P.3-D1

普通列車や快速列車はフィゲラス駅に停車します。駅からダリ劇場美術館までは徒歩約15分

『ダリの家美術館』は完全予約制。特に夏期は混み合うので、早めに公式サイトから予約しておこう。

裏aruco 独断 取材スタッフのTALK

「私たちの密かなお気に入りはコレ!」
ホントは秘密にしておきたい、取材スタッフのお気に入りを大公開!

Barcelona
バルセロナ発のデイリーウエア

「ステキな1日を演出するモノ」というコンセプトどおり、身につけるだけで気分の上がるアイテムがいっぱい。バッグや靴など小物もかわいらしくて、バルセロナへ行くとついつい買い込んじゃいます! (編集N)

大人かわいい♪ナチュラル服♡

ナイス・シングス　Nice Things
Map 別冊P.9-C2　アシャンプラ地区
▲Valencia 235　☎934 873 752　⊙10:00〜20:30
休日・祝　Card A.J.D.M.V.　2、3、4号線パセジ・ダ・グラシア駅から徒歩5分
URL www.nicethingspalomas.com

Barcelona
週末のショッピングはここへ!

休日はすごいにぎわい!

日曜と祝日はみやげ物屋以外はほとんどのお店が閉まってしまうバルセロナで、年中無休のショッピングセンター「マレマグナム」は貴重な存在。人気ファッション店のほか、バルや映画館もあります。(ライターM)

マレマグナム　Maremagnum
Map 別冊P.6-B3　ポルト・ベイ
▲Moll d'Espanya 5　☎932 258 100　⊙毎日10:00〜22:00 (レストランは11:00〜翌1:00)　Card 店によって異なる　3号線ドラサナス駅から徒歩5分　URL www.maremagnum.es

---

Barcelona
3つ星シェフのアイスクリーム

青リンゴのフレーバー♪

ミシュラン3つ星レストラン「エル・セジェール・デ・カン・ロカ」のパティシエの店。スミレやカボチャ味など、季節ごとに登場するフレーバーも楽しみ。(ライターM)

ロカンボレスク　Rocambolesc
Map 別冊P.6-B2　ランブラス通り
▲Las Ramblas 51-59　☎なし　⊙10:30〜翌0:30　休12/25・31　Card A.M.V.　3号線リセウ駅から徒歩1分　▲マドリード店→P.41

Madrid
ムール貝のタパスが絶品☆

日本語メニューもあるよ!

立ち飲みがメインの小さなバル。産地ガリシア地方から毎日直送されるムール貝は、身が大きくてプリップリ。おすすめは店オリジナルのピリ辛ソース€5。ガリシアの白ワイン、リベイロと一緒にどうぞ。(カメラマンA)

ラ・リア　La Ría
Map 別冊P.16-B2　ソル周辺
▲Pasaje de Mathéu 1　☎915 215 155　⊙毎日11:30〜15:30、19:00〜24:00　Card M.V.　1、2、3号線ソル駅から徒歩2分

Madrid
コスパ抜群のランチ♪

前菜とメインは数種類から選べる♪

おしゃれな店内で、モダンにアレンジされたスペイン料理が楽しめる。平日のランチは前菜、メイン、デザート、パンと飲み物が付いて€11.65。雰囲気、味、値段ともに大満足のレストランです! (コーディネーターH)

ラ・グロリア・デ・モンテラ　La Gloria de Montera
Map 別冊P.16-B2　グラン・ビア周辺
▲Caballero de Gracia 10　☎915 234 407　⊙13:00〜23:30 (木〜土〜24:00)　休無休　Card A.M.V.　1、5号線グラン・ビア駅から徒歩1分

Madrid
激安ショッピングが楽し〜

モール内にはカフェやレストランもあるよ

マドリード郊外にある「ラス・ロサス・ビレッジ」は、世界のブランドショップが集まるアウトレットモール。カンペール、ロエベ、アドルフォ・ドミンゲス、バーバリー、カルバン・クラインなどなど、その数は約100店舗。掘り出しモノを見つけて! (編集N)

ラス・ロサス・ビレッジ　Las Rozas Village
Map 別冊P.13-C2外　マドリード郊外
☎916 404 900　⊙10:00〜21:00 (夏期〜22:00)　休1/1・6、5/1、12/25　Card 店によって異なる　モンクロア・バスターミナル (地下鉄3、6号線モンクロア駅と接続)から625、628、629番のバスで約40分、Las Rozas Village/Heron City下車　URL www.lasrozasvillage.com

マドリード

16世紀に強大なスペイン帝国の都となって栄えた、マドリード。
今も政治経済の中心であり、街は人々の明るい活気で満ちあふれている。
子豚の丸焼きなどの伝統料理を堪能したり、スペイン発祥の有名ブランドを
手に入れるのなら、マドリードでぜひどうぞ。
ゴヤの『裸のマハ』、ピカソの『ゲルニカ』を観るのもお忘れなく!

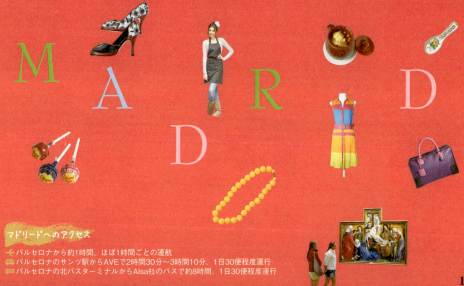

マドリードへのアクセス
- バルセロナから約1時間、ほぼ1時間ごとの運航
- バルセロナのサンツ駅からAVEで2時間30分〜3時間10分、1日30便程度運行
- バルセロナの北バスターミナルからAlsa社のバスで約8時間、1日30便程度運行

1561年にスペインの首都になったんだよ！

TIPS FOR TOURISTS
マドリード街歩きのヒント

ふむふむ…

華やかな歴史的建造物と芸術に彩られた街。陽気で宵っ張りなマドリっ子たちに交じって、バル巡りをするのも楽しい！

おもなエリア

1 ソル周辺
地下鉄ソル駅のあるプエルタ・デル・ソル周辺は、商店やバルが多く、マドリードで最もにぎやかなエリア。
→ P.122

2 王宮周辺
王宮からマヨール広場にかけてが、街でいちばん古いエリア。ハプスブルク朝時代の建物や街並みが今も残る。

3 プラド通り周辺
アトーチャ駅から北へ延びるプラド通りにはプラドをはじめ3大美術館が並ぶ。東側は広大なレティーロ公園。

4 グラン・ビア周辺
20世紀初めに造られた旧市街のメインストリー。ショッピングを楽しむマドリっ子や観光客でにぎわう。

5 チュエカ＆サレーサス地区
グラン・ビアの北側に位置する若者に人気のエリア。東側のサレーサス地区にもおしゃれな店が増えている。
→ P.124、136

6 サラマンカ地区
19世紀に上流階級の住宅地として整備されたエリア。セラーノ通りとその周辺には高級ブランド店が多い。

旅プランQ&A

旅のテーマは？

美術館の名画コレクションを堪能したあとは、市場や旧市街のバルでグルメ三昧。トレド(→P.42)やセゴビア(→P.144)など、世界遺産に登録されている周辺の町へのワンデイトリップも楽しんで。

交通手段は？

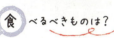

主要な美術館や見どころは中心部にかたまっているので、観光はほぼ徒歩でOK。距離や時間帯に応じて、地下鉄やバス、タクシーを使い分けよう。

食べるべきものは？

子豚の丸焼きやコシード・マドリレーニョなど、伝統料理はマスト(→P.126)。また、マヨール広場やサンタ・アナ広場周辺には老舗バルが多く、名物タパスの食べ歩きが楽しい。

治安は？

観光客を狙ったスリや置き引き、ホテル内での盗難が報告されている。特に、観光スポットの周辺、地下鉄や鉄道駅、バスターミナルなど人の集まる場所では警戒を。

旅のお助けinfo

便利なシティツアーバス

「歴史」と「モダン」のふたつのルートがあり、計約30ヵ所のバス停で何度でも乗り降りできる。日本語の音声ガイドもあるので、街の概略をつかむのにも便利。 URL madrid.city-tour.com

有効期限&価格
・1日 €21
・2日 €25
(連続した日数のみ使用可)

購入先
・公式サイト(割引あり)
・乗車時に運転手から
・主要バス停近くにあるキオスクなど

運行時間
・9:00～22:00の8～9分間隔
(11～2月は10:00～18:00の14～15分間隔)

人気スポットは事前予約を

人数制限があるデスカルサス・レアレス修道院(→P.122)は予約必須。また観光シーズンにはチケット売り場に行列ができるプラド美術館(→P.112)は、事前にインターネット予約するのがおすすめ。

観光案内所はこちら

歩き始める前にまず観光案内所に立ち寄ろう。地図の配布やホテル、催事、交通など、さまざまな情報を案内してくれる。

マヨール広場
Map 別冊P.16-A2 ソル周辺
Plaza Mayor 27 915 787 810
毎日9:30～21:30
URL www.esmadrid.com

アトーチャ駅構内
Map 別冊P.15-D3 プラド通り周辺
月～土8:00～20:00、日・祝9:00～20:00

チャマルティン駅構内
Map 別冊P.13-D1 郊外北部
月～土8:00～20:00、日・祝9:00～14:00

SCHEDULE 1day観光ルート

時間	スポット	移動	ページ
10:00	デスカルサス・レアレス修道院	徒歩5分	P.122
11:00	マヨール広場	徒歩10分	P.123
11:30	サン・ミゲル市場	徒歩10分	P.38
13:00	王宮	徒歩10分	P.118
14:30	スペイン広場	徒歩15分	P.122
15:30	プラド美術館	地下鉄+徒歩30分	P.112
17:30	ソフィア王妃芸術センター	徒歩10分	P.117
19:30	プエルタ・デル・ソル	地下鉄+徒歩20分	P.122
20:00	サンタ・アナ広場	徒歩5分	P.130

- チケットは必ず事前予約を！
- ランチは市場グルメを楽しもう！
- コレクションは膨大なのでポイントを絞って
- ピカソの『ゲルニカ』は必見！
- バルでタパスを食べ歩き♪

5分間ここで予習してからGO！
プラド美術館で名画を読み解く

マドリード3大美術館を攻略！ Part 1

教科書や美術書で一度は目にしたことがあるあの名画。絵に隠された意味に注目して鑑賞すれば、もっとアートが楽しくなること間違いなし！

バロック絵画の巨匠
ベラスケス
Diego Velázquez 1599~1660年

17世紀スペインを代表する画家。24歳の若さでフェリペ4世の宮廷画家になり、以後30年以上、国王一家の肖像画や宮廷を飾る絵を描き続けた。

読み解きPOINT

- キャンバスに向かうベラスケス
- 鏡の中にはフェリペ4世と王妃の姿が
- 壁に掛けられているのはルーベンスの作品
- こちらに視線を向けるマルガリータ王女

王宮の一室で国王と王妃の肖像画を描くベラスケス。国王と王妃は鏡に映る姿で表されていて、私たちもモデルのふたりと同じ位置からこの情景を見ているような気分に。

未来のだんな様へのお見合いポートレートなの

A 『マルガリータ王女』 La Infanta Margarita de Austria 1665年

ベラスケス最後の作品。何枚も描かれた王女の肖像画は、いいなずけであるウィーンのハプスブルク家レオポルト1世のもとに、成長の様子を伝えるために贈られた。

B 『ラス・メニーナス（女官たち）』 Las Meninas 1656年

ベラスケスの最高傑作といわれる作品。中央の王女にスポットライトが当たっているかのような光と影の陰影、遠近法を利用した人物配置が画面に奥行きと立体感を与えている。

世界有数のコレクションを誇る
プラド美術館　Museo Nacional del Prado

スペイン王家のコレクションを中心に、絵画、彫刻、工芸品など3万点以上のコレクションを所蔵。スペイン絵画をはじめ、イタリア、フランドル絵画にも優れた作品が多い。

Map 別冊P.15-C2～C3　プラド通り周辺

🏠Paseo del Prado, s/n　📞902 107 077　🕙10:00～20:00（日・祝～19:00）入場は閉館30分前まで　休1/1、5/1、12/25　料€15
※学生、月～土の18:00以降、日・祝の17:00以降、5/18、11/19は無料　🚇2号線バンコ・デ・エスパーニャ駅または1号線アトーチャ駅から徒歩8分　URL www.museodelprado.es

お得な割引チケット
パセオ・デル・アルテ
Paseo del Arte

プラド美術館のほか、ソフィア王妃芸術センターとティッセン・ボルネミッサ美術館（→P.116）へも行くなら、割引共通券「Paseo del Arte」がおすすめ。料金は€30.40で、別々に買うより€7.60もお得。購入は各美術館のチケット売り場で。

楽しく鑑賞するためのアドバイス

●所要時間は？
主要作品だけなら2～3時間あればOKだけれど、じっくり鑑賞するなら1日は必要。

●すいている時間は？
シエスタの時間にあたる14:00～16:00と、閉館前の1時間が比較的すいている。

●写真撮影は？
館内での撮影は不可。

●効率よく回るには？
最初にミュージアムショップで日本語ガイドを購入し、それを見ながら鑑賞するのがおすすめ。

日本語ガイドもある！

近代絵画の礎を築いた

ゴヤ
Francisco de Goya 1746~1828年

ベラスケスとともにスペインを代表する画家のひとり。宮廷画家として出世したが、晩年は残酷さや無力さなど人間の内面を描き出す作品を残した。

マドリード Madrid

プラド美術館で名画を読み解く

キャンバスに向かうゴヤ。ベラスケスの『ラス・メニーナス』を意識していた？

C 『カルロス4世の家族』
La Familia de Carlos IV 1800年

アランフェスの離宮で描かれた国王一家の集団肖像画。ゴヤは人物の表面だけ描くのではなく、徹底的なリアリズムでその内面をあばき、王家のありのままの姿をさらけ出した。

読み解きPOINT
一見普通の肖像画だが、おっとりとしたカルロス4世の風貌や意地の悪そうな王妃の表情に、ゴヤの風刺が感じられる。画面の左奥にはこちらを見つめるゴヤの姿も！

政治の実権をにぎっていた王妃マリア・ルイサ。両脇には幼いふたりの子供が

政治に関心がなく、人々から「愚鈍でお人好し」と呼ばれていたカルロス4世

「マハ」とは、「小粋なマドリード娘」という意味なのよ

D 『着衣のマハ』
La Maja Vestida 1805年頃

ひとりのモデルを裸婦と着衣で、しかも同じポーズで描いた珍しい作品。ゴヤのパトロンであった宰相ゴドイの依頼で描かれたといわれ、モデルもゴドイの愛人とする説が有力。当時のスペインでは神話や宗教以外の主題で裸婦を描くことは禁じられていたため、この絵が発見された際には大問題となった。

E 『裸のマハ』
La Maja Desnuda 1800年頃

ミュージアムグッズをGET！

€2 ブックマーク
€5 スケジュール帳
€1.75 えんぴつ3本セットと消しゴム
€3
€8 ゴヤのポストカード10枚セット
€25 ボッシュの『快楽の園』の絵柄入りTシャツ

地上階にあるショップでは、絵はがきやオリジナルグッズなどさまざまなアイテムを販売。美術館を訪れた記念に、ぜひ手に入れたい！

カフェ&レストラン

カフェは地上階にあるよ

美術鑑賞に疲れたら、カフェでひと休みしよう。ランチタイム（12:15～16:00）にはセルフサービス式のレストランで本格的な食事も楽しめる。

大きな荷物は美術館内に持ち込めないので、入口にあるクロークに預けよう。 113

ギリシア生まれの画家
エル・グレコ
El Greco 1541~1641年

トレドについては →P.42

トレドで後半生を送った、マニエリスム後期の巨匠。鮮やかで独特な色彩、デフォルメされた人体表現など、作品には画家独自の神秘的な宗教観が反映されている。

聖霊

父なる神

神の子であるイエス・キリスト

読み解きPOINT
十字架から降ろされたイエス・キリストを、天使たちが取り囲んでいる。「聖三位一体」とは、父と子と聖霊が一体(唯一の神)であるとする教え。聖霊は白い鳩で表される。

F 『聖三位一体』
La Trinidad 1577~79年

トレドの教会から依頼された、スペイン時代初期の作品。ミケランジェロの「ピエタ」を思わせる構図、鮮やかな色彩にイタリアの影響がうかがえる。

聖母像といえばこの人!
ムリーリョ
Bartolomé Murillo 1450頃~1516年

セビーリャで活躍した、17世紀のスペイン絵画黄金期を代表する画家のひとり。宗教画でありながら庶民の暮らしを描いた親しみやすい作風が人々から支持された。

読み解きPOINT
太陽をまとい、足下に月、12の星の冠をいただいた姿で描かれた聖母マリア。「マリアは母アンナの胎内に宿ったときから原罪を免れていた」という教義に基づく。

G 『無原罪の御宿り』
La Inmaculada 1678年頃

ムリーリョは教会の依頼に応じて何点もの「無原罪の御宿り」を制作した。美少女のマリアやあどけない天使を描いた作品は信者たちに人気があった。

| フランス絵画 | スペイン絵画 | イタリア絵画 | フランドル絵画 |
| ドイツ絵画 | イギリス絵画 | ベラスケス | ゴヤ |

🛗 エレベーター
🚻 トイレ
📞 電話

A マルガリータ王女、ラス・メニーナス
F 聖三位一体
G 無原罪の御宿り
C カルロス4世の家族
D E 着衣のマハ、裸のマハ
I 三美神

OH! 美しい!

114 館内は広いのでじっくり鑑賞すると疲れます。途中カフェで休憩しましょう。(愛媛県・K.Y)

独創的な作風で知られる
ヒエロニムス・ボス
El Bosco 1599~1660年

現在のオランダで生まれた、ルネサンス期の画家。聖書に基づく寓話を主題にした作品が多く、現存する約30点のうち10点がプラド美術館に所蔵されている。

フランドル絵画の巨匠
ルーベンス
Peter Paul Rubens 1577~1640年

バロック時代のヨーロッパを代表する画家。外交官として活躍し、ベラスケスとも親交があった。日本では『フランダースの犬』に登場する絵の作者としても有名。

マドリード Madrid
プラド美術館で名画を読み解く

読み解きPOINT
3枚のうち、左は天国、右は地獄。中央はノアの大洪水後の球体の世界で、原罪以前の裸の人間たちを表すといわれる。

H 『快楽の園』 El Jardín de las Delicias 1505年頃

3枚のパネルからなる祭壇画で、ボスの代表作。扉にあたる部分には、天地創造を表現したといわれる巨大な球体の世界が描かれている。

宗教画を得意とした
フラ・アンジェリコ
Fra Angelico 1395頃~1455年

初期ルネサンス期を代表するイタリア人画家。フィレンツェで活躍し、教会のための祭壇画やフレスコ画を制作した。

I 『三美神』 Las Tres Gracias 1635年頃

ローマ神話に登場する愛、慎み、美を司る女神で、手をつなぐ3人の姉妹で表される。ルーベンスの特徴であるドラマティックな構成、華麗な色彩、豊満な裸体表現が印象的。

読み解きPOINT
ルーベンスは裸体を描くために神話的主題を利用。3人のうち2人はルーベンスの妻だったイザベラとエレーヌの肖像。

J 『受胎告知』 La Anunciación 1426年頃

当時は新しかった遠近法を使い、大天使ガブリエルから神の子を身ごもったことを告げられるマリアが、静謐な場面に描かれている。

読み解きPOINT
画面左上から差し込む光の中には聖霊を表す白い鳩、また画面左端には楽園を追われるアダムとイブが描かれている。

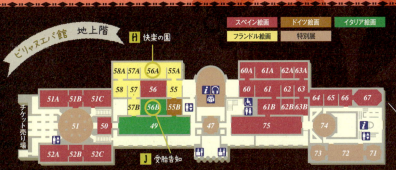

本物だ！

作品の展示場所はしばしば変更される。最新の情報は美術館のインフォメーションで確認を。

115

マドリード3大美術館を攻略！ Part ②

美のヒントが ティッセン&ソフィア

プラド美術館とともに、マドリードの3大美術館のひとつ。膨大なコレクションのなかから、これだけはぜひ観ておきたい作品を紹介。

細かい衣装の模様にも注目して

『ジョヴァンナ・トルナブオーニの肖像』
Retrato de Giovanna Tornabuoni
ギルランダイオ 1490年

作者のギルランダイオは、15世紀後半のフィレンツェでボッティチェリと人気を二分した画家。聖堂の壁画をはじめとする宗教画のほか肖像画を数多く残した。

美 Check!
アルビッツィ家の令嬢を描いたとされる。端正な横顔が美しい！

美 Check!
枝に付けられた15の「a」の金文字は、アヴェ・マリアの頭文字

『枯れ木の聖母』
La Virgen del Árbol Seco
クリストゥス 1465年

ベルギーのブルージュで活躍した初期ネーデルラントの画家。枝に囲まれた楕円形の中に、枯れ木をよみがえらせる生命の復活者として、聖母マリアに抱かれたキリストが描かれている。

美 Check!
闇に浮かび上がる白い顔は、清純でありながら強い意志の強さを感じる

『聖女カシルダ』
Santa Casilda
スルバラン 1630〜35年

静謐な宗教画で知られるスペインの画家スルバラン。カシルダはトレドのイスラム王の娘で、父親が迫害した獄中のキリスト教徒に食べ物を運んだという伝説が残る。

美 Check!
黒い乗馬服とシルクハットが、きりりとした表情をより魅力的に！

『乗馬服の婦人』
Amazona de Frente
マネ 1882年

19世紀フランスを代表する画家。西洋絵画の伝統を踏襲しつつも新しい表現方法や様式を生み出し「近代絵画の創始者」と呼ばれるマネが、死の前年50歳で描いた作品。

世界有数の絵画コレクション
ティッセン・ボルネミッサ美術館
Museo de Thyssen Bornemisza

貴族の館を改装した館内に、ティッセン・ボルネミッサ男爵が親子2代にわたって収集したコレクションを展示。中世から近代まで西洋美術の流れを一気にたどることができる。

Map 別冊P.15-C2 プラド通り周辺

🏠 Paseo del Prado 8　☎917 911 370　🕙10:00〜19:00（月は12:00〜16:00）　休1/1、5/1、12/25　💶€13、学生€9　※月は無料　🚇2号線バンコ・デ・エスパーニャ駅から徒歩5分　URL www.museothyssen.org

116　✉ ティッセン・ボルネミッサ美術館にはガーデンカフェがあり、ランチや軽食も食べられます。（東京都・のん）※カフェ情報→P.132

見つかるかも？は美女絵画に注目！

リードで必見の両美術館。テーマを美女に絞って、たい作品をご紹介！

みんなキレイ…♥

ティッセン&ソフィアは美女絵画に注目！

© 2012-Succession Pablo Picasso-SPDA (JAPAN)

Check! 暗い色づかいで描かれたパリジェンヌの、真っ赤な口紅が印象的

『青衣の女』 Mujer en Azul ピカソ 1901年

当時パリに住んでいたピカソがマドリードを訪れた際に描いた、「青の時代」を代表する作品。モデルは特になくピカソがイメージするパリ女性を表現したといわれる。

© Salvador Dalí, Fundació Gala-Salvador Dalí, JASPAR Tokyo, 2012 D0046

Check! ひとりで海を見つめる後ろ姿が、どこかミステリアスでセクシー！

『窓際の少女』 Muchacha en la Ventana ダリ 1925年

20歳の頃に描いた初期の作品。モデルは当時のダリにとっていちばん身近な女性であった妹のマリア・アナ。窓の外に広がるブルーの海に、思わず引きこまれそう。

もっとダリ → P.106

Check! 画面左の、死んだ子供を抱え絶叫する母親の姿が、哀しみを誘う

『ゲルニカ』 Guernica ピカソ 1937年

スペイン内戦中の1937年、多数の死傷者を出したゲルニカ空爆をテーマに制作された。黒と白のモノトーンが、戦争の悲惨さを伝えるピカソの怒りと哀しみを際立たせている。

© 2012-Succession Pablo Picasso-SPDA (JAPAN)

もっとピカソ → P.70

スペインの現代アートを展示する
ソフィア王妃芸術センター
Museo Nacional Centro de Arte Reina Sofia

ピカソの傑作『ゲルニカ』を所蔵することで知られる。ほかにダリ、ミロ、タピエスといった巨匠たちの作品のほか、現代アートの企画展も行われる。

Map 別冊 P.15-C3 プラド通り周辺

🏠 Santa Isabel 52 ☎917 741 000 ⏰10:00～21:00（日～19:00）入場は閉館30分前まで 🚫火 💶€10 ※学生、月～土の19:00以降、日の13:30以降、4/18、5/18、10/12、12/6は無料 🚇1号線エスタシオン・デル・アルテ駅から徒歩1分
URL www.museoreinasofia.es

ソフィア王妃芸術センターでは、『ゲルニカ』を除き館内での写真撮影がOK。ただしフラッシュは不可。

華麗なるロイヤル
王家の暮らしっ

フランスのヴェルサイユ宮殿を
ゴージャスな国王の居室や広間
美しきプリンセスたちが注目を集める

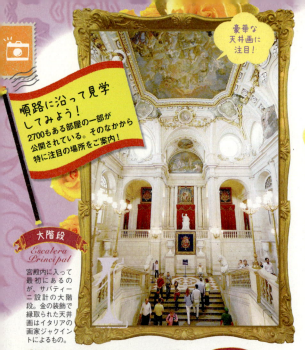

豪華な天井画に注目！

順路に沿って見学してみよう！
2700もある部屋の一部が公開されている。そのなかでも特に注目の場所をご案内！

大階段
Escalera Principal

宮殿内に入って最初にあるのが、サバティーニ設計の大階段。金の装飾で縁取られた天井画はイタリアの画家ジャクィントによるもの。

列柱の間
Salón de Columnas

タペストリーはフランドル製

この部屋で1985年にスペインのEC加盟の条約が締結された。周囲に置かれた彫刻は、宮廷画家ベラスケスがイタリアで購入したもの。

この部屋で国王は謁見を行った

玉座の間
Salón del Trono

ヴェルサイユ宮殿の「鏡の間」をまねて造られた。壁は赤いビロードで覆われ、中央にはライオンの像に囲まれるように玉座が置かれている。

歴代の国王が暮らした豪華絢爛な城

王宮 Palacio Real

ハプスブルク王家の宮殿が1734年に火災で焼失した跡地に、ヴェルサイユ宮殿で生まれ育ったフェリペ5世が建設を開始。イタリアの建築家サバティーニらによって1764年に完成した。

Map 別冊 P.14-A2 旧市街

⌂Bailén, s/n ☎914 548 800
⏰10:00〜20:00 (10〜3月〜18:00)
入場は閉館1時間前まで 休1/1・6、5/1、12/25、このほか公式行事が行われるときも休館 (12/24・31は〜15:00) 料€12 (4/1〜9/1は€13、1/2〜3/31は€11) 地2、5、R号線オペラ駅から徒歩5分
URL www.patrimonionacional.es

ロイヤルファミリーはこんな人たち！

仲よし一家だと評判なんだ！

フェリペ6世
(1968年1月30日生まれ)

2014年6月19日、父親のフアン・カルロス1世に王位を譲位され、これまでの「アストゥリアスの王子」から国王に。スポーツマンで、オリンピックのヨット競技にスペイン代表として出場したこともある。育ちのよさが感じられるおっとりした人柄と、スマートな外見で昔から女性に人気。若い頃はプレイボーイとしてならし、結婚は王家の女性と、という王族の掟に背き恋した女性と結婚。

レオノール王女
(2005年10月31日生まれ)

通称「アストゥリアスの王女」。2014年に王位継承者に認定される。金髪、青い目の母親ゆずりの美貌で、少女らしい愛くるしさもあり、国民(特に女性のお年寄り)に人気がある。分別があり落ち着いた性格、好奇心旺盛など父親によく似た性格で、未来の王位継承者にふさわしいとの声も。

レティシア王妃
(1972年9月15日生まれ)

スペイン国営放送の元アナウンサー。民間出身で離婚歴があるため交際を反対された王子が「彼女と結婚できないなら王冠を捨ててもいい」と言ったのは有名な話。婚約会見のときから王子をだまらせて発言するなど、かかあ天下が予想されていた。頭がきれて才色兼備と称えられる一方、度重なる整形疑惑とがっついている成り上がり者というイメージで、愛されキャラの王に対し、嫌われキャラ。

ソフィア王女
(2007年4月29日生まれ)

元王妃の祖母にちなんで名づけられた。姉レオノールに美貌はかなわないが、子供好きの多いスペインでは負きな存在。主役の座に収まれない焼きもちを焼くことも多く、激しく情熱的なスペインっぽい性格といわれる。

てどんな感じ？
パレスへようこそ！

お手本に造られたマドリードの王宮。
には思わずため息が出ちゃう。
スペイン国王ファミリーについてもご紹介！

スペイン王室って？
1700年のフェリペ5世の即位に始まるスペイン・ブルボン家（スペイン語名はボルボン）。3度の中断をはさみ、現国王のフェリペ6世にいたる。

歴史があるんだね

マドリード Madrid

華麗なるロイヤルパレスへようこそ！

5 磁器の間 *Gabinete de Porcelana*
国王はここで着替えをしたそう

壁を覆う磁器は、カルロス3世がブエン・レティーロ王立工場に特注で造らせたもの。部屋の中央には地球儀時計が置かれている。

国王のプライベートな空間

華やかな宴や舞踏会が催された

「ガスパリーニの間」と呼ばれる3つ続きの部屋のひとつ。18世紀のロココ様式で、金の糸で刺繍した壁など、当時流行した中国風の装飾が施されている。

Camara de Carlos III カルロス3世の私室

6 饗宴の食堂 *Comedor de Gala*

150人を収容できる大食堂は、19世紀後半、アルフォンソ12世の時代に造られた。シャンデリアや壁を飾るタペストリー、大理石の床が豪華。

7 王室礼拝堂 *Capilla Real*

日々の礼拝のほか儀式が行われた

中央祭壇の『聖ミカエル』はスペイン人画家フランシスコ・バイユー、「聖母戴冠」を描いた天井のフレスコ画はイタリア人画家ジャキントの作品。

実際のお住まいはコッチ！
一般見学もできるマドリードの王宮は公式行事に使われ、実際に住んでいるのは市の郊外にあるサルスエラ宮殿。

結婚式を挙げたのはココ！
アルムデナ大聖堂 *Catedral de Ntra. Sra. de la Almudena*

着工から110年後の1993年、20世紀に唯一ローマ法王によって献堂式が行われた大聖堂。2004年5月22日、フェリペ6世（当時は王子）とレティシア妃はここで結婚式を行った。

Map 別冊 P.14-A2　王宮周辺
🏠 Bailén 10　☎ 915 422 200　🕘 9:00〜20:30（ミサの間は見学不可）
休 無休　無料（博物館は€6）　🚇 2、5、R号線オペラ駅から徒歩10分

相次ぐスキャンダルで引退を決意

フアン・カルロス1世（1938年1月5日生まれ）
田舎のおじさんのように素朴で親しみやすいと長らく絶大な支持を得てきたが、娘夫婦の横領問題や孫が銃で遊んでケガをする、WWF（世界自然保護基金）の会長でありながら経済危機に苦しむ国民の税金で大金をはたいて象狩り、ドイツ人女性との愛人関係疑惑などで急速に人気が暴落したため、2014年に退位。

ソフィア元王妃（1938年11月2日生まれ）
アテネ生まれのギリシア人。フアン・カルロス1世と1962年にアテネで結婚。王家出身だけあり「プロの王妃」といわれるしっかり者。公的な訪問では熱心に話を聞き、温かく働きかける姿勢が国内外で評判。謙虚な性格であまり表立って発言などはしない。元国王の愛人問題浮上後、同情した女性たちを味方につけた。

王室系譜
フアン・カルロス1世 ❤ ソフィア元王妃
├ エレナ
├ クリスティーナ
└ フェリペ6世 ❤ レティシア王妃
　├ レオノール王女
　└ ソフィア王女

毎月第1水曜の12:00から、王宮前の広場で衛兵交代式が行われる。雨天と公式行事がある場合は中止。

aruco編集部が選ぶ マドリードで行きたい！ちょっとマニアックなミュージアムBest5

有名美術館で名画鑑賞もいいけれど、もし時間があまったらこんなユニークなミュージアムを訪れてみるのはいかが？ aruco取材班が、お気に入りのスポットを教えちゃいます。

かつて舞踏会や音楽会などが開かれた2階のボールルーム。きらびやかな装飾にうっとり

1位 マニアック度★★ 女子度★★★

優雅な貴族の暮らしを拝見！
ロマン主義美術館
Museo del Romanticismo

ベガ・インクラン侯爵のコレクションなどをもとに1924年にオープン。当時流行したロマン主義の家具や絵画、装飾品が展示され、華やかな貴族たちの生活を垣間見ることができる。

Map 別冊P.16-B1 チュエカ地区

⇧San Mateo 13 ☎914 481 045
⊙火～土9:30～20:30（11～4月~18:30）、日・祝10:00~15:00 困月、1/1・6、5/1、12/24・25・31
§€3、学生€1.50（土の14:00以降、日、5/18、10/12、11/16、12/6は無料） ⊙1、10号線トリブナル駅から徒歩3分
URL museoromanticismo.mcu.es

ここがマニアック！
「ロマンティック」という言葉のもとになったロマン主義の時代に思いっきり浸れる！

1. ボールルームにはイサベル2世のピアノが置かれている
2. 貴族の館だった建物にも注目
3. 当時の様子に再現された食堂

カフェもおすすめ♪
緑と花々に囲まれた中庭のカフェは、憩いの場として地元の人々にも人気。美術館の入場券がなくても利用できる。

2位 マニアック度★★★ 女子度★★

豪華絢爛さではピカイチ
セラルボ美術館
Museo Cerralbo

作家で芸術愛好家でもあったセラルボ侯爵のコレクションを展示。建物は19世紀に建てられた侯爵の邸宅をそのまま利用しており、その豪華さや美しさも一見の価値がある。

Map 別冊P.14-A1 スペイン広場周辺

⇧Ventura Rodriguez 17 ☎915 473 046（17:00～20:00も開館）、日・祝9:30～15:00 困月、1/1・6、5/1、12/24・25・31 §€3、学生€1.50（木の17:00～20:00、土の14:00以降、日、5/18、10/12、12/6は無料） ⊙3、10号線プラサ・デ・エスパーニャ駅から徒歩3分
URL museocerralbo.mcu.es

ここがマニアック！
絵画や彫刻から、陶器、甲冑、武器まで、約5万点にもおよぶコレクションの充実度は圧巻！

必見
入口を入って正面にある「マドリードで最も美しい階段のひとつ」といわれる主階段が見事！

1. 甲冑コレクション
2. 侯爵の執務室
3. 建物はスペインの芸術文化財に指定されている

120

セラルボ美術館はあまりの豪華さに、思わずため息がもれるほどでした！（千葉県・渚）

マニアック度 ★★★
女子度 ★★★

3位

貴族の館とアートのコラボ
国立装飾美術館
Museo Nacional de Artes Decorativas

5階には18世紀のバレンシア地方の台所が再現されていて、カラフルな絵タイルがステキ

サントーニャ公爵夫人の邸宅を美術館として利用。貴族の部屋が再現されているほか、クリスマスの飾り戸棚やキリスト生誕を表したベレン人形、ドールハウスも見応えがある。

Map 別冊P.15-D2　プラド通り周辺

🏠 Montalbán 12　☎915 326 499　⏰火～土9:30～15:00（9～6月の木は17:00～20:00も開館）、日・祝10:00～15:00　🚫月、1/1・6、4/18、5/1、12/24・25・31　💴€3、学生€1.50（木の午後、日、5/18、10/12、12/6は無料）🚇2号線バンコ・デ・エスパーニャから徒歩5分　🔗 mnartesdecorativas.mcu.es

ここがマニアック！
宝石、陶磁器、家具、テキスタイルなど、装飾に関するありとあらゆるものを展示

1. 家具や調度品を時代ごとに展示　2. 吹き抜けの広い館内
3. スペインのほかヨーロッパの陶器も所蔵

マニアック度 ★★★
女子度 ★★★

4位

1. 画家の絵筆なども展示
2. 「海岸沿いの散歩」
3. 小さなパティオもある

画家のアトリエを改装
ソローリャ美術館
Museo Sorolla

明るい光が差し込む1階のアトリエには、壁一面にソローリャの作品が飾られている

スペイン印象派を代表する画家、ホアキン・ソローリャの美術館。故郷バレンシアの海辺の風景を描いた作品は、光りあふれる華やかな色彩で彩られ、「光の画家」と呼ばれた。

Map 別冊P.17-C1　サラマンカ地区

🏠 Paseo del General Martínez Campos 37　☎913 101 584　⏰月～土9:30～20:00、日・祝10:00～15:00　🚫月、1/1・6、5/1、12/24・25・31　💴€3、学生€1.50（土の14:00以降、日、4/18、5/18、10/12、12/6は無料）🚇7、10号線グレゴリオ・マラニョン駅から徒歩3分　🔗 museosorolla.mcu.es

ここがマニアック！
画家の自宅兼アトリエが美術館になっていて、彼が暮らした当時のまま保存されている

マニアック度 ★★★
女子度 ★

5位

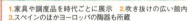

歴史好きなら見逃せない！
海事博物館
Museo Naval

1. 各時代の船の模型を展示
2. コロンブスの新大陸発見を描いた絵画
3. 海軍兵学校の生徒たちも見学に訪れる

1792年に創設。スペイン王家や海軍から寄贈された船の模型、制服、絵画や武器など膨大なコレクションを所有。大航海時代から現代までの海軍の歴史をたどることができる。

Map 別冊P.15-C2　プラド通り周辺

🏠 Paseo del Prado 5　☎915 238 516　⏰火～土10:00～19:00（8月～15:00）　🚫月、1/1・6、5/1、12/24・25・31　💴€3　🚇2号線バンコ・デ・エスパーニャから徒歩2分　🔗 www.armada.mde.es/museonaval

ここがマニアック！
新大陸発見やトラファルガーの海戦など、「太陽の沈まぬ国」といわれたスペインの歴史を実感！

13室に展示されている「フアン・デ・ラ・コサの地図」は、新大陸が描かれた現存する最古の地図

💡 海事博物館では、日本語のオーディオガイド（€2）を借りて見学すると、より理解が深まる。

マドリード Madrid　ちょっとマニアックなミュージアムBest5

121

旧市街の真ん中ソルから タパスをつまみながら マドリードの歴史をたどる

王家ゆかりの修道院や教会を見学したあとは名物タパスがおいしい老舗バルでひと休み。マドリード発祥のエリアを歩く入門コース！

マドリッドの紋章 クマの銅像と記念撮影

TOTAL 4時間

旧市街おさんぽ
TIME TABLE

- 9:30　プエルタ・デル・ソル
  ↓ 徒歩5分
- 10:00　デスカルサス・レアレス修道院
  ↓ 徒歩3分
- 11:00　カサ・ラブラ
  ↓ 徒歩5分
- 11:30　マヨール広場
  ↓ 徒歩3分
- 12:00　ビリャ広場
  ↓ 徒歩7分
- 12:30　サン・イシドロ教会
  ↓ 徒歩5分
- 13:00　メソン・デル・チャンピニョン

1 マドリードの中心広場　9:30
プエルタ・デル・ソル
Puerta del Sol

スペインの真ん中にある「太陽の門」。待ち合わせスポットとしても有名で、マドリード自治政府庁の正面玄関前には0km地点のプレートもある。

Map 別冊P.16-B2

Ⓜ1、2、3号線ソル駅から徒歩すぐ

スペイン広場　Plaza de España

ドンドンドン ドンキー！

旧市街を東西に貫く大通り、グラン・ビアの西端にある緑あふれる広場。中央にはドン・キホーテとサンチョ・パンサの像が建っていて、記念撮影スポットとして人気がある。

Map 別冊P.16-A1

2 16世紀創設の女子修道院　10:00
デスカルサス・レアレス修道院
Monasterio de las Descalzas Reales

33室の礼拝堂で33人の修道女が生活していた。王侯貴族の娘が多かったため、多数の美術品が寄贈され、まるで美術館のようになっている。見学はガイドツアーで。

Map 別冊P.16-A2

🏠 Plaza de las Descalzas 3
☎ 914 548 800　🕐 火〜土 10:00〜14:00、16:00〜18:30、日・祝10:00〜15:00　休月、1/1・6、聖週間、5/1、12/24・25・31　€6
Ⓜ1、2、3号線ソル駅から徒歩5分
URL www.patrimonionacional.es

内部撮影は基本的に禁止

1. 17世紀に描かれたフレスコ画がすばらしい大階段　2. まるで美術館のような豪華な修道院

ここがマドリッドの中心ね！

Opera　Carmen　Preciados
サン・ヒネス　Calle del Arenal　エル・コルテ・イングレス P.140
P.55　Calle los Bordadores　Tetuán　①
P.38　エル・リオハーノ P.133　Sol　クマの像
サン・ミゲル市場　Calle Mayor　マドリード自治政府庁　Carretas
マヨール通り　⑤　⑦　④
旧市庁舎　ボティン P.127　ラス・ファロラス P.55　Calle de Atocha
Toledo　⑥　Tirso de Molina

デスカルサス・レアレス修道院は人数制限があるので、事前にホームページから予約しましょう。（大阪府・花）

Map 別冊P.16-A2～B3

名物は
タラのフライ
€1.50

3 カサ・ラブラ 11:00
1860年創業の老舗バル
Casa Labra

Map 別冊P.16-A2

スペイン社会労働党が誕生した場所として有名な、由緒あるバル。タパスはレジ、飲み物はカウンターで注文。

🏠 Tetuán 12　☎915 310 081
🕐 月～土11:00～15:30、18:00～23:00、日11:30～15:00　休1/1・6、12/24・25　Card A.M.V.　🚇 1、2、3号線ソル駅から徒歩1分
URL www.casalabra.es

4 マヨール広場 11:30
市民の憩いの場
Plaza Mayor

フェリペ3世が1619年に完成させた広場。王家の儀式や宗教裁判などさまざまな行事が行われてきた。周りにはカフェやバルがあり、夜遅くまでにぎわう。

広場中央には
フェリペ3世の
騎馬像が

Map 別冊P.16-A3

🚇 1、2、3号線ソル駅から徒歩5分

スペイン
王国の紋章が
北面中央に

スペイン海軍の
父、アルバロ・
デ・バサン像

5 ビリャ広場 12:00
旧市庁舎が建つ
Plaza de la Villa

広場の西側にある旧市庁舎は、17世紀ハプスブルク朝時代を代表する建物で、ゴヤの傑作も所蔵。南には16世紀のシスネロスの家、東には15世紀のルハーネスの家がある。

Map 別冊P.16-A3

6 サン・イシドロ教会 12:30
マドリードの守護聖人を祀る
Colegiata de San Isidro

17世紀初頭、聖フランシスコ・ザビエルを祀るスペイン初のイエズス教会として建設。中央の主祭壇には腐敗しないという聖イシドロの体が納められている。

Map 別冊P.16-A3

🏠 Toledo 37　☎913 692 037
🕐 毎日8:00～13:00、18:00～21:00（夏期19:00～）※ミサの間は見学不可　料無料
🚇 1、2、3号線ソル駅から徒歩10分

1993年まで
カテドラルと
して使用

ジューシーで
やみつきに
なる味！

1. マッシュルームは€6.20（テーブル席は€7.30）　2. 奥にテーブル席もある

7 メソン・デル・チャンピニョン 13:00
マドリードの名物バル
Mesón del Champiñón

伝統的なメソン（居酒屋）が並ぶカバ・デ・サン・ミゲル通りにある。マッシュルームの鉄板焼きが名物で、夜はオルガン演奏で盛り上がる。

Map 別冊P.16-A3

🏠 Cava de San Miguel 17　☎915 596 790
🕐 12:00～翌1:30（金・土～翌2:00）　休無休
Card A.J.M.V.　🚇 1、2、3号線ソル駅から徒歩5分

旧市街の真ん中ソルからマドリードの歴史をたどる

マドリード Madrid

マドリードでは毎年5月15日に「サン・イシドロ祭」が行われ、大勢の市民がサン・イシドロ教会にお参りする。

おしゃれ女子が集まる話題のチュエカ地区で最新トレンドをチェック☆

フエンカラル通りとオルタレサ通りを中心に、裏道にも個性的なお店が点在するエリア。ショッピング大好き女子なら見逃せない！

お買い物楽しいわ！

TOTAL 4時間30分

チュエカ地区おさんぽ

TIME TABLE
- 13:30 ラ・バラッカ
- ↓ 徒歩10分
- 15:30 モット
- ↓ 徒歩3分
- 16:00 オーク
- ↓ 徒歩3分
- 16:30 ディメ・ケ・メ・キエレス
- ↓ 徒歩2分
- 17:00 ラ・ドゥケシータ
- ↓ 徒歩10分
- 17:30 ラ・イントルサ

1 ランチはパエリャ♪ 13:30
ラ・バラッカ La Barraca

マドリードでいちばん有名な米料理店。パエリャ発祥の地である、バレンシア地方の陶器が飾られた店内もかわいいらしい。

パエリャの注文は2人前から

Map 別冊 P.16-B2
- Reina 29　915 327 154
- 13:30～16:15、20:30～23:45
- 無休　€20～　Card A.D.J.M.V.
- 望ましい
- 1、5号線グラン・ビア駅から徒歩5分
- URL www.labarraca.es

1. バレンシア風パエリャ€15.70
2. 王妃風パエリャ€22（いずれも1人前の料金）

カジュアルもエレガントもおまかせ！

3 16:00
オンリーワンを探すなら
オーク Oak

上質なヨーロピアンカジュアルを楽しめるセレクトショップ。欧州各国から買いつけたレディス＆メンズファッションが揃う。

Map 別冊 P.16-B1
- Belén 7　917 021 401
- 月～金11:00～20:30、土11:00～15:00、16:30～20:00　日・祝　Card J.M.V.　4号線チュエカ駅から徒歩3分

きっとお気に入りが見つかるわ♪

1. レザーパンプス青€213、黄€238
2. 刺繍がかわいいエスニック調ポシェット€68
3. ふんわりとしたラインが女性らしいイギリス製チュニック€229
4. フランス製ワンピース€105

2 おしゃれなセレクトショップ
モット Mott 15:30

フランスやデンマークなどから買いつけた、シンプルでフェミニンなアイテムが揃う。ファッション感度の高いマドリード女子たちにも高評価。

Map 別冊 P.16-B1
- Barquillo 31　913 081 280
- 月～金10:30～20:30、土11:00～15:00、16:30～20:30
- 日・祝　Card J.M.V.　4号線チュエカ駅から徒歩2分

1. レトロなプリント柄のワンピース€155
2. クラフトレザーバッグ€200

フエンカラル通りはセンスのよいブティックが多く、日曜でも営業している店がありました。（長崎県・M.K.）

マドリッ子に愛される伝統の味
老舗レストランの名物料理はコレ！

数々の著名人も通うマドリードの老舗レストラン。古きよき時代のたたずまいを残す店内で、創業以来伝えられてきた味を堪能してみたい！

レストランで役立つミニ会話

日本語（英語）のメニューはありますか？
¿Tienen la carta en japonés (inglés)?
ティエネン・ラ・カルタ・エン・ハポネス（イングレス）

セットメニューはありますか？
¿Tienen menú del día?
ティエネン・メヌー・デル・ディア？

お勘定をお願いします
La cuenta, por favor.
ラ・クエンタ、ポル・ファボール

コシード・マドリレーニョ
Cocido Madrileño
€21
肉やチョリソ、野菜、ヒヨコ豆を土鍋で煮込んだマドリードの郷土料理。最初にスープを、そのあと具を食べる。

じっくりと煮込んだ伝統の逸品

土鍋ひとつで1人前！
スープだけお皿に！
マネジャーのホセ・ルイスさん
冬に食べると体があったまるよ

店内の壁には政治家や俳優など、この店を訪れた著名人の写真がところ狭しと飾られている

Desde 1870

四代にわたって伝統の味を守り続ける

ラ・ボラ　La Bola

マドリードの郷土料理、コシード・マドリレーニョで有名な店。子羊のロースト Cordero Asado など、カスティーリャ料理のメニューも充実している。

Map 別冊P.16-A2　王宮周辺

🏠 Bola 5　📞 915 476 930　🕐 13:00～16:00、20:30～23:00　休日曜の夜（7・8月は土曜の夜と日）
€30～　Card 不可　予不要　🚇 2、5、R号線オペラ駅から徒歩3分　URL labola.es

1. 創業当時と同じ方法で、土鍋と炭火を使って調理している　2. 歴史を感じさせるクラシックな店内

毎日200食から作られる！

126　コシード・マドリレーニョは量が多いので、ひとりは別の料理を注文してシェアするのがおすすめ。（千葉県・みみ）

マドリード Madrid

老舗レストランの名物料理はコレ！

鶏肉と黄身ソースのハーモニー

Pepitoria de Gallina

ペピトリア・デ・ガリーナ
Pepitoria de Gallina
€15

鶏肉を、卵の黄身とアーモンド、サフラン入りのソースで3時間ほどじっくりと煮込んだ店の看板料理。

壁には王族一家の写真も

手間をかけて手作りしています

オーナーのひとりアンパロさん

Desde 1887

内装は創業当時とほとんど変わらない

ロイヤルファミリーも通う家庭料理の店

カサ・シリアコ Casa Ciriaco

オーナー自ら厨房に入り、家庭の味を守り続けている。モツ煮込みのカジョスCallosやリオハ風牛肉の煮込みCarne de Ternera Riojanaもおすすめ。

Map 別冊P.16-A3 王宮周辺

- Mayor 84 ☎915 480 620 ⏰13:00～16:00、20:00～24:00 休水、8月 €30～
- Card D.M.V 予不要
- 🚇2、5、R号線オペラ駅から徒歩7分

ハウスワインはリオハの赤€16

1. かつて貯蔵庫だった地下席は雰囲気満点
2. ヘミングウェイの名作『日はまた昇る』にも登場する由緒ある店内

毎日50匹のブタを焼いてるよ！

コチニーリョ・アサード
Cochinillo Asado
€25（1人前）

生後15～20日ほどの離乳前の子豚を丸ごと焼いたもの。カスティーリャ地方の伝統料理。皮付きのまま切り分けて食す。

Desde 1725

子豚1匹で4人前ある

ヘミングウェイの定席は2階の奥

料理人のフアンさん

豚の丸焼きで有名なぜ世界最古のレストラン

ボティン Botín

旅籠兼居酒屋としてオープン。世界最古のレストランとしてギネスブックで認定されている。アメリカの作家ヘミングウェイが常連だったことでも有名。

Map 別冊P.16-A3 ソル周辺

- Cuchilleros 17 ☎913 663 026 ⏰13:00～16:00、20:00～24:00 休無休 €40～
- Card A.D.J.M.V. 予望ましい 1、2、3号線ソル駅から徒歩10分
- URL www.botin.es

ごくろうさま

Cochinillo Asado

皮はパリパリ、肉はジューシー

「ボティン」では子豚の丸焼きにスープ、パン、飲み物、デザートが付いたセットメニュー€47がお得。

127

肉食女子が夢にまでみた♡
本場のイベリコ豚を食べ尽くせ～！

イベリコ豚ってなに？
スペイン南西部からポルトガル南東部にかけて飼育される、地中海地方原産の黒豚。飼育法やエサにより左下の図のようなランクに分類される。

スペイン人がこよなく愛するイベリコ豚。絶品の生ハムから、がっつり肉料理まで、本場の味を知ったら、やみつきになること間違いなし！

イベリコ豚のランク

- **ベジョータ Bellota**: コルク樫の原生林で放牧されどんぐりを食べて育った豚のうち、規定の基準をクリアしたもので、全体のわずか2%しかない希少品
- **レセボ Recebo**: ベジョータと同様に育てられるが、規定の体重まで達しなかったもの
- **セボ・デ・カンポ Cebo de Campo**: どんぐりのシーズンを外して放牧され、飼料のほか牧草なども食べる
- **セボ・デ・ピエンソ Cebo de Pienso**: 放牧は行わず、厩舎内で飼料のみで飼育される

肉の部位
どんぐりを食べるのはレセボ以上

- ロモ
- プルマ A
- ラガルト E
- ソロミーリョ C
- セクレト B

生ハムの種類

- **ハモン・ベジョータ Jamón Bellota**: 最高級の生ハム。サラマンカ産やハブーゴ産が有名
- **ハモン・イベリコ Jamón Ibérico**: ベジョータ以外のイベリコ豚から作られる生ハム
- **ハモン・セラーノ Jamón Serrano**: おもに白豚の後ろ脚から作られる生ハム

イベリコ豚セレクション

A～Eは上図の「肉の部位」と対応しています！

A プルマ Pluma
ロースかぶりと呼ばれる、肩と背ロースのつなぎの部分。軟らかくジューシーな赤身肉で、スペインでは高級部位として人気。

B セクレト Secreto
スペイン語で「秘密」という意味。わきの内側にある、1頭から600gしか取れない希少な部位。あまりのおいしさに職人たちが内緒で家に持ち帰って食べていたことから、この名がついたともいわれる。

C ソロミーリョ Solomillo
ヒレ肉。軟らかく淡泊。高級部位のひとつ。

D ロモ Lomo
ロース。脂身が少なく、あっさりとしている。

E ラガルト Lagarto
背骨近くにある細長い部位。脂肪が多くこってり。

パリリャーダ・ア・コンパルティール
Parrillada a Compartir
€38（2人前）

プルマ、ソロミーリョ、ロモの炭焼き盛り合わせ（※左の写真とは異なります）
このほか、生ハム€18～、低温調理したセクレトSecreto Cocido a Baja Temperaturaなど

有名生ハムメーカーの直営店
メソン・シンコ・ホタス
Mesón Cinco Jotas

生ハムの最高級ランクである「シンコ・ホタス」をブランド名にしているだけあり、品質は保証付き。モダンな店内で、生ハムとワインだけという利用もOK。

Map 別冊P.17-D3　サラマンカ地区
📍 Callejón de Puigcerdà, s/n Jorge Juan
📞 915 754 125　🕐 13:00～翌1:00
休 無休　card A.D.J.M.V.　予 不要
🚇 4号線セラーノ駅から徒歩5分
URL www.cincojotas.com

1種1切れずつ！　早い者勝ちょ！

最高級の生ハム、ベジョータはスペインでも高級品。日本ではなかなか食べられません。（高知県・優子）

サンタ・アナ広場でバル巡り

サンタ・アナ広場周辺は、たちのお気に入りスポット。入りやすいお店をセレクト！

Girl's eye
ビールの種類が豊富でビール好きにはうれしい。店員さんもフレンドリー

1. イベリコ豚ヒレ肉とブリーチーズのトースト €4.50とサルモレホ€8
2. 地ビールは€3.50〜

テラス席でのんびりしていってね

C ラス・ディエス・タパス・デ・サンタ・アナ
Las 10 Tapas de Santa Ana

赤い外装が広場のなかでもひときわ目を引く、かわいらしいバル。雰囲気のいいテラス席もある。メニューは定番タパスやスペインの伝統的な料理が中心。

Map 別冊P.16-B3 ソル周辺
🏠 Plaza de Santa Ana 10 ☎914 296 000 ⏰10:00〜翌1:00 無休 €10〜 Card M.V. 🚇1、2、3号線ソル駅から徒歩3分

☆何時頃がオススメ？
人が集まり始めるのは、夏は20:00、冬なら19:00頃。スペインの夕食は22:00〜と遅いので、その前にちょっと1杯という人が多い。

☆気を付けることは？
貴重品はホテルに置いて、必要なお金だけ持って出かけよう。バッグは体から離さないように。特に屋外のテラス席は気を付けて。

☆帰りの交通手段は？
地下鉄は深夜1:30（金・土曜の夜は2:30）頃まで運行。特に週末の夜は人通りも多いけれど、あまり遅くなる場合はタクシーが安心。

バル利用 How to → P.33

夜遅くまでにぎわうサンタ・アナ広場

Girl's eye
古めかしい内装がステキ。店のおじさんは一見怖そうだけど、実は親切！

1. 手前からサーモンのカナッペ€4とエビのカナッペ€8、アスパラガス€9、トマトとベルベレチョス貝のサラダ€18

昔ながらの雰囲気を味わって！

D ビニャ・ペー Viña P

闘牛士がよく訪れるバルとして知られ、店内の壁には闘牛の写真やポスターが飾られている。素材のよさを生かしたシンプルなタパスがおいしい。

Map 別冊P.16-B3 ソル周辺
🏠 Plaza de Santa Ana 3 ☎915 318 111 ⏰13:00〜16:30、20:00〜翌0:30 無休 €10〜 Card A.D.M.V. 🚇1、2、3号線ソル駅から徒歩3分

バル巡りのあとはフラメンコ！

まだまだ遊び足りないという人は、フラメンコショーで盛り上がっちゃおう！

歴史に残る名店
E ビリャ・ロサ Villa Rosa

1911年創業、著名人も数多く訪れた老舗のタブラオ。出演者のレベルも高く、約1時間のショーには日替わりで3人のダンサーが登場する。

Map 別冊P.16-B3 ソル周辺
🏠 Plaza de Santa Ana 15 ☎915 213 689 ⏰ショーは20:00〜、22:30〜（6/25〜9/9は日〜木21:00、金・土20:30〜、22:45〜） ※詳細は公式サイトで要確認 12/18・19休 €35（ドリンク付き） Card A.D.J.M.V. 🚇1、2、3号線ソル駅から徒歩3分
URL www.tablaoflamencovillarosa.com

通常、外のテラス席に座ると店内より10％ほど料金が高くなる。

マドリード Madrid / サンタ・アナ広場でバル巡り

ごはんもスイーツもおまかせ♪
マドリードのすてきカフェ、教えます

おすすめTime
- 朝食、軽食
- ランチ
- ティータイム

ヘルシーな朝ごはんが◎なベーカリー系カフェや、伝統スイーツが楽しめるレトロなカフェなど、その日の気分に合わせて上手に使いこなしちゃおう！

オススメMenu
ランチセット €15
バゲットサンドまたはブルスケッタ、ドリンク、スイーツ、コーヒーか紅茶が付いたお得なメニュー Menú

サーモンのブルスケッタ €10.50

ラズベリータルト €5.50

Bakery ベーカリー系

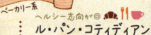

ヘルシー志向が◎

ル・パン・コティディアン
Le Pain Quotidien

ベルギー発のおしゃれなカフェ。できるだけオーガニックな素材を使ったヘルシーなメニューが大人気。再生木材を利用したナチュラルな店内も居心地がいい！

Map 別冊 P.17-C3
サラマンカ地区

🏠 Serrano 27 ☎ 914 354 358 🕐 月～木8:00～22:00、金8:00～23:30、土9:00～23:30、日9:00～22:00 休 無休
Card M.V. 🚇 4号線セラーノ駅から徒歩3分
URL www.lepainquotidien.com

オススメMenu
ブランチ €16.50～
パン、サラダ、ドリンクなどのブランチセット。1日中オーダーできるので軽めのランチや夕食にも◎

オーガニック素材を使ったパンやタルト

朝食メニューが豊富なのもうれしい

おいしいパンならここ！
サンタ・エウラリア Santa Euralia

フランスで修業したオーナーが営むベーカリーカフェ。バゲットはもちろん、ケーキもおいしい。古い建物をそのまま生かした店内は静かでくつろげる。

Map 別冊 P.16-A2 王宮周辺

🏠 Espejo 12 ☎ 911 385 875 🕐 火～日9:30～20:00 休 月
Card M.V. 🚇 2、5、R号線オペラ駅から徒歩3分

Museum ミュージアム系

オススメMenu
ミュージアム・スペシャル・サンドイッチ €10.70
チキンカツとカマンベールチーズが挟んであってボリューム満点！

火～金曜には日替わり定食のメニュー・デル・ディア €15.50もある

オープンテラス席もある
ラス・テラサス・デル・ティッセン Las Terrazas del Thyssen

ティッセン・ボルネミッサ美術館（→P.116）の敷地内にあるカフェレストラン。ガラス張りの店内は明るくモダン。お茶だけの利用もOKなので、アート観賞後のひと休みにぴったり。

Map 別冊 P.15-C2 プラド通り周辺

🏠 Paseo del Prado 8 ☎ 902 760 511 🕐 月12:00～16:00、火～日12:00～18:30 休 1/1、5/1、12/25 Card M.V.
🚇 2号線バンコ・デ・エスパーニャ駅から徒歩5分
URL www.museothyssen.org

「サンタ・エウラリア」は朝ごはんもランチもできるので、滞在中に何度か通いました。（長野県・りんご）

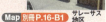

マドリード Madrid
マドリードのすてきカフェ

Sweets スイーツ系
ケーキがおいしい
ママ・フランボワーズ
Mama Framboise

スペインの有名パティシエ、アレハンドロ・モンテスによるスイーツが評判。アンティーク風の店内も落ち着ける。サンドイッチやキッシュなど軽食メニューも充実。

Map 別冊P.16-B1　サレーサス地区

🏠 Fernando VI 23
☎ 913 914 364
🕐 月〜金9:00〜21:00、土・日・祝10:00〜21:00
Card A.M.V.
🚇 5号線チュエカ駅から徒歩5分

Delicatessen デリ系
スペイン王室御用達
マヨルカ Mallorca

1931年創業のデリカテッセン&パティスリー。広い店内に総菜やスイーツ、高級グルメ食材が並ぶ。カフェを併設していて、ケーキセットやサンドイッチも食べられる。

Map 別冊P.17-C3　サラマンカ地区

🏠 Serrano 6　☎ 915 771 859
🕐 毎日9:00〜21:00　Card A.M.V.
🚇 2号線レティーロ駅から徒歩3分
🌐 www.pasteleria-mallorca.com

オススメMenu
ケーキセット €6
17:00〜21:00限定のお得なセット。ケーキとカバ（スパークリングワイン）とのセットは€7

お好きなケーキを選んでね♪

チョコレート詰め合わせ各€10

クロワッサンサンドなどの軽食も

オススメMenu
ケーキ&カフェ
フランボワーズ、キャロット、リンゴなどケーキ各種€3.95〜、カフェ・コン・レチェ€1.75

Traditional 伝統系

1839年創業の内装がステキ
ラルディ Lhardy

2階にある王族も通ったという美しいレストランを含め、創業当時のクラシカルな姿がそのまま残されている。1階のショップでは、伝統菓子のほか、サンドイッチやグルメ総菜のイートインも可能。

クラシックな店内も一見の価値あり！

Map 別冊P.16-B2　ソル周辺
🏠 San Jerónimo 8　☎ 915 213 385
🕐 月〜土9:00〜22:00、日10:00〜15:00　休 無休　Card M.V.
🚇 1、2、3号線ソル駅から徒歩2分
🌐 lhardy.com

オススメMenu
ケーキ&カフェ
ケーキ各種€3.50（午後€4.50）、カフェ・コン・レチェ€1.70（午後€2.20）

素朴な伝統スイーツ
エル・リオハーノ El Riojano

王妃マリア・クリスティーナの菓子職人が1855年に創業した老舗パティスリー。店舗奥のカフェでは、スペインマダムたちが優雅にティータイムを楽しむ。

クリスマスのお菓子、ロスコン・デ・レジェス€3.20〜

Map 別冊P.16-A2　ソル周辺
🏠 Mayor 10　☎ 913 664 482　🕐 月〜金10:00〜14:00、17:00〜21:00、土・日・祝10:30〜14:30、17:30〜21:00（€6から）
🚇 1、3号線ソル駅から徒歩1分　🌐 www.confiteriaelriojano.com

オススメMenu
伝統菓子&カフェ
ポルボロンをはじめ、お菓子はすべて量り売り（1個€1.80程度）、エスプレッソ€2

「マヨルカ」は東京の二子玉川とたまプラーザにも出店している。🌐 www.pasteleria-mallorca.jp

133

1. 新作ラインのサンダル「フィス」€99 2. ショートブーツ「カロリナ」€170 3. フラットシューズ「ツインズ」€130

Shoes

カンペールのホテル→P.102

Camper
カンペール

Brand Story

130年以上、4世代にわたり靴産業に関わっている一家の息子ロレンソ・フルーシャが1975年に設立。ユニークなデザインが人気。

Map 別冊P.17-C3 サラマンカ地区

🏠 Serrano 24 ☎ 915 782 560 🕐 月～土10:00～20:00、日12:00～20:00 🚫無休 **Card** A.D.J.M.V. 🚇4号線セラーノ駅から徒歩3分 **URL** www.camper.com
🏠 バルセロナ店：Rambla de Catalunya 122 **Map** 別冊P.9-C2

1. 最新作の「アベニュー」€890
2. 柔らかなナパレザーを使った「フラメンコ」€1300 3. トートタイプの「Tショッパー」€990
4. ロエベのアイコンバッグ「アマソナ」€2100

履きごこち抜群！

Bags

老舗の高級皮革店

Loewe
ロエベ

Brand Story

1846年マドリードでスペイン人職人が創業。その後ドイツ人職人エンリケ・ロエベが工房を引き継ぎ、1905年から王室御用達に。

Map 別冊P.17-C3 サラマンカ地区

🏠 Serrano 34 ☎ 915 776 056 🕐 月～土10:00～20:30、日・祝11:00～20:00 🚫無休 **Card** A.D.J.M.V. 🚇4号線セラーノ駅から徒歩1分 **URL** www.loewe.com 🏠バルセロナ店：→P.77

日本より安いわ！

レディス、メンズとも日本未入荷の商品もあるので要チェック！

憧れのスペインブランドを狙うならセレブ御用達

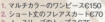

Clothes

上質で個性的なライン

Adolfo Dominguez
アドルフォ・ドミンゲス

Brand Story

1950年代に父が仕立屋を開き、1973年には本人もショップを開店。その後技術と流行を研究して評判に。1985年にはパリコレ進出。

Map 別冊P.17-C3 サラマンカ地区

🏠 Serrano 5 ☎ 914 362 600 🕐 月～土10:00～21:00、日12:00～20:00 🚫無休 **Card** A.D.J.M.V. 🚇2号線レティーロ駅から徒歩5分 **URL** www.adolfodominguez.com 🏠バルセロナ店：Pg. de Gràcia 32 **Map** 別冊P.9-D3

1. マルチカラーのワンピース€150
2. ショート丈のフレアスカート€70
3. ノースリーブのトップス€75
4. ショルダーバッグ€90

134 「アドルフォ・ドミンゲス」の4階にはカフェがあり、買い物途中の休憩にぴったり。(千葉県・nao)

マドリードの最旬エリア
個性派アイテムを探すならここへ！
サレーサス地区でおしゃれパトロール

インディペンデント系のおしゃれなショップ、バルなどが次々にオープンして注目を集めているのが、チュエカ地区（→P.124）の東側にあるサレーサス地区。閑静な街並みをおさんぽしながら、みんなの目を引くアイテムをゲットしよ♪

ショップクルーズが楽し～♪

1. スペイン王妃もご愛用
Malababa
マラババ

スペイン製の上質な革を使った、オリジナルデザインのバッグや靴が人気。美しいラインのパンプスは歩きやすく通勤にもおすすめ。

1. 職人が手作りしたショルダーバッグ €370
2. 鮮やかな黄色のバッグ €210
3. ツートーンカラーのパンプス €200

まんまるフォルムがラブリー♪

Map 別冊P.16-B1　サレーサス地区
🏠Santa Teresa 5　☎912 035 951　⏰月～木10:30～20:30、金・土10:30～21:00、日11:00～20:00　🎌祝 Card M.V.　🚇4、5、10号線アロンソ・マルティネス駅から徒歩2分　URL www.malababa.com

かわいいがいっぱい！
Ropa Chica
ロパ・チカ

マドリード生まれのカジュアルブランド。「キュートでシンプル、着心地がよい服」をコンセプトにマドリードとパリに直営店をもつ。

Map 別冊P.16-B1　サレーサス地区
🏠Campoamor 6　☎918 274 648　⏰11:00～20:00　🎌日・祝 Card M.V.　🚇4、5、10号線アロンソ・マルティネス駅から徒歩3分　URL www.ropachica.com

真っ赤なドレスで女っぷりUP！

1. イタリア製生地を使用 €62.50
2. チェックのシャツ €65
3. ショートパンツ €47.50

レアアイテムも手に入る
Sol & Rol
ソル・アンド・ロール

マドリードの女性デザイナー、ビジャモールによる服と小物などを販売。サレーサス地区らしい上品なオリジナリティに定評がある。

大胆な配色のワンピで目立っちゃお！

Map 別冊P.16-B1　サレーサス地区
🏠Campoamor 4　☎629 492 550　⏰11:00～20:00　🎌日・祝 Card M.V.　🚇4、5、10号線アロンソ・マルティネス駅から徒歩5分

1. ニットワンピース €228
2. イビサ島のエスパドリーユ €118
3. モロッコ製バブーシュ €74

ごはんタイムはココ！
Lady Madonna
レディ・マドンナ

広めの店内とテラス席があり、ランチや軽食、スイーツと、1日中利用できるのがうれしい。モヒートなどカクテルも充実している。

1. ボリューム満点のハンバーガー €12.80
2. ブリオッシュのトリハ（フレンチトースト）€4.50

Map 別冊P.16-B1　サレーサス地区
🏠Orellana 6　☎915 024 182　⏰12:00～24:00（木～翌1:00、金・土～翌2:00）　🎌無休 Card M.V.　🚇4、5、10号線アロンソ・マルティネス駅から徒歩1分　URL www.ladymadonnarestaurante.com

サレーサス地区は街並みもきれいで、女性ひとりでも安心して歩けました。（熊本県・くまもん）

Barrio de las Salesas

4 Abarca
アバルカ

自然素材で履き心地抜群

Map 別冊P.15-C1　サレサス地区

- Almirante 8
- 911 763 472
- 11:00～14:30、17:00～20:30
- 日・祝
- Card A.J.M.V.
- 4号線チュエカ駅から徒歩3分
- URL www.abarcashoes.com

スペイン南東部ムルシアにあるエスパドリーユメーカー。店舗は小さいが、マドリード唯一の直営店で、人気のデザインが揃う。

1. サンダル€95
2. メンズのスニーカーは彼へのおみやげに€85

有名アーティストとの限定コラボ！

街路樹の緑もキモチいい

Alonso Martínez / Serrano / Calle de Genova / Calle de Fernando VI / Pelayo / Chueca / Gravina / Figueroa / Calle del Almirante / Calle de Prim / レコレータス通り

裁判所 Palacio de Justicia
Calle de Bárbara de Braganza

0 100m

---

5 Apivita Flagship Store
アピヴィータ・フラッグシップストア

ギリシア発の自然派コスメ

Map 別冊P.15-C1　サレサス地区

- Conde de Xiquena 6
- 915 212 074
- 10:00～20:30
- 日・祝
- Card M.V.
- 4号線チュエカ駅から徒歩4分
- URL www.apivita.com

5500種のハーブやエッセンシャルオイルを使うなど、天然成分にこだわっている。旅行中に便利なスキンケアの使い切りパックも。

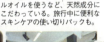

1. ザクロのボディミルク€13
2. フェイススクラブ各13
3. トラベルセット€19.75

---

8 BDJ
ベー・デー・ホタ

ごはんタイムはココ！ 泡好き女子にうれしい♪

1. イベリコ豚の生ハム€12.50
2. ボカディーリョは14種類

Map 別冊P.16-B1　サレサス地区

- Fernando VI 21
- なし
- 13:00～15:30、19:30～24:00
- 月の昼、日
- Card M.V.
- 4、5、10号線アロンソ・マルティネス駅から徒歩5分
- URL bdej.es

ボカディーリョ（スペイン風サンドイッチ）とシャンパンが楽しめる小さなバル。スペイン産スパークリングワインのカバも€3.50～。

---

6 Defloresyfloreros
デフローレス・イフローレス

おしゃれ好きは要チェック！

1. 色合いが鮮やかなミュール€115
2. 大人っぽいゼブラ柄€125
3. 黄色のフリンジがキュート€125
4. クラシックなデザインがすてき€125

個性的なカットや華やかな刺繍の靴は、安心をくすぐること間違いなし。素材、デザイン、生産とも100％メイド・イン・スペイン。

Map 別冊P.15-C1　サレサス地区

- Almirante 16
- 645 954 547
- 11:00～20:30
- 日・祝
- Card M.V.
- 4号線チュエカ駅から徒歩4分
- URL www.defloresyfloreros.com

特別な日に履きたいメタリック色！

サレサス地区の裁判所前の広場で、毎月第1土曜日に「サレサス・ビレッジ」というマーケットが開催される。

マドリード　サレサス地区でおしゃれパトロール

職人たちが一つひとつ手作り

カラフルなセビーリャ焼の時計。置き時計としても壁掛けとしても使える
€33.80 C

白に青の絵付けが特徴的な「サルガデロス」のカップ&ソーサー
€20.50 B

世界中で愛されている定番商品「かわいいお祈り」。出産祝いのギフトにも◎。高さ14cm
€110 A

ベラスケスの名画『ラス・メニーナス』をかたどった陶器の人形
€100 B

Ceramic & Porcelain

プチプラ雑貨から マドリードおみ

バラマキにぴったり 旅の思い出にしたい おみやげ探しに◎な

濃いブルーが印象的！
€98

インテリアの飾りとしても使える「サルガデロス」の水差し

世界的なアートイベント「カウパレード」のカラフルな牛のオブジェ
€89.95 D

鮮やかな色合いのバレンシア焼きは飾り皿として。もちろん料理にも！
€37.40 C

フラメンコをモチーフにした人気商品「スペインの心」。美しいフォルムが印象的。高さ42cm
€530 A

スペインだけの地域限定品

陶磁器を日本に持ち帰る
お店でも梱包してくれるけど、デリケートな商品は機内持ち込み手荷物にしたほうが安心。スーツケースに入れる場合は衣類などに包んでしっかりとパッキングを。また、日本への配送（有料）を行っている店もある。

A スペインが誇るポーセリンアート
リヤドロ Lladró

芸術品ともいえる磁器人形は、世界中にファンも多い。みやげ物店などでも扱うが、ここは直営店なので品揃えが豊富。

Map 別冊P.17-C2　サラマンカ地区

🏠Serrano 76　☎914 355 112　🕐月～土10:00～20:00　休日・祝　Card A.D.J.M.V.　🚇4号線セラーノ駅から徒歩8分　URL www.lladro.jp　⑧バルセロナ店：Pg. de Gràcia 101　別冊P.9-D2

B 便利な立地のみやげ物店
アルテスティーロ Artestilo

トレドの象眼細工、ガリシア地方に工房をもつ「サルガデロス」の磁器、マヨルカの真珠など、スペインの工芸品が揃う。

Map 別冊P.15-C2　プラド通り周辺

🏠Paseo del Prado 12　☎914 296 646　🕐月～土10:00～20:30　休日・祝　Card A.D.J.M.V.　🚇2号線バンコ・デ・エスパーニャ駅から徒歩8分　URL www.artestilo.com

C スペイン中の陶器が揃う
カンタロ Cántaro

日常生活で使用できる陶器が多く、値段も手頃。地下には壺のコレクションがある。本書を見せると10%割引になる。

Map 別冊P.16-A1　グラン・ビア周辺

🏠Flor Baja 8　☎915 479 514　🕐10:00～14:00、17:00～21:00（土～20:00）　休日・祝、8月の第2週～8月末　Card J.M.V.　🚇3、10号線プラサ・デ・エスパーニャ駅から徒歩3分

「アルテスティーロ」の2階フロアには、お手頃価格の陶器がたくさんありました。（佐賀県・マオ）

Fashion

各 €10 B

「サルガデロス」の魔除け用ペンダントトップは皮ヒモ付き

€19.80 B

トレドの伝統工芸品である象眼細工をペンダントヘッドに使用

€6.95

伝統的なデザインのシンプルなアルパルガタは好みの色を選んで

マドリードおみやげ探し大作戦☆

Madrid

€17.90 E

これで闘牛を観に行きたい？ 真っ赤な闘牛ワッペン付きTシャツ

アートな陶器まで
やげ探し大作戦☆

のお手頃アイテムも、とっておきの逸品も。ショップをご紹介！

それぞれの形に意味があるよ！

€20 F

夏のファッションにぴったりの、カラフルな厚底アルパルガタ

Kitchen

€6.95 D

浮き輪型のワインクーラーでホームパーティーを楽しく演出

€5 E

ハグするような形がかわいいソルト＆ペッパー入れ

€5.90 E

フラメンコギターのシルエットが楽しい栓抜き

醤油さしにしてもグッド！

各 €4.50 E

フラメンコダンサーとドン・キホーテをかたどったワインコルク栓

€28 B

キュートな陶器のオリーブオイル＆ビネガー入れ

D ポップなデザイン雑貨が揃う
オーツー・ライフスタイル・ゾーン
O2 Lifestyle Zone

スペインをはじめ、ヨーロッパのデザイナーたちが手がけた雑貨を扱う。カラフルな店内は見ているだけでも楽しい！

Map 別冊 P.16-A2　ソル周辺

🏠 Carmen 14　☎ 915 324 683　🕐 月～土 10:15～21:30、日・祝 11:30～20:30
💳 J.M.V.　🚇 1、2、3号線ソル駅から徒歩2分

E お手頃雑貨から伝統工芸品まで
マドリード・スーベニールス
Madrid Souvenirs

マドリードのロゴ入りのベタなTシャツから、リヤドロやサルガデロスの磁器まで、スペインのおみやげが勢揃い。

Map 別冊 P.16-A2　王宮周辺

🏠 Carlos III 1　☎ 915 419 584　🕐 毎日10:00～22:00
💳 A.J.M.V.　🚇 2、5、R号線オペラ駅から徒歩1分

F アルパルガタの老舗
カサ・エルナンデス
Casa Hernandez

ジュート麻とキャンバス地で作る伝統的なサンダル、アルパルガタ（エスパドリーユ）は色、デザインとも種類が豊富。

Map 別冊 P.16-A3　ソル周辺

🏠 Toledo 18　☎ 913 665 450　🕐 月～金 9:00～13:30、16:30～20:00、土 10:00～14:00
日・祝休　💳 J.M.V.　🚇 1、2、3号線ソル駅から徒歩8分

「カンタロ」はスペイン各地から商品を仕入れるため、本書に掲載されている商品と同じものがいつもあるとは限らない。

139

「エル・コルテ・イングレス」で見つけた！
€5以下のプチプラみやげ＆ちょいリッチみやげ

スペイン各地にあって、何でも揃う大手デパート「エル・コルテ・イングレス」は旅行者の強い味方！ なかでもスーパーはおみやげの宝庫なんです♪

SWEETS&SNACKS
おみやげに、旅のおともに お菓子＆スナック

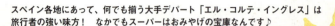

トゥロン €4.20
クリスマスに食べるスペインの伝統菓子、アーモンドのヌガー。ベーシックなヒホナ（右）とアリカンテ（左）

詳細は…→P.60

チュッパチャプスはスペイン生まれ！ €1.84
本社工場はバルセロナにあり、スペインでは知らない人がいないくらい有名なキャンディ。ひな菊をモチーフにしたロゴはダリ（→P.106）がデザインしたもの。青リンゴ、イチゴ、コーラ、イチゴミルクの4種類のフレーバー入り

読者イチオシ！
特にパプリカ味がお気に入り。クセになる味で、食べ始めたら止まらなくなる！
（東京都・ミカ）

ポテトチップス €2.02
おなじみプリングルズのスペイン限定フレーバー、生ハム味（右）とパプリカ味（左）

チョコレート €1.70 / €1.68
スペインの大手チョコレートメーカー、バロールのノンシュガーチョコ。オレンジ風味やブラックなど種類も豊富

豚皮スナック €0.59
豚の皮を揚げたコルテサス・デ・セルド・フリータは、スペインではポピュラーなスナック

読者イチオシ！
カリカリ、パフパフした食感がやみつきに。これをつまみに飲むとビールが進む！
（スペイン在住・ひろこ）

賞味期限はどう見るの？
パッケージに印刷されている「Consumir antes de」のあとに続く日付を見よう。スペインでは、日、月、年の順に表記するので、「01/12/21」とあれば、「2021年12月1日」までという意味。

こちらも CHECK!

ちょいリッチなおいしいもの満載
グルメ・エクスペリエンス
Gourmet Experience

「エル・コルテ・イングレス」のカリャオ店とセラーノ店（→P.41）の最上階にある、グルメ食品を集めたコーナー。ワイン、お菓子、食材など、ちょっと高級で質のよいものが揃っていて、おみやげ探しに最適。また、しゃれたバルやフードコートもあり、買い物と食事が同時に楽しめる。

フードコートも充実！

Map 別冊P.16-A2 カリャオ店
Plaza de Callao 2 913 798 000 月～土10:00～22:00 日・祝 Card A.D.J.M.V.
3、5号線カリャオ駅から徒歩1分

トマトのジャム €4.95
サンタ・パウラ修道院の手作りジャム。レモン、グレープフルーツ、アンズなどもある

マドリード Madrid

スペイン最大手のデパート
エル・コルテ・イングレス
El Corte Inglés

化粧品から衣類、日用品まで何でも揃って便利。スーパーは地下。また通りを挟んで向かいには書籍館とオーディオ館がある。

Map 別冊P.16-A2 ソル店

- Preciados 3　913 798 000
- 月〜土10:00〜22:00、日・祝11:00〜21:00
- 1/1・6、5/1、12/25
- Card A.D.J.M.V.
- ①、2、3号線ソル駅から徒歩1分
- URL www.elcorteingles.es
- バルセロナ店：→P.101

€5以下のプチプラみやげ＆ちょいリッチみやげ

エル・コルテ・イングレス活用術
- 街なかに公衆トイレが少ないスペイン。買い物ついでにトイレを済ませておこう。
- 地元の名産品などを集めたコーナーがあるので（1階にあることが多い）、おみやげ選びに迷ったらここへ。
- マドリードやバルセロナなど大型店には、最上階にレストランやカフェテリアがあり、ひとりでも気軽に利用できて便利。

レジでの支払い方法は→P.101

FOODS & DRINKS
スペインの味をおうちで
食材＆ドリンク

アングラスの缶詰 €1.99
白身魚のすり身から作った、高級食材アングラス（ウナギの稚魚）の模造品

読者イチオシ！
ハチミツのほのかな甘みがいい感じ。安眠効果があるといわれるので、寝る前に飲んでます（岩手県・Yuka）
€1.82

ハーブティー
リラックス効果があるマンサニーリャ（カモミール）のハチミツ入りティーバッグ

ビンチョウマグロの缶詰 €2.49
そのまま食べてもサラダに使ってもおいしい。レトロ感のあるパッケージもかわいい！

イカの墨煮 €2.48
バスク地方の名物料理。ソースをパンにつけて、またはバターライスを添えて食べるのがスペイン流

マテ貝の缶詰 €3.05
ナバハス（スペイン語でナイフの意味）と呼ばれるマテ貝を塩ゆでにしたもの

ボケロネス €1.99
バルの定番タパ、カタクチイワシの酢漬け。ニンニク風味で、ワインのつまみにぴったり

読者イチオシ！
プシュッとひと押しするだけで、適量のオイルをむらなくかけられる。酸化も防げて◎（静岡県・タミー）

オリーブオイル €2.76
スプレータイプのオーガニック・バージンオリーブオイル。サラダや料理にそのまま吹きかけて使えるので便利

カップ焼きそば €1.59
日本企業とコラボしている「Yatekomo」。ソース味のクラシック、ポリョ（チキン）、カルネ（牛肉）の3種類

ファバーダ・アストゥリアナ €3.15
白インゲン豆とソーセージを煮込んだアストゥリアス地方の料理。温めるだけで食べられる

バンデリージャの缶詰 €1.81
おつまみにぴったりのオリーブ、赤ピーマン、ミニ玉ネギの串刺し。レトロな缶がかわいい

ラビトスロワイヤル（いちじくチョコ） €8.75
ドライいちじくにブランデー風味のチョコクリームを詰め、さらにチョコでコーティング。8個入り

ポテトチップス €2.95 / €2.75
黒トリュフ風味（下）と有名シェフプロデュースのビネガー＆パプリカ味（右）

読者イチオシ！
高級感のあるパッケージで、個別包装なのも◎。日本へのおみやげに喜ばれます！（京都府・たかこ）

パカリチョコレート €14.35
エクアドル産オーガニックチョコ。ローズ、レモンバーベナ、パッションフルーツ、ピンクソルトの詰め合わせ

「エル・コルテ・イングレス」はマドリード市内に約20店舗、またバルセロナには6店舗ある。

ロケーションが便利なマドリードのおすすめホテル

おしゃれで快適な滞在ができる
Only You Hotel Atocha
オンリーユー・ホテル・アトーチャ

アトーチャ駅の脇に位置する、レトロモダンなデザインが印象的な4つ星ホテル。眺めのよい最上階のレストランで取る朝食は内容も充実。1階にはケーキが人気のカフェ「ママ・フランボワーズ」(→P.133)の支店がある。

ここがおすすめ! 列車を利用する場合はもちろん、空港バス乗り場やプラド美術館へも歩いて行けて便利。

高級感のあるアメニティ♪

1. 大きな書棚が目を引くロビー。奥にはレストランも
2. レセプションに置かれた無料の水とお菓子
3. エキゾチックな香りのアメニティ
4. れんがの壁や木の床がぬくもりを感じさせる
5. 屋上テラスでマドリードの街を眺めながら朝食を

Map 別冊P.15-D3 アトーチャ駅周辺

- Paseo de la Infanta Isabel 13　☎914 097 876
- S €120〜195　W €130〜240 (Wi-Fi無料)
- Card A.D.M.V.　204室　1号線アトーチャ駅から徒歩1分
- www.onlyyouhotels.com

シックな空間でくつろぐ
Radisson Blu Madrid Plado
ラディソン・ブルー・マドリード・プラド

20世紀初頭に建てられたアパートを、スペイン人女性デザイナーが、モダンクラシックをコンセプトに改装。オリジナルのソファやこだわりのアメニティなど、きめ細やかな演出と心遣いで旅の疲れを癒やしてくれる。

1. グリル料理が自慢のレストラン
2. 各部屋にはマドリードを象徴する場所がモノトーンでデザインされている
3. アメニティはオーガニックコスメのアンヌ・セモナン
4. エントランススペースは夜になるとしゃれたバルに様変わりし、セレブな雰囲気に包まれる
5. スパも完備

アメニティはフランス製

ここがおすすめ! 居心地のいい部屋でゆったりくつろげる。スパのメニューが充実しているのもうれしい!

Map 別冊P.15-C3 プラド美術館周辺

- Moratin 52　☎915 242 626　FAX 913 697 371
- SW €151〜304 (Wi-Fi無料)　Card A.D.M.V.
- 54室　1号線アトーチャ駅から徒歩6分
- www.radissonblu.com

「オンリーユー・ホテル・アトーチャ」の朝食は、種類が豊富でおいしくて大満足でした!(長野県・春美)

観光にミュージアム巡りにショッピング……いろいろ楽しみたいアクティブ女子のために、快適なホテルからリーズナブルなゲストハウスまで、選りすぐりの宿をご紹介！

パッケージがユニーク！

マドリード Madrid
マドリードのおすすめホテル

女性に人気のブティックホテル
Room Mate Laura
ルームメイト・ラウラ

Map 別冊P.16-A2　ソル周辺

世界14都市でデザインホテルを展開していて、マドリードには4軒。旧市街の中心にありながらも静かで、落ち着いて滞在できる。

▲Travesia de Trujillos 3　☎917 011 670　⑮⑯€77〜329（Wi-Fi無料）　Card A.D.M.V.　⊡37　⊠2、5、R号線オペラ駅から徒歩3分　URL room-matehotels.com

ここがおすすめ！
繁華街にあり、観光や買い物にも便利。最上階にあるドリンクバーとフルーツは無料！

1. ロビーは赤で統一　2. ホテルオリジナルの「ワビサビ」アメニティ　3. 部屋によって広さや内装が異なり、デュプレックスタイプの客室もある

スタイリッシュな憩いの空間
B&B Fuencarral 52
B&B フエンカラル52

おしゃれなショップが並ぶフエンカラル通りにある。入口のドアは呼び鈴を押して開けてもらうシステムなので、セキュリティも安心。

Map 別冊P.16-B1　チュエカ地区

▲Fuencarral 52　☎912 787 962　⑮€75.60　⑯€84〜113（Wi-Fi無料）　Card M.V.　⊡44　⊠1、10号線トリブナル駅から徒歩3分　URL www.hotel-bb.es

1. シンプルで機能的な客室　2. 最上階のドリンクスペースは24時間利用できる　3. 眺めのよい屋上テラス

ここがおすすめ！
ミニキッチン付きなので（調理器具や食器のレンタルは別料金）簡単な料理もできる！

節約派におすすめのアットホームな宿

なるべく安く泊まりたいけど、清潔さと安全面はゆずれない！そんな女子にぴったりの宿をご紹介。

日本人が経営する宿

なんでも聞いてくださいね

1. 20年以上ここで宿を経営する中西さん夫妻　2. オスタルのある建物　3. シンプルで居心地のよい客室。シャワーとトイレは共同　4. 外には日本語で看板が出ている

Hostal Árbol del Japón
アルボル・デル・ハポン

日本語でいろいろ相談できるのがうれしい。冷蔵庫や洗濯サービス（有料）もあり、PCの使用は30分€1。部屋数が少ないので、必ず電話かメールで予約を。

Map 別冊P.16-A3　ソル周辺

▲Conde de Romanones 10-1˚D　☎913 693 194　⑮€28、⑯€49（税込み、Wi-Fi無料）　Card 不可　⊡9　⊠1号線ティルソ・デ・モリーナ駅から徒歩2分　URL arboldeljapon.com

インテリアがキュート

日本人の方ウエルカムです！

1,2. ピンク、イエロー、ブルーなどおしゃれにコーディネートされた客室　3. 看板には「Hostal Adria」と表示されているので注意　4. オーナーのアルベルトさん

Hostal Adriano
アドリアーノ

22室ある客室はすべてインテリアが異なるので、予約の際にウェブでチェックして。近くには同系列の「オスタル・アドリア・サンタ・アナ」もある。

Map 別冊P.16-B3　ソル周辺

▲Cruz 26-4˚　☎915 211 339　FAX 915 232 701　⑮€51〜77、⑯€61〜77（税込み、Wi-Fi無料）　Card M.V.　⊡22　⊠1、2、3号線ソル駅から徒歩2分　URL www.hostaladriano.com

ホテルの料金は日によって変動するので、ホテルのホームページやホテル予約サイトでチェックしよう。　143

マドリードからの日帰り旅 ❶
白雪姫のお城と水道橋がある
世界遺産 セゴビアへ絶景を見に行く！

旧市街全体が世界遺産に登録されているだけあって、どこを見ても絵になるセゴビア。ディズニー映画『白雪姫』のモデルになったといわれる城をはじめ、絶景スポットがたくさん！

📷 ＝絶景ポイント

断崖の上にお城がそびえる

セゴビアの歴史
紀元前にローマ人によって築かれた。西ゴート族とイスラム教徒に占領されたあと、12世紀にカスティーリャ王国の王宮がおかれ、1474年にはイサベル1世がカスティーリャ女王に即位するなど、歴史の重要な舞台となった。

町の西側にある遊歩道から撮影したアルカサル。ここから見るのがいちばんきれいだけれど、ひと気のない山道なのでひとり歩きは避けて！
Map 別冊 P.12-A3 ⓐ

セゴビアの ℹ️
Map 別冊 P.12-B3
🏠 Plaza del Azoguejo 1
☎ 921 466 724
🕙 10:00〜19:00（冬期〜18:00）
🔗 www.turismodesegovia.com

Map 別冊 P.2-B2

セゴビアへのアクセス
🚆 マドリードのチャマルティン駅から高速列車AvantまたはAlviaで約30分、毎日1〜2便運行、片道€12.90〜。セゴビアAV駅からは、30分〜1時間おきに運行している11番のバスに乗り、終点のアソゲホ広場まで15分。
🚌 マドリードのモンクロア・バスターミナル（地下鉄6号線Moncloa駅と接続）からAvanza社（🔗 www.avanzabus.com）のバスで1時間15分、30分〜1時間おきに運行、片道€5.50。

Start!
13:00 アソゲホ広場からスタート！

広場の北側にある見晴台から撮影すると奥行きのある写真になる
Map 別冊 P.12-B3 ⓑ

旧市街の入口アソゲホ広場には、ローマ人によって紀元1世紀頃に築かれた水道橋がそびえる。全長728m、高さ28m、166のアーチをもつ堂々とした姿は圧巻！

ローマ水道橋 Acueducto Romano
Map 別冊 P.12-B3

ここがいちばん高いよ！

広場の真ん中から見上げるようにして撮るのも迫力がある！
Map 別冊 P.12-B3 ⓒ

徒歩すぐ

144

セゴビア Segovia

白雪姫のお城と水道橋があるセゴビアへ絶景を見に行く！

16:00 ゴールは『白雪姫』のお城！

ラ・ベラ・クルス教会の前から。アソゲホ広場からタクシーを使うと€5程度
Map 別冊P.12-A3 f

ローマ時代の砦の跡に、12世紀以降カスティーリャ王国の宮殿として建設。1570年にはフェリペ2世がアナ・デ・アウストゥリアと結婚式を挙げるなど、数々の歴史の舞台となった。

アルカサル Alcázar
Map 別冊P.12-A3
☎921 460 759
⏰10:00～20:00（11月～3月～18:00）休1/1・6、12/25 €5.50、塔は別途€2.50 URL www.alcazardesegovia.com

天井が美しい「ガレー船の間」

徒歩約15分

下にある橋からアルカサルを見上げる。昼間は逆光になるので、夕方が◎
Map 別冊P.12-A3 g

アルカサルへと続く道にはみやげ物屋がいっぱい！

おみやげに子豚の貯金箱はいかが？

ポンチェはひとつ€3

15:15 セゴビア銘菓でおやつタイム♪

マヨール広場の入口にあるパティスリー兼カフェ「リモン・イ・メンタ」でひと休み。カスタードクリームをスポンジ生地で挟んだポンチェPoncheを試してみて。

リモン・イ・メンタ Limón y Menta
Map 別冊P.12-B3
📍Isabel la Católica 2
☎921 462 141 ⏰9:00～20:30 無休 Card M.V.

アルカサルの塔の上から、旧市街の町並みと一緒にパチリ
Map 別冊P.12-A3 e

塔の高さは90mある！

14:45 旧市街の中心マヨール広場へ

マヨール広場から見ると、貴婦人がスカートを広げたようなシルエットがきれい！
Map 別冊P.12-B3 d

カフェが並ぶ広場の西側に建つのが、18世紀に完成した大聖堂。スペイン最後のゴシック様式で、その優美な姿から「カテドラルの貴婦人」と呼ばれる。

カテドラル Catedral
Map 別冊P.12-A3
☎921 462 205 ⏰毎日9:00～21:00（11～3月～18:30）€3

徒歩約15分

アソゲホ広場からは、にぎやかな商店街を歩いて

13:30 ランチは子豚の丸焼き！

セゴビアの名物料理は、生後間もない子豚を丸焼きにしたコチニーリョ・アサード Cochinillo Asado。アソゲホ広場にある老舗レストラン「メソン・デ・カンディド」で味わってみて！

メソン・デ・カンディド Mesón de Cándido
Map 別冊P.12-B3
📍Plaza del Azoguejo 5
☎921 425 911 ⏰13:00～16:30、20:00～23:00 無休 Card A.D.J.M.V.

こんガリ焼けたよ～

ブゥ～

子豚の丸焼き（手前）は1人前€23

145

マドリードからの日帰り旅 ❷
ドン・キホーテのふるさと
ラ・マンチャで風車の村を巡る

風車の村として知られるコンスエグラ

マドリードの南に広がるラ・マンチャ地方は、小説『ドン・キホーテ』の舞台となったところ。青い空をバックに白い風車が並び、スペインらしい風景に感動しちゃうこと間違いなし！

@カンポ・デ・クリプターナの風車の丘

@プエルト・ラピセの looks ドン・キホーテ

@エル・トボソの村の広場

→ ワシかな ドン・キホーテじゃ！

ドン・キホーテを探せ！
ラ・マンチャ地方にはドン・キホーテの像やモチーフがあちこちに。さあ、いくつ見つかるかな？

ラ・マンチャへのアクセス＆巡り方

アルカサル・デ・サン・フアンでタクシーをチャーターするのが便利。料金は6～7時間で€130～150（コンスエグラに行かなければ約5時間で€100）が目安。マドリードのアトーチャ駅9:16発の列車に乗るとアルカサル・デ・サン・フアン11:00着、片道€16.05（最新の時刻表はURL www.renfe.comで確認を）。また風車だけ見たいなら、カンポ・デ・クリプターナかコンスエグラのどちらかを訪れるのもオススメ。行き方はそれぞれの村の項（→P.147）を参照。

Map 別冊P.2-B2

マドリード バルセロナ ラ・マンチャ

La Mancha

『ドン・キホーテ』って？

中世ヨーロッパで流行していた騎士道物語を読みすぎて妄想に陥った主人公が、自らを伝説の騎士と思い込み、やせ馬のロシナンテにまたがり従者サンチョ・パンサを引き連れて遍歴の旅に出る物語。スペインの文豪セルバンテスにより17世紀初めに出版されたロングセラー小説で、ミュージカル『ラ・マンチャの男』の原作としても知られる。

タクシーで役立つミニ会話

タクシーを呼んでもらえますか？
¿Podría pedirme un taxi, por favor?
ポドリア・ペディールメ・ウン・タクシ・ポルファボール？

車を1日チャーターしたいのですが
Me gustaría alquilar un coche por un día.
メ・グスタリア・アルキラール・ウン・コチェ・ポル・ウン・ディア

（地図などを指して）ここに行ってください
Lléveme a este lugar, por favor.
ジェベメ・ア・エステ・ルガール・ポルファボール

146

アンダルシアの魅力的な町
&バレンシア

イスラムの不思議な魅力が乙女心をわしづかみにするグラナダやコルドバ。
郷愁に満ちたフラメンコの旋律に胸が熱くなるセビーリャに、
息がとまっちゃうようなロンダの絶景。
「スペインはこうでなくっちゃ！」と感じられるのが、アンダルシア！
バレンシアでは、地中海の明るい太陽と大地のパワーをもらいましょ。

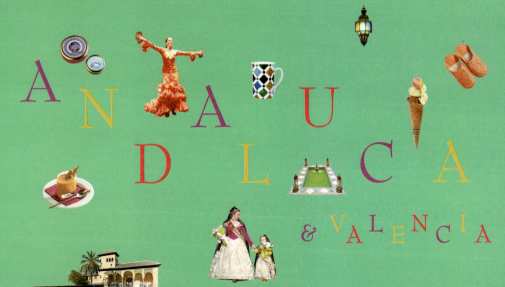

アラブの香り漂う かつてのイスラム王朝の都
グラナダ *Granada* 世界遺産

1492年にレコンキスタ（国土回復運動）が完了するまで、スペイン最後のイスラム王国として栄えたグラナダ。アルハンブラ宮殿をはじめ、アラブの面影を感じながら街を散策してみたい。

グラナダの歴史
ローマ、西ゴートなど支配者が変わったのち、711年よりイスラムの支配地となる。1232年ナスル朝グラナダ王国が建国され、アルハンブラ宮殿が建てられた。1492年カトリック両王がグラナダを陥落させ、約800年にわたるレコンキスタが終了した。

アルハンブラ宮殿を望む絶景スポットはここ！
アルバイシン地区のサン・ニコラス展望台から、シエラ・ネバダ山脈を背景に宮殿の全景が望める！

夜景もステキ！

Map 別冊P.2-B3

グラナダへのアクセス
🚆 マドリードのアトーチャ駅から約4時間、1日4便、€30〜。セビーリャから約3時間半、1日4便、€30.15。コルドバから約2時間、1日6便、€25.70〜。

🚌 マドリードの南バスターミナルから約5時間、30分〜1時間おきに運行、€18.95〜。セビーリャから約3時間、1日9便、€22.96〜。コルドバから約3時間、1日8便、€15.01〜。バルセロナから約1時間、1日10便程度。

グラナダの ℹ️ Map 別冊P.21-D3
📍 Plaza del Carmen（市庁舎内）　☎958 248 101　🗓月〜土10:00〜19:00、日・祝10:00〜14:00　🌐www.granadatur.com

アルハンブラバス
Alhambra Bus
グラナダ観光に便利なミニバス。サン・ニコラス展望台へ行くには、ヌエバ広場を起点にアルバイシン地区とグラン・ビアを巡回するC31に乗り、Mirador de San Nicolásで下車。1回乗車券€1.40、プリペイドカードBono（デポジット€2。運転手から購入）なら1回の料金が€0.87。1枚のBonoを複数人で利用する場合は、車内の自動改札機に人数分タッチすればOK。

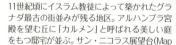

丘の上に白い家並みが広がる
アルバイシン地区 *Albayzin* 世界遺産

ライトアップ時間の目安
日没〜夜中の0:00頃。日の入りは夏は21:00頃、冬は18:00頃と季節によって幅があるので、事前にチェックを。

11世紀頃にイスラム教徒によって築かれたグラナダ最古の街並みが残る地区。アルハンブラ宮殿を望む丘に「カルメン」と呼ばれる美しい庭をもつ邸宅が並ぶ。サン・ニコラス展望台（Map別冊P.21-C1）はいちおしの絶景スポット。

Map 別冊P.21-C2　アルバイシン

✉ サン・ニコラス展望台は夜遅くまで観光客でにぎわっていて、女性だけでも治安の心配はありませんでした。（東京都・葵）

アルハンブラ宮殿を徹底解剖

イスラムの建築美にうっとり

世界遺産

とにかく広くて見どころがいっぱいのアルハンブラ宮殿。事前の準備からおすすめの順路、見逃せないチェックポイントまで、これだけ知っておけば安心！

グラナダの歴史を見守ってきた
アルハンブラ宮殿
Palacio de la Alhambra

ナスル朝初代王によって13世紀に建設が始まり、14世紀後半に現在の姿になった。当時城内にはモスクや住宅街が整備され、貴族を中心に2000人以上の人々が暮らした。

Map 別冊P.21-D1　アルハンブラ

☎902 441 221　⏰8:30～20:00（10/15～3/31 ～18:00）　夜間見学は火～土22:00～23:30（10/15～3/31は金・土20:00～21:30）　休1/1、12/25　料€14（夜間見学€8）　Card A.J.M.V.　ヌエバ広場からアルハンブラバスで約10分　URL www.alhambradegranada.org

見学はこの順序がオススメ！
- アルカサバ
- カルロス5世宮殿
- ナスル朝宮殿
- パルタル庭園
- ヘネラリフェ

トータルで2～3時間は必要！

アルカサバ Alcazaba

キリスト教徒の攻撃から都を守るため、9世紀頃に築かれた。宮殿のなかで最も古い部分で、イスラムの軍事技術が結集された要塞だった。

ナスル朝宮殿 Palacios Nazaries
詳しくは次のページへ

パルタル庭園 Jardines de Partal

グラナダ王国時代、イスラム貴族の宮殿やモスクなどがあったところ。アルバイシン地区を見下ろす場所には「貴婦人の塔」が建つ。

ベラの塔 Torre de la Vela
ブドウ酒の門 Puerta de Vino
サンタ・マリア教会 Iglesia de Santa Maria
パラドール・デ・グラナダ P.159
アメリカ門
ガレリア・フォトグラフィカ・アラベ P.151

裁きの門 Puerta de la Justicia

ナスル宮殿へ行くには、ここから入ると近い！

カルロス5世宮殿 Palacio de Carlos V

レコンキスタ後にカルロス5世が建設した、ルネッサンス様式の宮殿。中は円形になっており、1階にはアルハンブラ博物館がある。

ヘネラリフェ Generalife

チノス坂を挟んで太陽の丘にある王の離宮。シエラ・ネバダの雪解け水を利用した水路や噴水が設けられ、「水の宮殿」と呼ばれる。

チケット売場

見学Advice

① チケットは事前購入がマスト！
売り切れることが多いので、予定が決まったらすぐに予約サイト（URL www.alhambra-tickets.es）から購入しておこう。見学の3ヵ月前から2時間前まで可能で、手数料は€0.85（キャンセル・変更は不可）。購入が完了するとQRコードが発行されるので、印刷したものかスマートフォンの画面をパスポートと一緒に入口で提示する。

② 当日券はオンラインまたは窓口で
チケットが残っている場合、予約サイトでは当日の深夜0:00から、窓口では8:00から売り出される。

③ 入場時間は厳守！
ナスル朝宮殿は、チケットに書かれた時刻から30分以内に入場しないと無効になるので注意。

④ 歩きやすい格好で
宮殿内は広いので、なるべく軽装で歩きやすい靴で行こう。夏期は帽子や水などの暑さ対策も忘れずに。

アルハンブラ宮殿の行き方は2とおり

 徒歩で
ヌエバ広場からゴメレス坂を上り「裁きの門」まで約15分、チケット窓口へは30分ほど。ただし森の中を歩くので、暗くなってからは勧められない。

 アルハンブラバスで
チケット窓口へ行く場合は、イサベル・ラ・カトリカ広場からC30、C32に乗り、バス停Alhambra Generalife 2で下車、所要約10分。すでにチケットを持っている場合は、チケット窓口の次のバス停Palacio Emperador Carlos Vで降りると「裁きの門」に近い。

アラブの衣装で記念撮影

アルハンブラ宮殿の敷地内にある、みやげ物屋兼写真館。アラブの衣装を着て写真撮影ができる。撮影からプリントまで、所要時間は10分ほど。

ガレリア・フォトグラフィカ・アラベ
Galería Fotográfica Árabe

Map 別冊P.21-D1　アルハンブラ

🏠Real de la Alhambra 21　📞606 099 200
⏰毎日9:30～18:30（11～2月～17:00）
料写真1枚につき€13.90（撮影は同時に3人まで）、プリント1枚ごとに€3.90必要
Card M.V.　URL www.alhambrafoto.com

アラブのお姫様みたい！

アルハンブラ宮殿の予約サイトでチケットが売り切れでも、グラナダカード（URL www.granadatur.com）を購入すれば入場可能なことも。

アルハンブラ宮殿のハイライト
ナスル朝宮殿へ潜入！

ナスル朝宮殿拡大図

王が政治を司り、住空間でもあったアルハンブラ宮殿の中心部。訪れる者を千夜一夜物語の世界へと誘う。

壁や柱の細かい装飾が見事！

幾何学模様の透かし彫りを施した窓が見事！

D 大使の間 Salón de Embajadores

コマレスの塔の中にある、ナスル朝宮殿のなかで最大の広さをもつ部屋。グラナダを訪れた各国大使と王との謁見や公式行事などが行われた。

窓から差し込む光が幻想的

A メスアールの間 Sala el Mexuar

ナスル朝宮殿のなかで現存する最も古い部分。行政と司法を執り行う場所だった。奥の祈祷室からはアルバイシン地区が一望できる。

C アラヤネスの中庭 Patio de los Arrayanes

王が執務を行ったコマレス宮の中心。池の周りにはアラヤネス（天人花）が植えられ、水面に映るコマレスの塔が美しい。

宮殿が水の中に浮かんでいるよう

ココ見て！ 壁にはコーランの一節が装飾文字で刻まれている

B メスアールの中庭 Patio del Mexuar

王が請願者に謁見した場所で、北側には「黄金の間」がある。左側の扉を抜けアラヤネスの中庭へ。

夏のグラナダは日差しが強烈で暑い。アルハンブラ宮殿へは涼しい午前中に訪れるのがおすすめです。（大阪府・まどか）

E ライオンの中庭
Patio de los Leones

宮殿のいちばん奥にあるライオン宮は、王のプライベート空間。124本の大理石の柱が立つ中庭を囲んで、部屋が配されている。

ココ見て！

水時計の役割もあったといわれるライオンの噴水

グラナダ *Granada*

アルハンブラ宮殿を徹底解剖

まるで万華鏡のような鍾乳石飾り

F アベンセラッヘスの間
Sala de las Abencerrajes

中庭の南側にある、アベンセラッヘス家の男性が政敵の陰謀により皆殺しにされたといわれる部屋。

G 諸王の間
Sala del Rey

天井に14世紀後半〜15世紀初めに描かれた歴代の王の肖像画がある。2018年8月に修復工事が完了。

天井の鍾乳石飾りがきれい〜

J リンダラハの中庭
Patio de Lindaraja

小さな噴水の周りに、幾何学模様の植木が配されている。この中庭を抜けるとパルタル庭園に出る。

H 二姉妹の間
Sala de las Dos Hermanas

ライオンの中庭を囲む部屋のなかで最も古く、天井の鍾乳石飾りは宮殿内で最も美しいといわれる。

ココ見て！

I ワシントン・アーヴィングの間
Habitaciones de Washington Irving

『アルハンブラ物語』を執筆したアメリカの作家アーヴィングが、1829年に3ヵ月滞在した部屋。

細かな装飾がすばらしい、天井の鍾乳石飾り

もっとアルハンブラ宮殿を楽しむ！

パラドールでひと休み

敷地内で食事をするなら、パラドール（→P.159）のレストランがおすすめ。カフェでお茶や軽食も楽しめる。

アルハンブラグッズをGet!

タイルをモチーフにしたマグネット€8とマグカップ€10。チケット売り場の近くにミュージアムショップがある。記念にぜひ手に入れたい！

夜の見学もステキ！

ナスル朝宮殿のみ、夜間も公開されている。ライトアップされた宮殿は、まるでアラビアンナイトの世界！

アルハンブラ宮殿のグッズは、旧市街にある「リブレリア・デ・ラ・アルハンブラ」Map 別冊 P.21-C2 でも購入できる。

歴史香るカテドラル界隈で
キリスト教とイスラム、ふたつの文化を体験する☆

キリスト教の大聖堂のすぐ隣にはイスラム時代の市場。ふたつの文化が共存するグラナダの旧市街を歩けば、この街がたどってきた歴史が見えてくる!

早く行こうよ〜

TOTAL 5時間

グラナダおさんぽ TIME TABLE
- 16:00 カテドラル
  ↓ 徒歩1分
- 16:30 王室礼拝堂
  ↓ 徒歩1分
- 17:00 アルカイセリア
  ↓ 徒歩3分
- 17:30 ロス・イタリアーノス
  ↓ 徒歩5分
- 18:00 カルデレリア・ヌエバ通り
  ↓ 徒歩すぐ
- 18:30 カスバ
  ↓ 徒歩すぐ
- 19:30 アラヤネス

高さ45mの円形ドームのステンドグラス

1 キリスト ルネッサンス様式の大聖堂 16:00
カテドラル Catedral

グラナダ陥落後、1523年よりモスクの跡地に建設を開始。塔など未完成部分を残しつつ、181年の歳月をかけて1704年に完成した。ゴシックやバロック様式も混在する。白で統一された教会内部の優美な装飾は圧巻。

Map 別冊P.21-C3
- Gran Via de Colón 5　☎958 222 959
- 月〜土10:00〜18:30、日・祝15:00〜17:45
- 無休　€5（日は無料）
- www.catedraldegranada.com

1. 凱旋門型の南側のファサード　2. コリント式の柱に囲まれた、カラフルなステンドグラスと黄金に彩られた主祭壇

2 キリスト カトリック両王の墓所 16:30
王室礼拝堂 Capilla Real

カテドラルに隣接した後期ゴシック様式の礼拝堂。右にイサベル1世とフェルナンド2世、左に娘夫婦の狂女王フアナとフェリペ美公の大理石彫刻の墓が。遺骸を納めた鉛の棺は地下の納骨室に安置されている。

Map 別冊P.21-C3
- Oficios, s/n　☎958 229 239
- 月〜土10:15〜18:30、日・祝11:00〜18:00　€5
- capillarealgranada.com

1. 豪華な装飾が施されたカトリック両王の墓　2. 礼拝堂の入口

バザールで掘り出し物を見つけよう!

3 イスラム まるでアラビアン・バザール 17:00
アルカイセリア Alcaiceria

アラブ時代は絹市場で、現在は細い路地にぎっしりとみやげ物屋が並ぶ界隈。ハーブやスパイスの販売も。スリにはご注意を!

1. スペインの定番みやげが安い　2. アラブのエキゾチックな靴やバッグ、タペストリーなど。まとめ買いで値切り交渉可能

Map 別冊P.21-C3
- 店によって異なる

グラナダのスイーツ、ピオノノ
街のお菓子屋さんで見かけるピオノノPiononoの元祖がこの店。ローマ法王ピオ9世が即位した際に店の創業者が考案したもので、今ではグラナダ銘菓となっている。

1897年創業の老舗
カサ・イスラ Casa Ysla

Map 別冊P.21-D3
- Acera del Darro 62　☎958 523 088
- 8:00〜22:00
- 無休　M.V.　イサベル・ラ・カトリカ広場から徒歩10分
- www.pionono.com

 「アルカイセリア」でモロッコのバブーシュを安くゲット!（岡山県・桃太郎）

グラナダ Granada

カテドラル界隈でふたつの文化を体験

いろんな味が楽しめる♪

アイスがおいし〜♪

1. 7種類のアイスを盛ったカプリチョ€2.50 2.冬期は休業する

4 ロス・イタリアーノス Los Italianos
17:30 散策のお供にアイスを♪

グラナダはおいしいアイス屋さんが多いが、なかでもイタリア人のパオロ・デ・ロッコさんが1936年に創業したこの店はいちばんの有名どころ。

Map 別冊P.21-C2
🏠 Gran Vía de Colón 4　☎958 224 034　⏰9:00〜24:00　休10月中旬〜3月中旬　Card不可

5 カルデレリア・ヌエバ通り Calderería Nueva
イスラム　18:00 アラブ人街で雑貨ハンティング

旧市街からアルバイシン地区へと通じる細い通り。モロッコや中近東の雑貨店や喫茶店が並び、まるでアラブのバザールのよう。

Map 別冊P.21-C2

1. モロッコ製のバブーシュ 2.カラフルなピアス。買い物するときは値段交渉を

アラビアンナイトの世界！

1. チキンのクスクス€14.50
2. ラム肉の煮込み料理、タジン€14

アラブ風のインテリアがステキ♪

6 カスバ Kasbah
イスラム　18:30 アラブのお茶でまったり♪

カルデレリア・ヌエバ通りにあるアラブ風の喫茶店。モロッコのミントティーやインドのチャイ、日本茶など約70種類のお茶が揃う。

Map 別冊P.21-C2
🏠 Calderería Nueva 4　☎958 227 936　⏰12:00〜翌1:00　Card不可

1. 照明やろうそくの灯りがエキゾチック 2.お茶うけには甘〜いアラブ菓子をどうぞ

7 アラヤネス Arrayanes
イスラム　19:30 ディナーはモロッコの家庭料理

北アフリカの伝統料理が楽しめる、モロッコ人が経営するレストラン。レーズンやプルーンを使った甘めの味付けは日本人にも◎。

Map 別冊P.21-C2
🏠 Cuesta Marañas 4　☎958 228 401　⏰13:30〜16:30、19:30〜23:30　休火　Card M.V.

アラブ風呂で旅の疲れを癒やす
ハマム・アル・アンダルス Hammam Al Andalus

アラブの公衆浴場のようなスパ施設。アルハンブラ宮殿を模した空間で、湯船に浸かったりサウナで汗を流したりと、リラックスできる。水着を持参すること。

Map 別冊P.21-C2
🏠 Santa Ana 16　☎958 229 978　⏰毎日10:00〜24:00（最終入場）　€35、マッサージ付き€49〜　Card M.V.
予約要　ヌエバ広場から徒歩2分
URL granada.hammamalandalus.com

「日本語情報センター」ではアルハンブラ宮殿のチケット手配ほか役立つサービスを提供。**Map** 別冊P.21-C3　URL www.jp-spain.com

ない！グラナダでハッピー♥バル巡り

付いてくるんです！　何軒かはしごすると、おなか一杯になっちゃう♪

ただタパス最高☆

ナバス通り

グラナダ女子がご案内☆
ただタパス攻略法はコレ！

1 バルはどこにあるの？
街のあちこちにあるけど、旅行者にはバルの密集しているエルビラ通りとナバス通り周辺がはしごしやすいわ。

2 何時頃がおすすめ？
ただタパスはスペインの食事タイムに合わせて出されるの。店によって違うけど昼は12:30～16:00頃、夜なら19:30～23:00頃が目安よ。

3 どんな飲み物を注文したらいいの？
ビール、ワイン、サングリアが一般的だけど、お酒が苦手な人はコーラなどソフトドリンクがおすすめ。料金は1杯€1.50～2くらいよ。

4 2杯目も同じタパスが出る？
追加でドリンクを注文するごとに違うタパスを出してくれるから、1軒の店で落ち着いて飲みたいときでも大丈夫。

5 気をつけることは？
バルでは置き引きに注意して。バッグはイスの背もたれに掛けたりしないで、体から離さないようにね。

生ハムがパンの上にたっぷり！

ナバス通り Navas

市庁舎

プエルタ・レアル Puerta Real

D テラス席もある
ラ・チコタ　La Chicotá

ナバス通りに2軒のバルをもつ。テーブル席が多いので、座ってゆっくり食べたい人におすすめ。

Map 別冊 P.21-D3　旧市街
🏠Navas 21　☎958 220 349　🕐6:00～24:00（土・日7:00～）🚫12/24・31
Card M.V.　🚶市庁舎から徒歩2分

1.ナバス通りにはテラス席もある　2.ポテトサラダ　3.生ハム載せパンとオリーブ

ぷりっぷりのエビのフライ

これもタダ？！

ボクたちが待ってるよ！

E 1942年創業の人気店
ロス・ディアマンテス
Los Diamantes

立ち飲みカウンターだけの小さなバル。常連客で込み合うので、早めの時間に行くのがオススメ。

Map 別冊 P.21-D3　旧市街
🏠Navas 28　☎958 227 070
🕐12:30～16:30、20:30～24:00
🚫無休　Card 不可　🚶市庁舎から徒歩1分

1.魚介のタパスが多い
2.モスト・シン・アルコール（ブドウジュース）
3.黄色の壁が目印

F 昔ながらのおやじバル
カサ・フェルナンド
Casa Fernando

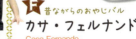

近所のおじさんが立ち寄って店の主人と世間話をするような、昔ながらのスペインが残る店。

Map 別冊 P.21-D3　旧市街
🏠Navas 28　☎685 816 142
🕐12:00～24:00
🚫8月　Card 不可　🚶市庁舎から徒歩1分

素朴だけど味わいがある

1.チーズとアーモンド　2.ご主人のホセさん。店内の壁には聖週間のポスターが飾られている

ただでタパスが付いてくるからといって飲み過ぎに注意！

おいしさ自慢のグラナダのレストラン

眺めがすばらしいレストランや家族経営の庶民派店など、滞在中に何度も通いたくなる、とっておきのお店をご紹介します！

ロケーションも雰囲気も◎

伝統料理から創作系まで

Restaurant レストラン

アルハンブラを望む絶景レストラン
カルメン・ミラドール・デ・アイシャ
Carmen Mirador de Aixa

テラス席の真正面にはアルハンブラ宮殿が！おしゃれな創作料理が楽しめるほか、カフェも併設しているので気軽に利用して。

Map 別冊P.21-C1 アルバイシン地区

- Carril de San Agustin 2
- 958 223 616
- 6〜10月 19:30〜23:00、4・5月 13:30〜15:30、20:00〜23:00　6〜10月の月、4・5月の月・火の昼と日の夜、11月〜聖週間
- €50〜
- Card A.M.V.
- 望ましい
- サン・ニコラス展望台から徒歩3分
- URL www.miradordeaixa.com

1. アルハンブラ宮殿がライトアップされるディナータイムがおすすめ
2. アップルパイのオリーブアイス添え €9.30
3. シェフ自慢の創作料理
4. アペリティーボはカボチャスープ

デザートもおいしい！

---

1. マグロのたたき、ゴマ醤油ソース（手前）€19.90
2. タコの串焼き €16.90
3. 店内にはワインボトルがずらり。約400銘柄が揃うので、迷ったら店の人に相談してみよう

インテリアも一見の価値あり
プエルタ・デル・カルメン
Puerta del Carmen

市庁舎前の広場にある、19世紀の建物を改装したレストラン。伝統料理をベースに、マグロのたたきなど新感覚の料理にも挑戦。

Map 別冊P.21-D3 旧市街

- Plaza del Carmen 1
- 958 223 737
- 13:00〜翌1:00
- 12/24・31
- €25〜
- Card M.V.
- 不要
- イサベル・ラ・カトリカ広場から徒歩3分
- URL www.puertadelcarmenrestaurante.com

ムデハル様式の内装がステキ

食堂は店の奥にあるよ！

1. 空豆と生ハムのソテー、鹿肉のマリネなど伝統料理が味わえる
2. 地元客で混み合う店内
3. パエリャは2人前 €29。ひと皿で頼むと €4.50（昼のみ）
4. 名物のサクロモンテ風オムレツ €7

毎日通いたくなる街の食堂
レオン León

グラナダの伝統料理を味わいたいならここ。家族で切り盛りする庶民的な店で、常連客も多い。日本語メニューがあるのも◎。

Map 別冊P.21-C2 旧市街

- Pan 1
- 958 225 143
- 13:00〜16:00、20:00〜23:30（レストラン）
- 火の夜、水
- €10〜
- Card M.V.
- 不要
- イサベル・ラ・カトリカ広場から徒歩3分
- URL www.restaurantebarleon.com

「カルメン・ミラドール・デ・アイシャ」からの眺めはまさに絶景！でした。（兵庫県・サリー）

Hotel ホテル

歴史的建物で千夜一夜の夢をみる

静かなパティオでくつろいで

1. 宿泊客しか入れないパティオで、読書などしてのんびりと過ごしたい 2. 窓からヘネラリフェが見える部屋も 3. 緑豊かな敷地内に建つ 4. オーガニックのブドウを使用したアメニティ 5. 広さや内装は部屋によって異なる

自然派アメニティがうれしい

世界遺産の中で眠る
パラドール・デ・グラナダ
Parador de Granada

アルハンブラ宮殿の敷地内に建つ、15世紀の修道院を改装。イスラムの王たちが暮らした夢の庭で、朝に夕に散策を楽しみたい。

Map 別冊P.21-D1 アルハンブラ

- Real de la Alhambra, s/n ☎958 221 440
- FAX 958 222 264 ⓈⓌ€220〜436（Wi-Fi無料）
- Card A.D.J.M.V. 囲40 ⓇイサベルⅡ・ラ・カトリカ広場から車で10分 URL www.parador.es

---

アラブ人の邸宅に招かれたよう
カサ・モリスカ Casa Morisca

アルバイシン地区にあるイスラム時代の邸宅を修復。15世紀の天井が残るスイートルームからは、アルハンブラ宮殿も望める。

Map 別冊P.21-C1 アルバイシン地区

- Cuesta de la Victoria 9
- ☎958 221 100 FAX 958 215 796
- ⓈⓌ€90〜230（Wi-Fi無料）
- Card A.D.J.M.V. 囲14 Ⓡイサベル・ラ・カトリカ広場から徒歩10分
- URL www.hotelcasamorisca.com

噴水を流れる水音に癒やされる

1. アルベルカと呼ばれるアラブ式噴水のあるパティオ 2. 広さやインテリアは部屋によってさまざま 3. パティオの脇には小さなくつろぎスペースが

中庭の周りに客室が並んでいる

1. お茶の無料サービスもあり、パティオでくつろぐことができる 2. アメニティはフランス製 3. シンプルで清潔な客室。バスタブはなくシャワーのみ

隠れ家のようなプチホテル
カサ・デル・カピテル・ナサリ
Casa del Capitel Nazari

16世紀の建物を修復し、パティオの石柱やイスラム時代の井戸などは昔のまま保存されている。アパートメントホテルも併設。

Map 別冊P.21-C2 旧市街

- Cuesta Aceituneros 6
- ☎958 215 260 FAX 958 215 806
- ⓈⓌ€52〜100 Ⓦ€85〜165（Wi-Fi無料）
- Card A.D.M.V. 囲18 Ⓡイサベル・ラ・カトリカ広場から徒歩5分
- URL www.hotelcasacapitel.com

「パラドール・デ・グラナダ」は好立地のため人気が高く、予約が取りづらい。旅行の予定が決まったら手配は早めに。

セビーリャへのアクセス

■ マドリードのアトーチャ駅から約2時間半、ほぼ1時間おきに運行。€75.50〜。グラナダから約3時間、1日3便、€30.15。コルドバから45分〜1時間20分、30分〜1時間おき、€13.55〜。
■ マドリードの南バスターミナルから約6時間、1日5〜6便、€25.05〜。グラナダから約3時間、1日9便、€22.96〜。

セビーリャの ℹ️
Map 別冊P.22-B2

🏠 Plaza del Triunfo, s/n
☎ 954 787 578　🗓 月〜金 9:00〜19:30、土・日・祝 9:30〜19:00　🔗 www.visitasevilla.es

フラメンコのリズムが響くアンダルシアの州都
セビーリャ　*Sevilla*

大航海時代に新大陸との貿易で繁栄したセビーリャは、「カルメン」の舞台ともなった華やかで陽気な街。花で彩られた白壁の路地にアンダルシア情緒を感じて。

1 スペイン王室の宮殿
アルカサル　9:30　世界遺産
Reales Alcazares

14世紀、イスラム文化に心酔していた「残虐王」ペドロ1世がイスラム時代の宮殿の跡地に建てた、アルハンブラ宮殿を模倣した見事な宮殿。ムデハル様式だが、後年の増築でゴシックやルネッサンス様式も見られる。

Map 別冊P.22-B2

☎ 954 502 324　🕘 9:30〜19:00（10〜3月〜17:00）
🗓 1/1・6、聖金曜日、12/25
💶 €11.50、学生€3
🔗 www.alcazarsevilla.org

漫画『アルカサル -王城-』の舞台

1. 外国産の珍しい植物がある庭園　2. 漆喰細工が美しい「乙女の中庭」
3. 緻密な装飾が見事な「大使の間」

馬車で街をひとめぐり

クラシックな馬車に乗って街を散歩するのも楽しい！カテドラルの前から出発、「カルメン」の舞台となったセビーリャ大学前を走り、1929年の万博会場となったスペイン広場まで、約45分かけて一巡する。料金は4人乗りで1台€45（イースター期間は€50、春祭り中は€95）。

2 貴重な公文書を所蔵　10:30
インディアス古文書館　世界遺産
Archivo de Indias

16世紀に商品取引所として建てられたスペイン・ルネッサンス様式の建物で、1784年に新大陸関連文書をまとめる古文書館に。中南米やフィリピンの統治関連資料を所蔵する美しい建物。

Map 別冊P.22-B2

☎ 954 500 528　🕘 火〜土9:30〜17:00、祝日10:00〜13:45
🗓 月、1/1・6、聖金曜日、12/24・25・31　💶 無料

噴水のある正面

> ### セビーリャおさんぽ
> TOTAL 4時間
>
> TIME TABLE
> - 9:30　アルカサル
>   ↓ 徒歩1分
> - 10:30　インディアス古文書館
>   ↓ 徒歩1分
> - 11:00　カテドラルとヒラルダの塔
>   ↓ 徒歩1分
> - 12:00　救済病院
>   ↓ 徒歩3分
> - 12:30　エル・ポスティーゴ
>   ↓ 徒歩3分
> - 13:00　エル・カバーリョ

✉ アルカサルはチケット売り場が混むので、時間が限られている人はオンライン購入がおすすめ。（宮城県・ぽにょ）

セビーリャ Sevilla

フラメンコのリズムが響くアンダルシアの州都

3 カテドラルとヒラルダの塔 11:00
セビーリャを象徴する建物　世界遺産
Catedral y Giralda

奥行き135m、幅100mでスペインでは最大、世界では3番目の大きさといわれる大聖堂。ヒラルダの塔はかつてはモスクの尖塔で、高さ94.7m。先端のブロンズの女神像は高さ4m、重さ1288kgだが、風が吹くと回転する。

Map 別冊P.22-B2

☎954 214 971　⊙月11:00～15:30、火～土11:00～17:00、日・祝14:30～18:00　⊗1/1・6、12/25
⊛€9、学生€4　URL www.catedraldesevilla.es

1. カテドラルと隣接するヒラルダ（風見）の塔。馬も上れるスロープと階段で展望台へ　2. セビーリャの街が一望のもと　3. さまざまな様式が混在する豪奢なカテドラル内部　4. 4人の国王がコロンブスの棺を担いでいる

袖廊にあるコロンブスのお墓

4 救済病院 12:00
付属教会に名画を所蔵
Hospital de la Santa Caridad

有名プレイボーイ、ドン・フアンのモデル、M.マニャーラが貧しい人々を救済するために1664年に建てた病院で、現在は老人ホーム。病院内の教会は美しいバロック様式。

Map 別冊P.22-B2

⌂Temprado 3　☎954 223 232
⊙毎日10:00～19:00（日の12:30～14:00はミサのため見学不可）
⊗1/1・6、聖金曜日、12/25　⊛€7

5 エル・ポスティーゴ 12:30
手作り雑貨が揃う
El Positgo

かつての市場がオシャレな手工芸品ショップに。陶器や革製品、銀のアクセサリー、扇などアンダルシアの若い作家の作品が勢揃い。

Map 別冊P.22-B2

⌂Arfe, s/n　☎954 560 013　⊙毎日10:00～20:00　⊗1/1、12/25　Card M.V.
URL mercadodeartesaniaelpostigo.com

とってもキュート

1. どことなく和風テイストのピアス€16
2. セビーリャの街並みや春祭りの絵が表紙になっているノート1冊€3.50

6 エル・カバーリョ 13:00
セビーリャ発有名ブランド
El Caballo

1892年創業の老舗皮革店。現在はスペイン国内を中心に展開する有名ブランドに。オシャレで高品質なのにお手頃価格がうれしい。

レザーアイテムならココ！

Map 別冊P.22-A2

⌂Antonia Diaz 8　☎955 125 502
⊙月～金10:30～15:00、18:00～21:00、土10:30～21:00、日12:00～20:00　⊗1/1、12/25　Card A.D.M.V.
URL www.elcaballo.com

1. 個性的なパンプス€170　2. 牛革バッグはミンクの毛のアクセサリーがポイント€255　3. 革のショートパンツ€394

カテドラルは宗教行事などで見学時間が短縮されることもあるので、公式サイトで確認しておくと安心。

情熱の街でフラメンコにハマる!

セビーリャはフラメンコの本場中の本場。博物館やタブラオで、フラメンコにどっぷり浸っちゃおう!

> ビエナルBienalは大イベント!

フラメンコの祭典、ビエナル

偶数年（次回は2020年）の9月にセビーリャで開催される、世界最大のフラメンコフェスティバル。約1ヵ月にわたって連日人気アーティストたちの公演が行われ、世界中から集まった愛好家でにぎわう。詳細は公式サイト URL www.labienal.com で。

Museum ミュージアム

フラメンコショーだけでもOK♪

フラメンコ舞踊博物館
Museo del Baile Flamenco

映画『カルメン』で主役を演じたフラメンコ界の大スター、クリスティーナ・オヨスが故郷に設立した博物館。フラメンコについて学んだあとは、ショー見学やグッズの購入もできる。

1. クリスティーナ・オヨスをはじめ、スターたちが使用した衣装を展示 2. 迫力満点のフラメンコショー 3. コースターやポストカードなどグッズも販売

Map 別冊 P.22-B1 旧市街

🏠 Manuel Rojas Marcos 3 ☎ 954 340 311 ⏰ 10:00～19:00、ショーは 17:00～、19:00～、20:45～ 休 1/1、12/25 料 博物館€10、博物館とショー€26（学生€19）、ショーのみ€22（学生€15）（本書を受付で見せると10%割引） 🚶 カテドラルから徒歩5分 URL www.museoflamenco.com

Tablao タブラオ

ロス・ガリョス Los Gallos

サンタ・クルス街にある老舗のタブラオ。舞台やテレビでも活躍するスターたちが出演し、歌と踊りで90分間たっぷり楽しませてくれる。

舞台と客席が近くて迫力がある

Map 別冊 P.22-B2 旧市街

🏠 Plaza de Santa Cruz 11 ☎ 954 216 981 ⏰ ショーは20:30～22:00、22:30～24:00の2回 休 1月後半、12/24 料 €35（ワンドリンク付き） Card A.D.J.M.V. 要予約 🚶 カテドラルから徒歩7分 URL www.tablaolosgallos.com

Shop ショップ

フラメンコ・イ・マス
Flamenco y Más

プロのダンサーも訪れる、フラメンコに関するものなら何でも揃う店。春祭り（→下記）の期間は衣装のレンタルも行っている。

1. 有名ブランド「セノビージャ」の靴€172 2. 練習用のDVDやCDも揃う 3. 髪飾り€6.50

Map 別冊 P.23-D2 旧市街

🏠 San Luis 116B ☎ 954 908 707 ⏰ 月～金 10:00～14:00、17:00～21:00、土 10:00～14:00 休 日・祝 Card A.M.V. 🚶 マカレナ教会から徒歩1分 URL www.flamencoymas.com

Feria de Abril

セビーリャの春祭り フェリア

復活祭の約2週間後（2020年は4月26日～5月2日の予定）に行われるフェリアは、スペインで最も華やかな祭り。会場に作られたカセータ（テント小屋）に家族や友人が集まり、食べて飲んで踊って楽しむ。もちろん旅行者も参加OK!

Map 別冊 P.23-D3 新市街

🚶 カテドラルから徒歩約30分。または プラド・デ・サン・セバスティアン・バスターミナルから臨時バスで約10分

こんな衣装を着ます

> フェリアで踊るのは？
> セビジャーナスというアンダルシア地方の民俗舞踊を踊るのが一般的。

> フェリアの飲み物は？
> マンサニージャ（シェリー酒の一種）を炭酸飲料で割ったもの。レブヒート Rebujito

「ロス・ガリョス」はすべて自由席。早めに行ってよい席を確保しましょう。（広島県・カープ女子）

162

Restaurant レストラン
アンダルシアの恵みを味わう

オシャレな創作料理をお手頃に
カフェテリア・ビストロ Cafeteria Bistrot

料理学校が経営し、その生徒たちが腕をふるう。3品のコースは昼€13.90（週末と祝日€18.50）、夜は€19.90。

Map 別冊P.22-A1 旧市街

Zaragoza 20（Hotel Taberna del Alabardero内） ☎954 502 721
13:00～16:30、20:00～24:00 休8月、1/1、12/24の夜
Card A.D.J.M.V. 不要 カテドラルから徒歩7分
URL www.tabernadelalabardero.es

地元客でにぎわう人気バル
ボデギータ・カサブランカ Bodeguita Casablanca

セビーリャの人気バル・ランキングのトップ10に入る店。タパスと一緒にアンダルシアのお酒、シェリーを楽しんでみて！

闘牛の写真が飾られた店内

イベリコ豚のほほ肉ワイン煮込み

タパスはカウンターと外の席のみ

Map 別冊P.22-B2 旧市街

Adolfo Rodriguez Jurado 12
☎954 224 114 7:00～16:30、20:00～24:00 休土の夜、1/1・5・6、12/24・25・31 €10～ Card M.V.
不要 カテドラルから徒歩2分

地元で愛される老舗の味
エンリケ・ベセラ Enrique Becerra

1850年創業、現在の店主は5代目。アンダルシアの伝統料理をアレンジした味が評判で、店のレシピ本も出版されているほど。

タパスの本も出版してるの

Map 別冊P.22-A2 旧市街

Gamazo 2 ☎954 213 049
13:00～16:30、20:00～24:00 休日、1/1、12/25
€15～ Card A.D.M.V. 不要 カテドラルから徒歩6分
URL www.enriquebecerra.com

季節の素材を使った創作タパス

創作タパスは1品€3～4程度

Hotel ホテル
優雅な気分でセビーリャに滞在

クールなデザインが話題に
エメ・カテドラル EME Catedral

カテドラルに面した絶好のロケーション。ヒラルダの塔を望む屋上テラスは人気のスポット。

機能的で使いやすい客室

客室はシンプルかつモダン

プールからはヒラルダの塔が正面に見える。屋上のバー＆レストランは一般客も利用可能

Map 別冊P.22-B2 旧市街

Alemanes 27 ☎954 560 000
FAX 954 561 000 S W €156.60～424（Wi-Fi無料） Card A.D.J.M.V. 60
カテドラルから徒歩1分
URL www.emecatedralhotel.com

16世紀の邸宅を改装
エル・レイ・モーロ Hotel El Rey Moro

サンタ・クルス街の迷路のような路地を歩いてホテルへ。車は入れないため、街なかとは思えないほど静か。

パティオは宿泊客の憩いの場

Map 別冊P.22-B2 旧市街

Lope de Rueda 14
☎051 563 468
FAX 954 560 943
S €49～99 W €69～189（Wi-Fi無料）
Card M.V. 16
カテドラルから徒歩5分
URL www.elreymoro.com

バルやレストランもある！
客室の内装も凝っている

セビーリャ Sevilla

フラメンコのリズムが響くアンダルシアの州都

1. カモとフルーツの夏野菜添え
2. ホテル内の1階にある
3. ホワイトチョコボールのパイナップルコンフィ添え

料理は季節によって変わるよ

食べにきてね～

セマナ・サンタ（イースター）と春祭り（→P.162）の期間、セビーリャのホテルは宿泊料金が値上がりする。

モスクと花の迷路に迷いこむ
コルドバ Córdoba 世界遺産

かつて後ウマイヤ朝の首都として栄華を誇ったコルドバ。当時をしのばせる大モスク、メスキータを見たあとは花の鉢植えが美しい迷路のようなユダヤ人街を散策して。

コルドバへのアクセス
🚆 マドリードのアトーチャ駅から1時間40分～2時間、30分～1時間おきに運行。€48.20～。セビーリャから45分～1時間20分、30分～1時間おき、€13.55～。
🚌 マドリードの南バスターミナルから約5時間、1日8～10便、€17.45～。グラナダから約3時間、1日8～10便、€15.01～。

コルドバの 🛈 Map 別冊P.24-A～B3
📍 Pl. del Triunfo s/n ☎ 957 355 179
🕘 9:00～19:30 (土・日・祝～15:00)
🌐 www.turismodecordoba.org

---

1 イスラム教とキリスト教が共存
メスキータ Mezquita 10:00

アブド・アッラフマーン1世により、785年に建設が開始。3回にわたる拡張工事を経て10世紀に完成した。現在は一部が改装され、キリスト教の大聖堂になっている。

Map 別冊P.24-A3

☎ 957 470 512　🕘 月～土10:00～19:00 (11～2月～18:00)、日・祝8:30～11:00、15:00～19:00 (11～2月～18:00)　休 無休
💴 €10　🚶 コルドバ駅から徒歩30分　🌐 www.catedraldecordoba.es

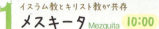

TOTAL 4時間

コルドバおさんぽ
TIME TABLE
- 10:00 メスキータ
  ↓ 徒歩5分
- 11:00 アルカサル
  ↓ 徒歩5分
- 12:00 アカ・ソコ
  ↓ 徒歩5分
- 12:40 花の小道
  ↓ 徒歩2分
- 13:00 エル・カバーリョ・ロホ

1. 精緻な装飾が見事 2. オレンジの中庭に尖塔が建つ 3,4. 約2万5000人を収容する大モスクだった 5. メッカの方角を示すミフラーブ

アーチが連なる内部は「円柱の森」と呼ばれる

イスラム時代のコルドバ
711年にイベリア半島に侵攻したイスラム教徒は、占領した土地をアル・アンダルスと呼び、首都をコルドバにおいた。後ウマイヤ朝時代の10世紀には、イスラム文化の中心地として50万人もの人々が暮らしたという。

164　✉ メスキータでは月曜から土曜の8:30～10:00にミサを行っていて、観光客でも参列できます。(岩手県・きい)

2 アルカサル 11:00
ローマ時代のモザイクもある
Alcázar

アラブの城の跡地に、アルフォンソ11世が建設。15世紀にはグラナダ攻略の拠点となり、またコロンブスは新大陸発見の資金援助を仰ぐためここでカトリック両王に謁見した。

Map 別冊P.24-B2

📞957 201 716 ⏰火〜金8:30〜20:45、土8:30〜16:30、日・祝8:30〜14:30 (6/16〜9/15は火〜日8:30〜14:30) 休月 料€4.50

1. アラブ式の庭園には池や噴水があり、色とりどりの花が咲き誇る　2. 今も残るアラブ風呂

アルカサル内のアラブ風呂も見逃さないで！

3 アカ・ソコ 12:00
コルドバみやげはここで
Aca Zoco

コルドバ職人協会が経営する店。コルドバ伝統の革製品、陶器やアクセサリーなどオリジナルの品を販売している。

1. カラフルな陶器のブレスレット各€20
2. 革製の小銭入れは色のバリエーション豊富。€14.50

形がユニーク！

Map 別冊P.24-A3

📍Judios, s/n 📞957 204 033 ⏰毎日10:00〜20:00 休1/1、12/24・25 Card A.D.J.M.V.

4 花の小道 12:40
人気の撮影スポット
Calleja de las Flores

白壁にはゼラニウムの鉢、みやげ物屋が並ぶ狭い路地の向こうにはメスキータの塔が！見逃さないよう注意して。

Map 別冊P.24-A3

オスペデリア・バニョス・アラベス

ユダヤ人街 La Judería　Rey Heredia

シナゴガ　Romero

Av. del Doctor Fleming

アラブ浴場　Amador de los Ríos

Av. del Alcázar　Ronda de Isasa

グアダルキビル川

ローマ橋

路地が楽しい！

コルドバ名物 牛テールの煮込み料理

牛テールを赤ワインのソースで煮込んだラボ・デ・トロ€18

5 エル・カバーリョ・ロホ 13:00
郷土料理を味わいたい
El Caballo Rojo

コルドバを代表するレストランのひとつ。ハチミツやドライフルーツを使った料理はイスラムから伝わったもの。

Map 別冊P.24-A3

📍Cardenal Herrero 28 📞957 475 375 ⏰13:00〜16:30、20:00〜24:00 休12/24 料€20〜 Card A.D.J.M.V. 禁煙 予約不要
URL www.elcaballorojo.com

コルドバのタブラオ＆ホテル

Tablao
カルデナル Cardenal
コルドバのスターが出演

パティオで行われるショーはアンダルシア情緒いっぱい。食事はなくドリンクのみ。

Map 別冊P.24-A3

📍Buen Pastor 2 📞691 217 922 ⏰ショーは月〜木20:15〜、金・土21:00〜 休日、1/5〜31、12/24・31 料€24 (ワンドリンク付き) Card A.D.J.M.V. 要予約 メスキータから徒歩1分

Hotel
オスペデリア・バニョス・アラベス Hospedría Baños Árabes
アラブ風呂を併設する

路地の奥にある、おしゃれな雰囲気のプチホテル。宿泊客はアラブ風呂に入り放題。

Map 別冊P.24-A3

📍Almanzor 18 📞957 295 855 料S W €55〜135 (Wi-Fi無料) Card A.M.V. 7 メスキータから徒歩5分
URL www.banosarabesdecordoba.com

コルドバ

モスクと花の迷路に迷いこむ　コルドバ

コルドバでは毎年5月上旬から中旬にかけてパティオ祭りが行われ、家々の中庭が一般公開される。

原野に浮かぶ崖上の白い町
ロンダ Ronda

断崖の上に造られたロンダの町のシンボルは、深さ100mもの峡谷にかけられたヌエボ橋。橋の上から見ても下から見てもまさに絶景！

Map 別冊P.2-B3

ロンダへのアクセス
🚆 マドリードから約4時間、1日3便、€68.80〜。グラナダから2時間30分〜3時間、1日3便、€20.10。
🚌 セビーリャからDamas社（URL www.damas-sa.es）のバスで約2時間、1日5〜7便、€12.61。

ロンダの ℹ️ Map 本誌P.167
📍 Paseo de Blas Infante s/n ☎ 952 187 119
🕐 月〜金9:00〜19:30、土・日・祝9:30〜15:00

大自然とアーキテクチャーが融合した 美しすぎる風景に絶句！

aruco取材班がランキング 絶景ポイントBest5はここ！

best 1
A ヌエボ橋の上から
18世紀に完成したヌエボ（新）橋からは、東側に峡谷とロンダの町、西側には原野の大パノラマが広がる。

まさに絶景だね！

断崖の上に白い町並み

best 2
B ヌエボ橋の下から
レストラン・アルバカラを過ぎたところにある小さな広場から、峡谷の下へと延びる坂道を下る。ヌエボ橋から往復30分ほど。

ここが絶景ポイント！

下から見上げる橋も大迫力！

📧 ロンダは高地にあるので夏でも朝は肌寒かったです。長袖のシャツを持って行きましょう。（東京都・なっち）

ロンダ Ronda

原野に浮かぶ崖上の白い町 ロンダ

best 3
ホテル・ドン・ミゲルから

レストランやカフェのテラスから、ヌエボ橋が間近に眺められる。夜ならライトアップされた橋もステキ。

夜のヌエボ橋は幻想的

best 4
アラメダ・タホ公園から

ここから見る、山並みの彼方に沈んでいく夕日はドラマチック！

best 5
ビエホ橋から

深い渓谷が真下に見える！

イスラム時代に造られたビエホ(旧)橋からは、新市街の白い家並みが広がる。

ロンダと闘牛

ロンダの闘牛場は1785年建造、スペインでも最古の闘牛場のひとつ。18世紀にこの町で生まれたフランシスコ・ロメロは、牛をけしかける赤い布を考案し、近代闘牛術を確立した。毎年9月第2週に、ゴジェスカ闘牛と呼ばれる闘牛祭が開催される。

ロンダのレストラン&ホテル

Restaurant
雄大な眺めもごちそう
アルバカラ Albacara

ホテル内にあるレストラン。ヌエボ橋と原野の風景を一望しながら、優雅に食事が楽しめる。

Map 本誌P.167

- 🏠 Tenorio 8　☎ 952 873 855
- 🕐 12:30〜16:00、19:30〜23:00
- 休 無休　料 €30〜　Card A.D.M.V.
- 窓際の席は要予約
- スペイン広場から徒歩3分
- URL www.hotelmontelirio.com

料理は見た目も美しい！

Hotel
家族経営のプチホテル
サン・ガブリエル San Gabriel

旧市街にある18世紀建造の瀟洒な邸宅がホテルに。アンティークな内装がすばらしい。

Map 本誌P.167

中庭でのんびりくつろげる

- 🏠 Marqués de Moctezuma 19
- ☎ 952 190 392　料 ⓈⓌ €69〜 169 (Wi-Fi無料)　Card A.D.M.V.
- 室 22　スペイン広場から徒歩5分
- URL www.hotelsangabriel.com

ロンダ駅からスペイン広場へは徒歩20分ほど。荷物が多い人は駅前で客待ちしているタクシーを利用しよう。

バレンシア *Valencia*

地中海の風が心地よい　パエリャのふるさと

スペイン東部、地中海に面した港町バレンシアは、火祭りとオレンジで知られるスペイン第3の都市。ここではぜひ、本場のパエリャを食べてみたい！

Map 別冊P.3-C2

バレンシアへのアクセス
🚆 マドリードのアトーチャ駅からAVEで約1時間半〜2時間、ほぼ1時間おきに運行、€73.10〜。バルセロナから約3時間半、ほぼ1時間おき、€40.70〜。
🚌 マドリードの南バスターミナルから4時間15分、ほぼ1時間おき、€27.74〜。バルセロナの北バスターミナルから約4時間、2〜3時間おき、€29.45〜。

バレンシアの ❶　Map 別冊P.25-C3
🏠 Plaza del Ayuntamiento 1　📞 963 524 908　🕘 月〜土9:00〜19:00、日・祝10:00〜14:00　🔗 www.turisvalencia.es

元祖パエリャを食べにエル・パルマールへ〜！

バレンシア郊外にあるアルブフェラ湖周辺は、スペインきっての米どころ。パエリャ発祥の地といわれる小さな村、エル・パルマールへ出かけてみよう！

エル・パルマールにはパエリャのレストランが並ぶ

湖の周辺には緑の水田が広がる♪

元祖パエリャ食べるぞ！

バラッカという伝統的な民家

エル・パルマールへの行き方

その1　路線バス
バレンシアから6〜8月のみ直通バスが運行している。市内のバス停 Map 別冊P.25-D3 から25番のバスで約30分、エル・パルマール El Palmarで下車。6月は1日8便、7・8月はほぼ1時間ごとの運行。片道€1.50。詳細は現地の❶または🔗 www.emtvalencia.es で確認を。

その2　観光バス
バレンシアからアルブフェラ湖行きの観光バスが運行しており、レイナ広場 Map 別冊P.25-D2 などから乗車できる。湖の遊覧ボート付きで料金€17、パエリャのランチ付き（水曜除く）は€30。5〜9月は月〜土曜の1日4便、10〜4月（1・2月は運休）は木〜月曜の1日3便。詳細は🔗 valenciabusturistic.com で確認を。

珍しい鳥もたくさんいるよ！

アルブフェラ湖の遊覧ボートは、所要約45分で、1艘につき€25

バスで役立つミニ会話

このバスはエル・パルマールへ行きますか？
¿Este autobus va a El Palmar?
エステ・アウトブス・バ・ア・エル・パルマール？

エル・パルマールに着いたら教えてください
Aviseme cuando llegue a El Palmar, por favor.
アビセメ・クアンド・リェゲ・ア・エル・パルマール、ポルファボール

✉ アルブフェラ湖にはいろんな鳥がやってくるので、バードウォッチングも楽しめます。（山口県・ひろみ）

バレンシア Valencia

エル・パルマールでパエリャを食べるならここ!

元祖パエリャを食べにエル・パルマールへ！

エル・グラネール
El Graner

本場のパエリャをどうぞ！

現地ガイドもおすすめする昔ながらの味を守る店。自分たちの水田で取れた米を使用し、薪で火をおこしてパエリャを炊く。

Map 地図外　エル・パルマール

- Vicente Baldovi 14, El Palmar
- ☎961 620 275
- 13:00～18:00　休月、夏はその年によって不定休
- €15～　M.V.　予約不要
- エル・パルマールのバス停から徒歩5分

パエリャ・バレンシアーナ
Paella Valenciana

これがバレンシア風パエリャ！

- 鶏肉
- ガロフォン（白インゲンの一種）
- カタツムリ
- 平さやいんげん
- ウサギ肉

バレンシア風パエリャは1人前€11（注文は2人前から）。写真は2人前

バレンシア市内ならここがオススメ！

Restaurant レストラン

ナバーロ
Navarro

市庁舎の近くにある、地元でも評判のレストラン。開店と同時にほぼ満席になるので、予約するか少し早めに行こう。

当店自慢のパエリャよ♪

Map 別冊P.25-C3　バレンシア

- Arzobispo Mayoral 5
- ☎963 529 623
- 13:30～16:00（土のみ20:30～23:00も営業）　休日
- A.M.V.
- URL www.restaurantenavarro.com

知りたい！本場バレンシアのパエリャ事情

* パエリャは昼の食べ物。夜は食べない
* 単にパエリャといえば、バレンシア風パエリャのことを指す
* バレンシア語でソカラッと呼ばれるおこげは、パエリャで最もおいしいところ
* 家族や友人など親しい間柄では、お皿に取り分けずに鍋から直接スプーンで食べる
* 日曜は家族でパエリャが一般的なので、月曜に残りをお弁当に持って行く人も
* 野外で作るパエリャは男の仕事
* オレンジの枝で炊くパエリャが最もおいしいといわれる

→P.79のパエリャ豆知識もcheck!

Hotel ホテル

カロ
Caro Hotel

モダンなデザインホテル

かつての侯爵邸を改装した5つ星ホテル。館内にはローマ時代のモザイクやイスラム時代の壁などが展示されていて博物館のよう。

アメニティはブルガリ

Map 別冊P.25-D2　バレンシア

- Almirante 14
- ☎963 059 000　FAX963 059 029
- S€179～327（Wi-Fi無料）
- A.M.V.　26　レイナ広場から徒歩5分
- URL www.carohotel.com

セニット・バレンシア
Zenit Valencia

駅に近くて便利

バレンシアの玄関口、ノルド駅のすぐ脇に建つ4つ星ホテル。客室は明るくモダンで、快適に過ごせる。朝食ビュッフェも充実。

ロケーションバッグン！

Map 別冊P.25-C3　バレンシア

- Bailén 8
- ☎963 529 000　FAX963 527 000
- S€72～　W€77～（Wi-Fi無料）
- A.M.V.　67　ノルド駅から徒歩1分
- URL valencia.zenithoteles.com

地元では昼にパエリャを食べることが多いけれど、多くのレストランでは夜も食べられるので安心を。

世界遺産から市民の台所まで
オルチャータを飲みながら
バレンシア旧市街をぐるり

こぢんまりとしている旧市街を巡ったあとはちょっと足を延ばして有名スイーツ店まで。甘いもの好きにはたまらない！

TOTAL 4時間30分

バレンシアおさんぽ TIME TABLE

- 9:30 カテドラル
  ↓ 徒歩2分
- 10:30 サンタ・カタリーナ
  ↓ 徒歩5分
- 11:00 ラ・ロンハ
  ↓ 徒歩すぐ
- 11:30 中央市場
  ↓ 徒歩5分
- 12:00 国立陶器博物館
  ↓ 徒歩15分
- 13:00 トーレブランカ
  ↓ 徒歩1分
- 13:30 コロン市場

塔の上からバレンシアの街が一望できる！

1 街の中心にそびえる カテドラル Catedral 9:30

13世紀半ばにモスク跡に建設が始まり、14世紀末に完成した、ゴシック様式の大聖堂。付属の宝物館には、イエス・キリストが最後の晩餐で使ったといわれる聖杯が納められている。ミゲレテの塔に上ることもできる。

Map 別冊P.25-D2

- ☎963 918 127
- ●月～土10:00～17:30、日・祝14:00～17:30（5～9月は毎日～18:30）、ミゲレテの塔は毎日10:00～19:00 ⓒ10～5月の日曜 ❸€8 URLwww.catedraldevalencia.es

1. レイナ広場に面して建つ。ひときわ目立つのは、南西角にそびえるミゲレテの塔
2. 17～18世紀に改修工事が行われたため、バロック様式や新古典様式も混在する

バレンシアの夏の風物詩

オルチャータって？

キハマスゲ（カヤツリグサ科の多年草）の地下茎の搾り汁に、水と砂糖を加えたもの。スペインの夏に欠かせない飲み物で、産地のバレンシアでは6月頃になると街のあちこちに「Orxata」と書かれた屋台が出る。

2 老舗のオルチャテリア サンタ・カタリーナ Santa Catalina 10:30

色鮮やかなマニセス・タイルで飾られた外装と店内は一見の価値あり。チュロスやアイスクリームもあり、普通のカフェとしても利用できる。

オルチャータはあま～い豆乳のようなやさしい味

Map 別冊P.25-C2

- 🏠Plaza de Santa Catalina 6 ☎963 912 379 ●毎日8:15～21:30 CardM.V. URLwww.horchateria santacatalina.com

1. オルチャータは€2.80。ファルトン（1本€0.85）というパンを浸して食べるのが本場流 2. クラシックな店内

3 かつての商品取引所 ラ・ロンハ La Lonja 世界遺産 11:00

イスラムの王宮があった場所に15世紀末、絹の商品取引所として建てられた。フランボワイヤン・ゴシック様式の豪華な建物は、当時のバレンシアの経済力の大きさを偲ばせる。

1. らせん状の柱や透かし彫りの窓が美しい。19世紀まで商品取引所として使われていた
2. 中央市場の向かいに建つ

Map 別冊P.25-C2

- ☎962 084 153
- ●9:30～19:00（日・祝～15:00）
- ⓒ1/1、12/25 ❸€2
- ※日・祝は無料

オルチャータは不思議な味。かなり甘くて、栄養価も高いそうです。（栃木県・がっきー）

4 中央市場 Mercado Central
バレンシアの胃袋　11:30

1928年に建設された、スペインでも最大規模の市場。野菜や果物、肉類や魚介類はもちろんのこと、パエリャに使われるカタツムリなど珍しい食材も売られている。

Map 別冊P.25-C2

▲ Plaza del Mercado, s/n ●8:00〜14:30 ㊡日・祝
URL www.mercadocentralvalencia.es

1. ガラス張りの外観も美しい
2. 市場の外にはパエリャの屋台もあり気軽に食事ができる
3. 特にお昼前がにぎわう

5 国立陶器博物館 Museo Nacional de Cerámica
建物も一見の価値あり　12:00

バレンシア3大陶器といわれるマニセス、パテルナ、アルコラ焼を中心に、スペイン内外から集められた陶器を所蔵。3階には絵タイルをふんだんに使った台所が再現されている。

19世紀のバレンシアの台所を復元

Map 別冊P.25-D3

▲ Poeta Querol 2 ☎963 085 429 ●火〜土10:00〜14:00、16:00〜20:00、日・祝10:00〜14:00 ㊡月、1/1、5/1、12/24・25・31 ●€3 URL mnceramica.mcu.es

1. ドス・アグアス侯爵邸が博物館になっており、内装もすばらしい
2. 13世紀のマニセス焼からピカソの作品まで、貴重な陶器を展示

6 トーレブランカ Torreblanca
王室御用達のパティスリー　13:00

人気商品のキャビアチョコ

フェリペ6世の結婚披露宴でウエディングケーキを担当したパティシエ、パコ・トーレブランカの店。生菓子のほかチョコなども。

Map 別冊P.25-D3

▲ Conde de Salvatierra 35 ☎963 941 249 ●10:00〜21:00（日〜15:00）㊡月、8月の3週間 Card M.V. URL www.torreblanca.net

1. キャビアチョコ（小€5、大€12）は缶に入っているので、日本へのおみやげにオススメ
2,3. 見た目も美しい各種ケーキは€3〜

7 コロン市場 Mercado de Colón
お茶休憩にぴったり　13:30

カフェでのんびり

かつての市場が改装され、カフェや商店が入る複合施設に。1階にはオルチャータで有名な老舗「ダニエルDaniel」のカフェもある。

1,2. 19世紀末に造られたレンガ造りの外観や骨組みは残したままリニューアル

Map 別冊P.25-D3

▲ 店によって異なる
URL www.mercadocolon.es

バレンシアの火祭り
スペイン3大祭りのひとつ

3月19日の聖ヨセフの日に、ファジャFallaと呼ばれる張子人形を燃やして春の訪れを祝う。祭りのスタートは、街なかに人形が飾られる15日深夜。連日マスクレタと呼ばれる爆竹が鳴らされ、17・18日には民俗衣装を着た女性たちのパレードが行われる。クライマックスは19日の夜。小さな人形から順に火がつけられ、最後に市庁舎広場に置かれた巨大人形が燃やされ、街は炎で赤く染まる。

コロン市場の周辺は、個性的なお店が集まるショッピング街になっている。

旅の成功は準備から！

安全・快適 旅の基本情報

世界遺産を多数抱えるスペインは、世界中からツーリストを受け入れているだけあって、わりと旅はしやすいかも。でも、日本と同じように自由自在に、ってわけにはいかないよね。オンナの旅には、アレコレ準備も必要だし……。思いっきりスペインを楽しむための旅のベーシック、arucoが教えます！

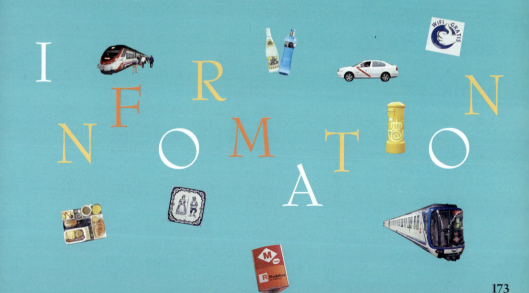

INFORMATION

aruco的 おすすめ旅グッズ

「何を持って行こうかな♪」そう考えるだけで、ワクワク、すでに旅は始まっている。機内での必需品や現地であったら便利なものなど、快適で楽しい女子旅のためのおすすめグッズをご紹介。ぜひ参考にして、旅をパワーアップさせてね！

旅のお役立ちアイテム

☐ ペタンコシューズ
石畳になっている道が多いので、ヒールだと靴がダメになってしまうことも。履きなれた歩きやすい靴で。

☐ はおりもの／ストール
飛行機内のほか、朝晩の冷え込み、日焼け対策にも。夏は教会に入るときに肌の露出もカバーできる。

☐ 折りたたみバッグ／折りたたみ傘
突然の雨に備えて折りたたみ傘は旅のマストアイテム。スーパーや市場での買い物に便利なエコバッグとともにカバンに入れておこう。

☐ 保湿クリームとリップクリーム
スペインはとても乾燥しているので、リップクリームは夏でも必需品。全身用保湿クリームもお風呂のあとで。

☐ スリッパ／ビーチサンダル
ほとんどのホテルにスリッパは常備されていない。部屋では靴を脱いでリラックスしたいもの。夏ならビーチサンダルで代用も。

☐ ウェットティッシュ／ジッパー付きビニール袋
レストランに入っても、おしぼりなんて出てきません。ビニール袋は、ハムやチーズなどの食品を保存したり、濡れたものを入れるのに便利。

☐ 帽子とサングラス
スペインの日差しは強烈。夏に行くなら忘れずに持って行こう。サングラスはUVカットのものがおすすめ。

基本の持ち物チェックリスト

貴重品
- ☐ パスポート
- ☐ 現金（ユーロ、円）
- ☐ クレジットカード
- ☐ eチケット控え
- ☐ 海外旅行保険証書

洗面用具
- ☐ シャンプー、リンス
- ☐ 歯磨きセット
- ☐ 洗顔ソープ
- ☐ 化粧水、乳液

衣類
- ☐ 普段着、おしゃれ着
- ☐ 靴下、タイツ
- ☐ 下着、パジャマ
- ☐ 手袋、帽子、スカーフ

その他
- ☐ 常備薬
- ☐ 生理用品
- ☐ 筆記用具
- ☐ 電卓
- ☐ 目覚まし時計
- ☐ 雨具
- ☐ カメラ、双眼鏡
- ☐ 電池、充電器
- ☐ 携帯電話
- ☐ 変圧器、変換プラグ
- ☐ スリッパ
- ☐ サングラス
- ☐ 裁縫道具
- ☐ プラスチックのスプーン、フォーク

機内手荷物のアドバイス

飛行機内はとても乾燥しているので、リップクリームや保湿クリームは必需品。夏でも空調によっては寒いこともあるので、はおりものも1枚持って。ショールや靴下で体温調節をするとよい。スリッパやアイマスクなどのリラックスグッズ、歯磨きセットもあれば万全。携帯品・別送品申告書を書くボールペンも忘れずに！

機内持ち込み制限についての詳細はP.176をチェック！

眉ばさみが手荷物検査で没収に（泣）。預け荷物に入れておけばよかった。（東京都・ゆり）

知って楽しい！ スペインの雑学

ちょっぴりカタク思うかもしれないけど、これから旅するスペインの歴史や文化、習慣などを出発前にほんの少し勉強しておこう！ 観光はもちろん、買い物や食事をするときなど、現地の人とのコミュニケーションもぐ〜んと楽しくなること間違いなし！

スペインの基礎知識メモ

正式名称	エスパーニャ王国　Reino de España
国旗	上から赤、黄、赤。通称「ロヒグアルダ」
国歌	スペイン王行進曲　Marcha Real
人口	約4693万人　日本の約1/3（2019年）
面積	約50.6万km²　日本の約1.3倍
首都	マドリードMadrid
元首	フェリペ6世　Felipe VI
政体	議会君主制
民族	ラテン系スペイン人　宗教 カトリック約75%
言語	スペイン語（カスティーリャ語）。地方によりカタルーニャ語、バスク語、ガリシア語も使用される

スペインの歴史年表

ローマ帝国の支配　紀元前2世紀〜紀元5世紀初頭
ポエニ戦争でカルタゴを破ったローマはイベリア半島を制圧。植民都市が建設されキリスト教が伝わるなどローマ化が進んだ。

西ゴート族の侵入　5世紀初頭〜711年
ローマ帝国が衰退すると、ピレネー山脈を南下してきた西ゴート族が王国を建設。560年にはトレドに首都がおかれた。

イスラム支配時代　711〜1492年
711年、アラブ系ベルベル人を主力とするイスラム教徒が北アフリカから侵入。半島のほとんどを占領してその土地を「アル・アンダルス」と呼び、首都をコルドバにおいた。

スペイン統一　1492年
半島に残るイスラム教徒最後の砦であるグラナダ王国がカトリック両王によって滅ぼされ、レコンキスタ（国土回復戦争）が完了。また同年にはコロンブスが新大陸に到達した。

内戦から現代まで　1936年〜
第1次世界大戦後の政治的混乱のなか、共和国政府に対しクーデターを起こしたフランコ将軍率いる反乱軍が3年にわたる内戦の末に勝利。フランコが亡くなる1975年まで独裁体制が続いた。その後ブルボン家の王制復古がなされ現在にいたる。

スペインのおもなイベントカレンダー　※を付した日程は毎年変わるので注意

1月　主顕節(6日)　Epifania del Señor
キリストの誕生を祝うため東方の三博士が贈り物を携えてベツレヘムを訪れたとされる日。前日の5日にはおもちゃをかついだ三博士のパレードが行われる。

2月　カーニバル(2月中旬〜下旬※)　Carnaval
四旬節の前に行われる謝肉祭。スペイン各地で仮装パレードが催される。

3月　バレンシアの火祭り(12〜19日)　Las Fallas
聖ヨセフの日に行われる、スペイン3大祭りのひとつ。
詳細は → P.171

4月　聖週間(2020年は4月5日〜12日※)　Semana Santa
「枝の日曜日」から「復活祭」まで、キリストの苦難を供養する1週間。聖木曜日と金曜日にはマリア像やキリスト像を載せた山車が街なかを練り歩く。2021年は3月28〜4月4日。

サン・ジョルディの日(23日)　Dia de Sant Jordi
本の日。カタルーニャ地方の風習で、男性は女性に赤いバラを、女性は男性に本を贈る。

セビーリャの春祭り(聖週間の約2週間後)　Feria de Sevilla
街中にフラメンコ衣装の女性があふれる華やかな祭り。
詳細は → P.162

5月　サン・イシドロ祭(15日)　Fiesta de San Isidro
マドリードの守護聖人の祝日。この日を中心とした1ヵ月間、マドリードでは闘牛やさまざまなイベントが開催される。

聖体祭(5月末〜6月上旬※)　Corpus Christi
教会までの道を花で飾り、十字架を先頭にした聖体行列が行われる。特にトレドやグラナダの聖体祭は盛大なことで有名。

7月　サン・フェルミン祭(6〜14日)　Fiesta de San Fermín
スペイン北東部にあるナバーラ州の州都パンプローナで行われる牛追い祭り。

8月　トマト祭り(8月の最終水曜日)　La Tomatina
バレンシア近郊のブニョールBuñolで開催。人口約1万人の小さな町に3万以上もの人々が集まり、トマトを投げ合う。

9月　メルセ祭(24日)　Fiesta de la Mercè
バルセロナの守護聖人の祝日。巨大人形ヒガンテスのパレードや「人間の塔」のコンテストなどが行われる。

12月　クリスマス(25日)　Navidad
通りはイルミネーションで彩られ華やか。広場や街角にはキリストの誕生を再現したベレン人形が飾られる。

大晦日(31日)　La Noche de Vieja
街の中心広場でカウントダウンが行われ、深夜0時の鐘の音とともに新しい年の幸福を願って12粒のブドウを食べる。

祭りやイベントの情報は、スペイン政府観光局のサイトでチェックできる。URL www.spain.info/ja

スペイン入出国かんたんナビ

日本からスペインへは、イベリア航空の直行便か、どこか1都市を経由しての入国になる。経由国がシェンゲン協定加盟国なら入国審査はその国で行うことになり、スペインでの入国審査は不要。非加盟国ならスペインの空港で簡単な入国審査を受ける。

空港には出発2時間前には着こう！

日本からスペインへ

1 スペイン到着
飛行機でスペインの空港に到着したら、まずは到着（ARRIVAL）の表示に従って進もう。

2 スペイン入国審査
※直行便またはシェンゲン協定加盟国外から到着する場合

審査の列は、パスポートの種類別に「スペイン」「EU諸国」「その他」に分かれており、日本人は「その他」に並ぶ。90日以内の滞在ならビザは不要。パスポートを入国審査官に提示するだけで入国スタンプを押してもらえる。

3 荷物の受け取り
搭乗便名が表示されたターンテーブルから、機内預けにした荷物を受け取る。荷物が出てこなかったり、破損があった場合は、紛失荷物（Lost Baggage）の窓口でバゲージ・クレームタグを見せて交渉する。

4 税関審査
免税範囲であれば検査はなく、「税関申告書」の記入も不要。免税で持ち込めるものは右上の表でチェック。

5 到着ロビー
観光案内所や両替所、レンタカーのカウンターなどがある。市内への交通手段についてはP.178（バルセロナ）、P.180（マドリード）を参照。

スペインへのフライト
日本からスペインへの直行便は、2019年11月現在、イベリア航空のみ。成田～マドリード間を、往路は月・金・土・日曜、復路は木・金・土・日曜の週4便運航しており、所要13～14時間（季節によって便数が変わるので要確認）。ほかの航空会社を利用する場合は、最低どこか1都市を経由することになる。
URL www.iberia.com/jp

● シェンゲン協定加盟国から入国する場合

シェンゲン協定加盟国で飛行機を乗り継いでスペインに入国する場合は、経由地の空港で入国審査が行われるため、その国の入国方式に従うこと。

シェンゲン協定加盟国：アイスランド、イタリア、エストニア、オーストリア、オランダ、ギリシア、スイス、スウェーデン、スペイン、スロヴァキア、スロヴェニア、チェコ、デンマーク、ドイツ、ノルウェー、ハンガリー、フィンランド、フランス、ベルギー、ポーランド、ポルトガル、マルタ、ラトビア、リトアニア、リヒテンシュタイン、ルクセンブルク
（2019年11月現在）

スペイン入国時の免税範囲

品名	内容
たばこ	紙巻き200本、葉巻き50本、刻みたばこ250gのいずれか
酒	アルコール度数22％以上の場合は1ℓ、22％以下は2ℓ
香水	50mℓ、またはオーデコロン250mℓ
通貨	€10,000相当以上の現金は申告が必要

荷物について

リチウムイオン電池は持ち込み手荷物に！

★機内預け荷物 重量制限
エコノミークラスの場合、3辺の合計が158cm以内、1個につき23kg以内の荷物を1個または2個まで持ち込める場合が多い。利用する航空会社や座席クラスによって異なるので確認すること。

★機内持ち込み制限
機内に持ち込める手荷物のサイズや重さは、航空会社によって多少異なるが、基本的には収納棚または座席下に収納できるもの。詳しくは利用する航空会社のサイトなどで確認しよう。またどの航空会社も、液体物（ジェル、エアゾール類含む）は持ち込みが制限されている。100mℓ以下の容器に入った液体物を、ジッパー付き透明プラスチック袋（容量1ℓ以下、ひとり1枚）に入れている場合のみ持ち込みが可能。刃物類（ナイフ、ハサミなど）は持ち込み不可。

乗り継ぎ便はロストバゲージの可能性が増すので、1泊分の着替えや化粧品を機内持ち込み用荷物に入れています。（佐賀県・杏）

スペインから日本へ

1 搭乗手続き
利用航空会社のチェックインカウンターで、eチケットの控えとパスポートを提示して搭乗券を受け取る。機内預け入れ荷物を預け、引換証（バゲージ・クレームタグ）を受け取る。免税手続きが必要な人は、右下参照。

↓

2 搭乗券チェック
搭乗券とパスポートを提示して通過。シェンゲン協定非加盟国を経由して帰国する場合は、入国カードの半券を提出して出国審査を受ける。

↓

3 セキュリティチェック
機内持ち込み手荷物のX線検査とボディチェックを受ける。

↓

4 出国エリアへ
免税店が並んでいるので、買い忘れたおみやげはここでチェック。

↓

5 搭乗
番号を確認して搭乗ゲートへ。搭乗券を提示して機内に乗り込む。

↓

6 帰国
税関審査では、機内で配られた「携帯品・別送品申告書」を提出。別送品がある場合は2枚必要。提出後は到着ロビーへ。長旅おつかれさま！

動物（ハムやソーセージなどの肉製品を含む）や植物（果物、野菜、種）などは、税関検査の前に、所定の証明書類の提出や検査が必要。実際、許可取得済みの肉製品はほとんどないので、持ち込めないと思ったほうがいい。

携帯品・別送品申告書記入例

A面　　　　B面

免税について
スペインの商品には21％の付加価値税（IVA）がかけられている。EU圏外からの旅行者は1日1店舗での購入金額が€90.16以上の買い物をした場合、所定の手続きをすれば、最大13％の金額が戻ってくる。

免税手続きのしかた
空港の免税手続きカウンターで、免税書類（購入店で作成）とレシートを提示し、免税書類にスタンプをもらう。それを空港内の窓口（TAX REFUNDの表示がある）に提出して払戻金を受け取る。クレジットカードの口座に返金してもらう場合は、購入店からもらった封筒に入れて窓口付近の専用ポストに投函する。

日本入国時の免税範囲　　税関 URL www.customs.go.jp

品名	内容
酒類	3本（1本760㎖程度のもの）
たばこ	紙巻きたばこ400本、または葉巻き100本、またはその他500g
香水	2オンス（1オンスは約28㎖。オーデコロン、オードトワレは含まれない）
その他	20万円以内のもの（海外市価の合計額）
おもな輸入禁止品目	・麻薬、向精神薬、大麻、あへん、覚せい剤、MDMA ・けん銃等の鉄砲・爆発物、火薬類 ・貨幣、有価証券、クレジットカード等の偽造品、偽ブランド品、海賊版の品

※免税範囲を超える場合は追加料金が必要。海外から自分宛に送った荷物は別送品扱いになるので税関に申告する。

空港免税店で購入した液体物は、乗り継ぎがあってもSTEBs（不正開封防止袋）運用空港なら日本まで持ち帰れるので確認を。

バルセロナの空港と交通

バルセロナ‐エル・プラット空港は、街の中心部から南西へ約18kmに位置する。また長距離列車が停車するターミナル駅はサンツ駅とフランサ駅のふたつ。

空港案内

バルセロナ‐エル・プラット空港
Aeroport de Barcelona El Prat（BCN）

ターミナル1と2があり、日本から行く場合はほとんどの航空会社の便がターミナル1に到着する。ターミナル間の移動は、6～7分間隔で運行している無料のシャトルバスで所要約10分。URL www.aena.es

おもな航空会社の発着ターミナル

●ターミナル1
アエロフロート・ロシア航空、アリタリア航空、イベリア航空、ブリティッシュ・エアウェイズ、エールフランス、カタール航空、KLMオランダ航空、スイスインターナショナルエアラインズ、スカンジナビア航空、フィンランド航空、ブエリング航空、ポルトガル航空、ルフトハンザ・ドイツ航空など

●ターミナル2
イージージェット、トランサヴィア、ライアンエアーなど

空港から市内へのアクセス

メトロ、スペイン鉄道、空港バス、タクシーの4つの方法がある。行き先や時間帯、人数に応じて選ぼう。

メトロ Metro
料金　片道€4.60
所要　約30分

ターミナル1にあるAeroport T1駅、またはターミナル2のAeroport T2駅から、9S号線で終点のソナ・ウニベルシタリアZona Universitària駅まで所要約30分。5:30頃～23:30頃の間、約7分間隔で運行。

スペイン鉄道 Renfe（Rodalies）
料金　片道€4.20
所要　20～25分

ターミナル2と連絡橋でつながっているAeroport駅から近郊線R-2 Nordに乗る。サンツSants駅まで20分、パセジ・ダ・グラシアPasseig de Gracia駅まで25分。5:42～23:38の間、30分間隔で運行。

空港バス Aerobús
料金　片道€5.90（往復は15日間有効で€10.20）
所要　30～40分

スペイン広場を経由し、カタルーニャ広場（Map 別冊P.6-B1）が終点。6:00～翌1:00の間、5～20分間隔で運行。空港へ行くときはターミナル1行きの「A1」とターミナル2行きの「A2」があるので注意。

タクシー Taxi
料金　€30～40
所要　20～30分

空港バスの乗り場の隣にタクシー乗り場がある。料金はメーター制で、市内中心部まで€25～35程度。これに空港送迎料€3.10、トランクに預ける荷物1個につき€1が加算される。

バルセロナの主要駅

サンツ駅
Estació Sants

マドリードやスペイン各地からの列車、近郊線が発着する。観光案内所、コインロッカー、カフェなど設備も充実。メトロのSants Estació駅と接続。
Map 別冊P.4-A2～B2

フランサ駅
Estació de França

近郊線R-2 Sudのほか、一部の長距離列車が発着。窓口ではAVEなど長距離列車のチケットも購入できる。メトロのBarceloneta駅から徒歩約5分。
Map 別冊P.7-C2

エル・プラット空港の免税窓口はとても混み合っています。手続きする人は時間に余裕をもって空港へ。（群馬県・ana）

バルセロナの市内交通

メトロ
Metro

上がメトロ、下がスペイン鉄道近郊線のマーク

路線は全部で8つ。運行時間は5:00〜24:00（金・土曜と祝日前夜〜翌2:00）。市内ならメトロ、バス、スペイン鉄道近郊線の乗車券は共通で、1時間15分以内なら乗り換えも可能。
地下鉄路線図 **Map** 別冊P.10

チケットの種類

種類	料金	備考
1回券 Bitllet Senzill	€2.20	割高になるので、10回券や1日券がお得。
10回券 Tarjeta-10 (T-10)	€10.20	1枚のチケットを何人かで使うことも可能。
1日券 T-Dia	€8.60	2日券€15、3日券€22、4日券€28.50などもある。

※料金は2019年11月現在。通常、毎年1月に値上がりする。

チケットの買い方

❶ **券売機を見つける**
メトロ駅の改札の手前に設置されている。英語表示も可能。

❷ **切符の種類を選ぶ**
1回券、10回券、1日券などから購入したい切符をタッチ。

❸ **枚数とゾーンを選ぶ**
ゾーンは1から6までだが、市内であればゾーン1でOK。

❹ **料金を支払う**
クレジットカード（JCB、MasterCard、VISA）も使用できる。

メトロの乗り方

❶ 改札を通る

旧型の改札は向かって左側、新型は向かって右側の機械に切符を通す。

❷ ホームへ

ホームの手前には路線番号と駅名が表示されているので、行き先を確認。

❸ ホームで待機

ドアが手動の場合は、ノブを上げるかボタンを押す。閉まるのは自動。

❹ 列車に乗車

出口は「Sortida」。改札はなく柵を押すか自動ドアを通って外に出る。

バス
Autobús

運行時間は6:00頃から22:30頃まで。乗車券（€2.20）は運転手から購入する。メトロと共通の10回券や1日券はバスの車内では買えないので、あらかじめメトロの駅で購入しておこう。

バスの乗り方

❶ **バスを探す**
停留所には路線図や時刻表が貼り出されているので行き先を確認。

❷ **乗車する**
バスはすべて前乗り、後ろ降り。10回券や1日券は検札機に通す。

❸ **降車する**
下車する停留所が次に来たら、車内にある「Stop」ボタンを押す。

スペイン鉄道(Renfe)近郊線
Renfe（Rodalies）

バルセロナには8路線ある。料金はゾーン制で、市内なら€2.20。メトロやバスと共通の10回券や1日券も使用できる。
Renfe近郊線路線図 **Map** 別冊P.11

タクシー
Taxi

空車の表示は「LibreまたはLliure」。主要広場などにタクシー乗り場があるほか、流しのタクシーも多い。ドアの開閉は自分で。基本料金€2.15、以後1kmごとに€1.13（20:00〜翌8:00の夜間、土・日曜、祝日は€1.34）加算。このほか駅やバスターミナルから乗る場合€2.10、空港から乗る場合と空港へ行く場合は€3.10、スーツケース1個につき€1追加。

バルセロナの空港と交通

タクシー運転手へのチップは義務ではないが、ユーロ以下の端数は切り上げて、きりのいい数字で渡すことが多い。

179

マドリードの空港と交通

空の玄関は街の中心から東へ約15kmの所にあるマドリード・バラハス空港。またチャマルティン駅とアトーチャ駅のふたつのターミナル駅がある。

空港案内

マドリード・バラハス空港
Aeropuerto de Madrid-Barajas（MAD）

利用する航空会社によって発着ターミナルが異なるので確認を。ターミナル1、2と、ターミナル4間の移動は、3分間隔で運行している無料のシャトルバスで所要約10分。 URL www.aena.es

おもな航空会社の発着ターミナル

●ターミナル1
アエロフロート・ロシア航空、イージージェット、ターキッシュエアラインズ、タイ航空、ライアンエアーなど

●ターミナル2
エールフランス、KLMオランダ航空、スイスインターナショナルエアラインズ、ポルトガル航空、ルフトハンザ・ドイツ航空など

●ターミナル4
イベリア航空、エミレーツ航空、フィンエアー、ブエリング航空、ブリティッシュ・エアウェイズなど

空港から市内へのアクセス

メトロ、スペイン鉄道、空港バス、タクシーの4つの方法がある。行き先や時間帯、人数に応じて選ぼう。

メトロ Metro
料金 片道€5
所要 20～25分

アエロプエルトAeropuerto（空港）駅から8号線に乗ると、ヌエボス・ミニステリオスNuevos Ministerio駅が終点。6:00頃から翌2:00頃まで運行。通常のメトロ料金に加え、空港料金€3が必要。

スペイン鉄道 Renfe（Cercanías）
料金 片道€2.60
所要 12～26分

ターミナル4から近郊線C-1に乗り、チャマルティン駅まで12分、アトーチャ駅まで26分。6:00頃から23:30頃まで30分間隔で運行。ターミナル1、2には停車しないので注意。

空港バス Aerobús
料金 片道€5
所要 30～40分

ターミナル4からターミナル1、2を経由して、アトーチャ駅が終点。切符は運転手から買う。24時間運行で15～20分おき（23:30～翌6:00はシベーレス広場止まりで35分おき）。

タクシー Taxi
料金 €30
所要 20～30分

到着ロビーを出るとタクシー乗り場がある。ホテルの住所を書いたメモを見せると確実。空港からの料金は定額制になっており、マドリード市内まで€30。また市内から空港へ行く場合も一律€30。

マドリードの主要駅

チャマルティン駅
Estación de Chamartín

パリやリスボンからの国際列車、北部方面行きの高速列車、近郊線などが発着。観光案内所、コインロッカーあり。地下にメトロのChamartín駅がある。
Map 別冊P.13-D1

アトーチャ駅
Estación de Atocha

バルセロナ、バレンシア、アンダルシア方面行きの高速列車が発着。両替所やコインロッカーなど設備も充実している。メトロのAtocha Renfe駅と接続。
Map 別冊P.15-D3

180　チャマルティン駅～アトーチャ駅間の移動は、メトロよりもスペイン鉄道の近郊線が早くて便利です。（岐阜県・ととろ）

マドリードの市内交通

メトロ
Metro

全部で13の路線がある。運行時間は6:00〜翌1:30頃。1回券と10回券は、まず「タルヘタ・ムルティTarjeta Multi」というカード（€2.50、返金不可）を購入し、それにチャージする。
地下鉄路線図 **Map** 別冊P.18

これがメトロのマーク

チケットの種類

種類	料金	備考
1回券 Billete Sencillo	€1.50〜2	割高になるので、10回券やツーリストパスがお得。
10回券 10 Viages (10 Journey)	€12.20	メトロとバスに共通。1枚のチケットを何人かで使うことも可能。
ツーリストパス Abono Turístico	€8.40 (1日券)	2日券€14.20、3日券€18.40などもある。

※料金は2019年11月現在。通常、毎年1月に値上がりする。

チケットの買い方

❶ **券売機を見つける**
　地下鉄駅の改札の手前に設置されている。英語表示も可能。

❷ **切符の種類を選ぶ**
　1回券、10回券、1日券などから購入したい切符をタッチ。

❸ **枚数とゾーンを選ぶ**
　通常はメトロ・マドリードと呼ばれるAゾーンでOK。

❹ **料金を支払う**
　クレジットカード（JCB、MasterCard、VISA）も使用できる。

マドリードの空港と交通

メトロの乗り方

❶ **改札を通る**

改札機の上にある緑色のパネルにカードをタッチして中に入る。

❷ **ホームへ**

ホームの手前には路線番号と駅名が表示されているので、行き先を確認。

❸ **ホームで待機**

ドアが手動の場合は、ノブを上げるかボタンを押す。閉まるのは自動。

❹ **列車に乗車**

出口は「Salida」。改札ではチケットの提示は必要ないので、そのまま外に出る。

バス
Autobús

運行時間は6:00頃から22:30頃まで。乗車券（€1.50）は運転手から購入する。メトロと共通の10回券や1日券はバスの車内では買えないので、あらかじめメトロの駅で購入しておこう。

バスの乗り方

❶ **バスを探す**
停留所には路線図や時刻表が貼り出されているので行き先を確認。

❷ **乗車する**
バスはすべて前乗り、後ろ降り。10回券やバスは検札機にタッチする。

❸ **降車する**
下車する停留所が次に来たら、車内にある「Stop」ボタンを押す。

スペイン鉄道(Renfe)近郊線
Renfe (Cercanías)

マドリードには9路線ある。料金はゾーン制で、市内なら€1.70。メトロやバスと共通のツーリストパスも使用できる。
Renfe近郊線路線図 **Map** 別冊P.19

タクシー
Taxi

空車の表示は「Libre」。主要広場などにタクシー乗り場があるほか、流しのタクシーも多い。ドアの開閉は自分で。基本料金は€4、以後1kmごとに€1.12（21:00〜7:00の夜間、土・日曜、祝日は€1.20）加算される。駅とバスターミナルから乗る場合は€3追加。

メトロ内にはスリが多い。混んでいる車内ではバッグを体の前に抱えるなど充分注意して。

181

スペインの国内移動

主要都市間を移動するなら列車、地方の小さな町を巡るならバス、また時間を節約するなら飛行機が便利。目的地やスケジュールによって交通手段を決めよう。

主要都市の駅の情報は
バルセロナ→P.178
マドリード→P.180

鉄道 Tren

スペインの鉄道は「レンフェRenfe」と呼ばれる。列車によっては混むこともあるので、予定が決まったら早めに予約しておこう。なお駅や線路を管理するのは「アディフAdif」という別会社で、駅にはそのロゴマークが表示されている。
スペイン鉄道 [URL] www.renfe.com

チケットの見方

- 予約番号
- チケット番号
- 乗車日（日／月／年）
- 到着時刻
- 発車時刻
- 目的地
- 乗車地
- 列車番号
- 車両番号
- 料金
- 座席番号
- 座席のクラス
  - Preferente：1等車
  - Turista Plus：プレミアム2等車
  - Turista：2等車

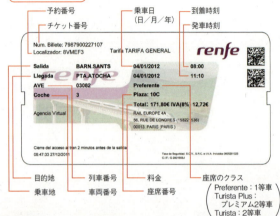

鉄道の乗り方

1 乗車券を買う

行き先、枚数、座席のクラス、片道か往復を書いたメモを渡すとスムーズに購入できる。

2 ホームを確認

列車がどのホームから発車するのか、駅構内にある「Salida出発」と書かれた表示板でチェック。

3 乗車する

AVEや特急列車は、ホームの手前にある改札で乗車券を提示し、荷物のX線検査を受ける。

列車の種類

スペイン鉄道が運行する列車は、おもに以下の4つに区分される。

● **AVE（アベ）／Avant（アバント）**
専用の標準軌を時速約300キロで走る高速列車。バルセロナ～マドリード、マドリード～セビーリャなど長距離を走るAVEと、マドリード～トレドなど中距離を結ぶAvantがある。全席指定制。

● **Grandes Lineas（グランデス・リネアス）**
400km以上の長距離を走る特急・急行列車。Euromed、Altaria、Alvia、Talgo、Diurno、Arco、寝台列車のTrenhotelやEstrellaなど。全席指定制。

● **MD（メディア・ディスタンシア）／ Regionales（レヒオナレス）**
都市と地方を結ぶ中距離線。快速のMDやTRD、普通列車のレヒオナルRegionalなどがある。MDとTRDは全席指定制。

● **Cercanías（セルカニアス）**
バルセロナ、マドリード、バレンシアなどの都市と郊外を結ぶ近郊列車。バルセロナではカタルーニャ語で「Rodalies」とも呼ばれる。全席自由席。

列車の事前予約について

Renfeの公式サイト[URL]www.renfe.comでオンライン購入すると、座席数に限りはあるが、最大60％の割引が受けられる。ただしこの割引チケットは変更不可、キャンセルには手数料がかかるので、よく確認したうえで購入しよう。

AVEの1等は平日は食事付き！

1等のプレフェレンテPreferenteの料金には飲食サービスが含まれており（土・祝を除く）、乗務員が席まで食事を運んでくれる。ただし、マドリード～レオン間やセビーリャ～コルドバ間など、短距離を利用する場合は食事サービスはない。なお、食事サービス条件はよく変わるので確認を。

AVEの1等に乗りました。ちょうど平日のお昼どきだったのでランチが出てきて得した気分でした。（山形県・菜々子）

長距離バス
Autobús

多少時間はかかるが列車よりも安く、また鉄道が通っていない地域でも網の目のようにカバーしている。イースターやクリスマスなど混み合う時期を除けば予約の必要もなく、気軽に利用できる。

バスの乗り方

1 乗車券を買う

利用するバス会社の窓口で、行き先と枚数を告げる。言葉に自信がなければ紙に書いて見せるとよい。ローカルバスは運転手から直接購入する。

↓

2 ホームを確認

大きなバスターミナルだと乗り場（ビアVía）がいくつもあるので、表示板などで確認しよう。表示板がない場合は、運転手や周りの乗客に聞くのが確実。

↓

3 乗車する

運転手に乗車券を提示して車内へ。乗車券に座席番号（プラサPlaza）が記されていたら指定席。大きな荷物は車内に持ち込めないので床下のトランクへ。

移動に役立つ スペイン語

鉄道駅（バスターミナル）はどこですか？
ドンデ・エスタ・ラ・エスタシオン・デ・トレン（アウトブセス）
¿Dónde está la estación de tren (autobuses)?

トレドまでの片道（往復）切符を1枚ください
ウン・ビリェーテ・デ・イダ（イーダ・イ・ブエルタ）ア・トレド、ポル・ファボール
Un billete de ida (ida y vuelta) a Toledo, por favor.

バルセロナのバスターミナル

北バスターミナル
Estació d'Autobusos Barcelona Nord
URL www.barcelonanord.com
Map 別冊P.7-D1

マドリードのバスターミナル

南バスターミナル
Estación Sur de Autobuses
URL estaciondeautobuses.com
Map 別冊P.13-D3

おもなバス会社

アルサ
URL www.alsa.es

アバンサ
URL www.avanzabus.com

時刻表の読み方
directo …………………… 直通バス
ruta …………………… 普通バス
diario …………………… 毎日
laborables ……… 月～金曜（祝日を除く）
de lunes a sabados ……… 月～土曜
domingos y festivos ……… 日曜・祝日

国際運転免許証の取り方

居住地の管轄内の運転免許センターや運転免許試験場で申請すると、その場で発行してくれる。必要なものは、国内運転免許証、パスポート、写真1枚、手数料2350円。有効期間は取得日から1年間。

飛行機
Avión

長距離の移動で時間を節約したいときは、飛行機が便利。予定が決まったら早めに航空会社のウェブサイトで予約を。航空券の種類によってはキャンセル不可、変更には手数料がかかるなどの制限があるので、よく確認すること。

おもな航空会社
- イベリア航空　URL www.iberia.com
- エア・ヨーロッパ　URL www.air-europa.com
- ブエリング航空　URL www.vueling.com

レンタカー
Coche Alquiler

小さな町や村を巡るならレンタカーが便利。道路はよく整備されていて走りやすい。空港や主要駅などにある営業所で借りられるが、希望する車種がある場合はあらかじめ日本で予約しておいたほうが安心。保険には必ず入っておこう。

おもなレンタカー会社
- ハーツ　URL www.hertz.com
- エイビス　URL www.avis-japan.com
- ヨーロッパカー　URL www.europcar-jp.net

コインロッカーはスペイン語で「コンシグナ・アウトマティカ Consigna Automática」という。

旅の便利帳

スペインの旅に必要なノウハウをわかりやすくまとめました。
旅の基本をきっちり押さえていれば、
イザというときにあわてず対処できるよね。

さくっと要点チェック！

お金・クレジットカード

お金
スペインで使用されている通貨は、EU統一通貨のユーロ（€）とセント（Cent）。それぞれのスペイン語読みは「エウロ」と「センティモ」。€1＝100セント＝約120.4円（2019年11月9日現在）。

クレジットカード
ホテルやレストラン、スーパー、地下鉄の自動券売機などでは、MastercardやVISAなど国際ブランドのカードならばたいてい使える。大金を持ち歩くのはリスクが高いので、両替はできるだけ最小限にとどめて、カードで支払うのが賢い方法。カード利用時にはPIN（暗証番号）が必要なので、事前に確認しておこう。

ATM
空港や駅、街なかなどいたるところにあり、MastercardやVISAなど国際ブランドのカードでユーロをキャッシングできる。出発前に海外利用限度額と暗証番号を確認しておこう。もちろん金利には留意を。

€5　€10　€20　€50　10セント　20セント　50セント
€100　€200　€500　1セント　2セント　5セント　€1　€2

電話

スペインの電話番号にはエリア番号はあるが、日本のように市外局番扱いではないので、同じエリア内でも必ずエリア番号から押す。公衆電話は、コインとテレホンカード式。テレホンカードはたばこ屋やキオスクなどで購入できる。また一般のテレホンカードよりもお得なプリペイドカードも販売されている。日本からスペインへは、マイラインの国際区分に登録してある場合は、国際電話会社の番号は不要。携帯電話からの利用方法やサービス内容は各社に問い合わせを。

日本からスペインへ
国際電話会社の番号 001/0033/0061 など ＋ 国際電話識別番号 010 ＋ スペインの国番号 34 ＋ 相手の電話番号（9桁）

スペインから日本へ
国際電話識別番号 00 ＋ 日本の国番号 81 ＋ 相手の電話番号（固定電話・携帯とも最初の0は取る）

現地での電話のかけ方
エリア番号を含め9桁の番号をそのままかける

スペインでは両替できる銀行が少ないので、クレジットカードでのキャッシングが便利です。（奈良県・みつこ）

電源・電圧

スペインの電圧は220V、周波数は50Hz。プラグは2ピンのCタイプ。日本国内用の電化製品をスペインで使用する場合は、変圧器とプラグアダプターが必要。携帯電話やカメラの充電器、パソコンのバッテリーなど、海外対応の電化製品なら、プラグアダプターだけあれば使用できる。

トイレ

スペイン語でトイレは「Lavabosラバボス」または「Aseosアセオス」。女性は「Señorasセニョーラス」、男性は「Caballerosカバジェロス」。それぞれの頭文字の「S」「C」だけ表示されている場合もある。街なかに公衆トイレは少ないので、美術館やレストランなどに行った際に済ませておきたい。

郵便

郵便局は「Correoコレオ」という。営業時間は通常9:00～14:00。日曜と祝日は休み。切手だけならタバコ屋でも購入できる。日本へのエアメールは、はがき、封書（20gまで）ともに€1.35。ポストの投入口がふたつある場合、日本へはExtranjero（海外）などと書かれたほうへ投函する。

水

スペインの水道水は硬水で石灰分が多い。そのまま飲むこともできるが、水が変わると体調を崩すこともあるので、敏感な人はミネラルウォーター（Agua Mineralアグア・ミネラル）を。炭酸なし（sin gasシン・ガス）と炭酸入り（con gasコン・ガス）の2種類がある。

インターネット

スペインでは無線LAN接続（Wi-Fiワイ・ファイ）のスポットが増えている。多くのホテルでも利用可能だが、有料の場合もあるので、使用する予定の人は要チェック。無料の場合は、申し出ればレセプションでパスワードなどを教えてくれる。都市部では無料でWi-Fiが利用できるカフェもある。

喫煙

2011年から禁煙法が施行され、公共の施設内での喫煙は禁止となっている。レストラン、バル、カフェなども禁煙なので、たばこを吸う人は要注意。

チップ

料金にサービス料が含まれている場合は不要。含まれていない場合、レストランでは食事代の5～10%が目安。ホテルでは、ベルボーイやルームサービスに対して、1回につき€1程度。

マナー

スペインを観光するときに、気をつけたいマナーがいくつかある。教会は観光客も訪れるが、信仰の場所であることを心得て。夏でも肌の露出は控え、帽子は脱ぎ、静かに鑑賞すること。ミサの時間は見学を控えよう。また写真撮影可能な美術館でも、作品保護のためにフラッシュや三脚は使用禁止。そしていちばん大切なことは、あいさつをすること。店に入るときは「こんにちは」、出るときは「ありがとう」など、あいさつだけは忘れずに。ブランドショップでは勝手に商品に触れず、見たい場合はスタッフに声をかけよう。

生活時間

スペインでは昼食は14:00から、夕食は21:00からが一般的。また、14:00～17:00頃に昼休みをとる習慣がある。昼食時間までが午前中で、あいさつも14:00頃までは「おはよう」と言う。

旅の安全情報

女の子同士、グループでワイワイ楽しく旅していると気もゆるみがち。
日本にいるとき以上に、警戒アンテナをピンとたてることを忘れないで！
トラブルのパターンをあらかじめ知って、災難を回避しよう。

注意してね〜

治安
体に危害を加える暴力的な犯罪は多くないが、スリや置き引き、ひったくりなど、観光客を狙った犯罪が発生している。貴重品は絶対に体から離さず、レストランやカフェなどで荷物を置くときは特に注意すること。基本的な注意を払えば防げる犯罪が多いので、自分の身は自分で守るよう肝に銘じて。下記サイトも参考にしよう。
●外務省 海外安全ホームページ
URL www.anzen.mofa.go.jp

病気・健康管理
普段は元気な人でも、旅行中は気候や環境の変化などで急に体調を崩すこともある。思わず食べ過ぎたり、暑いなかを1日中歩きっぱなしだったりと、疲れをためてしまいがち。充分睡眠をとって、絶対に無理しないこと。風邪薬や胃腸薬などは使い慣れたものを日本から持っていこう。湿布類もあるといい。インフルエンザなど事前の海外感染症情報のチェックも欠かさないで。

海外旅行保険
海外でケガや病気をして医者に診てもらうと、多額の医療費がかかる。ほかにもどんなアクシデントに見舞われるかわからないので、海外旅行保険には必ず加入しておこう。緊急時に日本語による電話サービスが受けられるものなら心強い。インターネットのサイトから申し込むと割引される保険会社もあるのでチェックしてみて。補償内容や現地連絡先は、前もって確認しておくこと。

こんなことにも気をつけて！

事前に手口を知って、トラブルはできるだけ避けよう！

エピソード1 メトロの車内でカメラをすられた！
ショルダーバッグの外ポケットに入れていたカメラがなくなっていました。メトロの車内で、自分の周辺だけ混んでいるので変だと思ったのですが、どうやらそのときに盗まれたようです。財布やカメラを外ポケットに入れないのはもちろん、バッグは手で押さえるなど注意が必要だと思いました。（奈良県・けいこ）

エピソード2 飲食店でも気を抜かないで
バルセロナのランブラス通りに面したレストランで食事をしていたら、店員さんが大声で何か叫びました。振り向くと男の人がイスの背もたれに掛けていた私のバッグを持って行こうとしているところでした。店員さんが気がついてくれたからよかったけど、店の中だからといって安心はできません。（埼玉県・美香）

エピソード3 ニセ警官には気をつけて！
マドリードで、地図を持った観光客らしき人に道をたずねられました。そこに警察官を名乗る男が現れ、偽札のチェックをしているので財布を見せるよう言われました。事前にガイドブックを見て手口を知っていたのですぐにその場を離れましたが、財布を出すとお札を抜き取られるようです。（福岡市・めんたいこ）

エピソード4 旧市街の路地でひったくりに遭遇
ネットで見つけたお店へ行こうと、iPhoneを見ながらバルセロナのゴシック地区を歩いていたときのこと。路地から突然男が現れ、私が手にしていたiPhoneを奪って走り去りました。とっさのことでどうしようもありませんでした。人通りの少ない道を歩くときには、特に気をつけましょう。（北海道・匿名希望）

エピソード5 いまも健在！ケチャップ強盗
街を歩いていたら「服に何か付いてるよ」と声をかけられました。これが噂に聞くケチャップ強盗（服にケチャップを付け、親切そうに汚れを落とすフリをして貴重品を盗む）かと思い無視しました。ケチャップだけでなく、アイスクリームや鳥のふんなど、いろんなパターンがあるようです。（東京都・まみぞう）

エピソード6 声をかけてくる人はドロボウと思え！
「アンケートにご協力お願いします」と声をかけられ、質問に答えているうちに、財布をスラれたばかりに！また、おばさんに花を売りつけられ、財布からお金を出そうとしていると勝手にお札を持っていかれた、という話も聞きました。とにかく声をかけてくる人に対しては警戒したほうがいいです。（広島県・えみ）

スペインではスマホの盗難も多いそう。レストランのテーブルなどに置きっぱなしにしないように気をつけて。（沖縄県・結）

困ったときのイエローページ
トラブル別

トラブル1 パスポートを紛失したら

まずは警察に届け出て、現地日本国大使館で新規発給の手続きを

パスポートの盗難に遭ったり、紛失してしまったら、すぐに最寄りの警察に届け出て「紛失一般旅券等届出書」を発行してもらうこと。それを持って日本国大使館へ行き、パスポートの紛失届と新規発給の申請を行う。あらかじめ顔写真のページのコピーやパスポート規格の写真を用意しておくと手続きがスムーズ。

パスポート新規発給の申請に必要なもの
- ☐ 現地警察署等が発行する紛失届出証明書
- ☐ 写真2枚（縦45mm×横35mm）
- ☐ 戸籍謄本または抄本（6ヵ月以内発行のもの）
- ☐ 旅程が確認できる書類（eチケットやツアー日程表など）
- ☐ パスポートの「顔写真が貼られたページ」のコピー
（※申請の手数料は、申請内容により異なります）

トラブル2 事件・事故に遭ったら

すぐに警察や日本国大使館で対応してもらう

事件に巻き込まれたり、事故に遭ってしまったら、すぐに最寄りの警察に届けて対応してもらう。事故の内容によっては日本国大使館に連絡して状況を説明し、対処策を相談しよう。

緊急連絡先
- 警察　**112**
- 在スペイン日本国大使館（マドリード）　**915 907 600**
  Map 別冊P.17-D1
- 在バルセロナ日本国総領事館（バルセロナ）　**932 803 433**
  Map 別冊P.4-B1

トラブル3 クレジットカードを紛失したら

盗難でも紛失でも、至急利用停止手続きを

クレジットカードを紛失したら、すぐにカード発行金融機関に連絡して、カードの利用を止めてもらう。出発前にカード裏面の「発行金融機関名」、緊急連絡先をメモしよう。盗難なら警察にもすぐ連絡。

緊急連絡先　カード会社
- Visa　900-99-8947※
- アメリカンエキスプレス　900-99-4447※
- ダイナースクラブ　81-3-6770-2796
- JCB　9009781-78※
- マスターカード　900-97-1231※

※：トールフリー（日本語対応）

トラブル4 病気になったら

緊急の場合は迷わず救急車を呼び、保険会社への連絡も忘れずに

急な体調異変で、容易に動けないほど緊急の場合は、自分で救急車を呼ぶか、ホテルの人に呼んでもらう。海外旅行保険に加入している場合は、保険会社のサービスセンターに連絡して提携病院などを教えてもらおう。

緊急連絡先
- 救急・消防　**112**

トラブル5 荷物を忘れたら

落とした場所の遺失物取扱所に問い合わせる

乗り物内での忘れ物にすぐ気がついたら、最寄りの窓口で対応してもらう。空港ならバゲージクレームへ。機内で紛失した荷物は利用した航空会社へ問い合わせを。

緊急連絡先　遺失物取扱所
- マドリード市役所の遺失物センター　**915 279 590**
- バルセロナ市役所の遺失物センター　**010**

その他連絡先

保険会社（日本のカスタマーセンター）
- 損保ジャパン日本興亜　(0120) 666-756
- AIG損保　(0120) 016-693
- 東京海上日動　(0120) 868-100

航空会社（スペイン）
- イベリア航空　901 111 500
- エールフランス航空　902 207 090
- KLMオランダ航空　913 754 546
- ルフトハンザ航空　902 883 882
- スイスインターナショナルエアラインズ　901 116 712
- アリタリア航空　902 100 323

外務省海外旅行登録「たびレジ」に登録しよう。旅先の最新の安全情報などが得られる。URL www.ezairyu.mofa.go.jp/tabireg/

index

▶：プチぼうけんプランで紹介した物件

見る・遊ぶ

名称	エリア	ページ	別冊MAP
アントニ・タピエス美術館	アシャンプラ地区	76	P.9-C2
王の広場	ゴシック地区	73	P.8-B2
カサ・アマトリェール	アシャンプラ地区	77	P.9-C3
カサ・バトリョ	アシャンプラ地区	65	P.9-C3
カサ・ビセンス	グラシア地区	14,66	P.5-C1
カサ・ミラ	アシャンプラ地区	65	P.9-D2
カタルーニャ音楽堂	旧市街	67	P.8-B1
カテドラル	ゴシック地区	73	P.8-A2
▶カルメル要塞	新市街	21	P.5-D1
カンプ・ノウ	新市街	52	P.4-A1
▶グエル公園	新市街	64	P.5-C1
グエル邸	旧市街	66	P.6-B2
▶コルドベス	ランブラス通り	51	P.6-B2
コロニア・グエル教会	バルセロナ郊外	66	P.3-D1
▶サグラダ・ファミリア聖堂	アシャンプラ地区	24,64	P.5-C2
サン・アントニ市場	サン・アントニ	14,69	P.6-A1
サン・ジュセップ市場	ランブラス通り	68	P.6-B1
サンタ・カタリーナ市場	ボルン地区	68,74	P.8-B2
サンタ・マリア・ダル・マル教会	ボルン地区	74	P.8-B3
サン・パウ病院	サグラダ・ファミリア周辺	67	P.5-D2
市歴史博物館	ゴシック地区	73	P.8-B2
ダリ劇場美術館	フィゲラス	106	本誌P.107
ダリの家美術館	カダケス	107	P.3-D1
ニノット市場	アシャンプラ地区	69	P.4-B2
ピカソ美術館	ボルン地区	70	P.8-B2
ボルン・カルチャーセンター	ボルン地区	74	P.7-C2
▶マジカ噴水	モンジュイック	23	P.4-B3
▶港のロープウエイ	モンジュイック~バルセロネータ	22	P.6-A2~B3
ミロ美術館	モンジュイック	71	P.4-B3
▶モンジュイックのゴンドラ	モンジュイック	22	P.4-B3
▶モンセラット	バルセロナ郊外	30	P.3-D1
レイアール広場	ゴシック地区	72	P.8-A2
アルムデナ大聖堂	王宮周辺	119	P.14-A2
王宮	旧市街	118	P.14-A2
海事博物館	プラド通り周辺	121	P.15-C2
国立装飾美術館	プラド通り周辺	121	P.15-D2
▶コラール・デ・ラ・モレリア	王宮周辺	51	P.14-A3
サン・アントン市場	チュエカ地区	40	P.16-B2
サン・イシドロ教会	旧市街	123	P.16-A3
サン・イルデフォンソ市場	チュエカ地区	40	P.16-B1
サンティアゴ・ベルナベウ	新市街	53	P.13-D1
サン・ミゲル市場	ソル周辺	38	P.16-A3
セゴビア	カスティーリャ地方	144	P.2-B2
セラルボ美術館	スペイン広場周辺	120	P.14-A1
ソフィア王妃芸術センター	プラド通り周辺	117	P.15-C3
ソローリャ美術館	サラマンカ地区	121	P.17-C1
ティッセン・ボルネミッサ美術館	プラド通り周辺	116	P.15-C2
デスカルサス・レアレス修道院	ソル周辺	122	P.16-A2
ビリャ広場	ソル周辺	123	P.16-A3
ビリャ・ロサ	ソル周辺	131	P.16-B3
プエルタ・デル・ソル	旧市街	122	P.16-B2
プラテア	サラマンカ地区	41	P.17-C3
プラド美術館	プラド通り周辺	112	P.15-C2~C3
マヨール広場	ソル周辺	123	P.16-A3
ラストロ	旧市街	148	P.16-A3
ラス・ベンタス闘牛場	新市街	58	P.13-D2
ラ・マンチャ	ラ・マンチャ地方	146	P.2-B2
ロマン主義美術館	チュエカ地区	120	P.16-B1
▶ワンダ・メトロポリターノ・スタジアム	新市街	15	P.13-D2外
エル・グレコ美術館	トレド	44	P.12-A2
▶カテドラル(トレド)	トレド	44	P.12-B2
サンタ・クルス美術館	トレド	43	P.12-B1
サント・トメ教会	トレド	44	P.12-A2
アルカイセリア	旧市街	154	P.21-C3
アルバイシン地区	アルバイシン	150	P.21-C2
アルハンブラ宮殿	アルハンブラ	151	P.21-D1
王室礼拝堂	旧市街	154	P.21-C3
カテドラル	旧市街	154	P.21-C3
▶クエバ・デ・ラ・ロシオ	サクロモンテ	50	P.21-C1
▶フラメンコレッスン	旧市街	51	P.21-C2
アルカサル(コルドバ)	コルドバ	165	P.24-B2
アルカサル(セビーリャ)	セビーリャ	160	P.22-B2
インディアス古文書館	セビーリャ	160	P.22-B2
カテドラルとヒラルダの塔	セビーリャ	161	P.22-B2
カルモナ	セビーリャ郊外	172	P.2-B3
救済病院	セビーリャ	161	P.22-B2
花の小道	コルドバ	165	P.24-A3
フラメンコ舞踊博物館	セビーリャ	162	P.22-B1
▶フリヒリアナ	アンダルシア	57	P.2-B3
ミハス	アンダルシア	56	P.2-B3
メスキータ	コルドバ	164	P.24-A3
メディナ・アサアラ	コルドバ郊外	14	P.2-B3
ロス・ガリョス	セビーリャ	162	P.22-B2
ロンダ	アンダルシア	166	P.2-B3
グッゲンハイム美術館	ビルバオ	36	P.26-B3
サン・フアン・デ・ガステルガツェ	ビルバオ郊外	37	P.3-C1
ビスカヤ橋	ビルバオ郊外	37	P.26-A3外
モンテ・イゲルド	サン・セバスティアン	34	P.26-A2外
エル・パルマール	バレンシア郊外	168	P.3-C2
カテドラル(バレンシア)	バレンシア	170	P.25-D2
国立陶磁器博物館	バレンシア	171	P.25-D3
コロン市場	バレンシア	171	P.25-D3
中央市場	バレンシア	171	P.25-C2
ラ・ロンハ	バレンシア	170	P.25-C2

食べる

名称	エリア	ページ	別冊MAP
アンドレウ	アシャンプラ地区	87	P.9-C2
エウスカル・エチェア	ボルン地区	82	P.8-B3
エル・カングレホ・ロコ	オリンピック港	78	P.7-D3

188

食べる（承前）

バルセロナ

名称	エリア	ページ	別冊MAP
エル・シャンパニェト	ボルン地区	82	P.8-B3
エルチェ	旧市街	80	P.6-A2
カエルン	ゴシック地区	88	P.8-A2
カサ・ロレア	旧市街	84	P.8-B1
カステイ・デ・シャティバ	アシャンプラ地区	81	P.5-C2
カフェ・デ・ラ・ペドレラ	アシャンプラ地区	65,76	P.9-D2
カラヌリ・プラヤ	オリンピック港	79	P.7-C3
カル・ピンチョ	バルセロネータ	81	P.7-C2
キメ・キメ	パラレル周辺	83	P.6-A2
▶ グランハ・ドゥルシネア	ゴシック地区	55	P.8-A2
コネサ	ゴシック地区	87	P.8-A2
セッテ・ポルタス	旧市街	81	P.8-B3
タペオ	ボルン地区	82	P.8-B3
▶ チュレリア・ライエタナ	旧市街	54	P.8-B1
トロピコ	ラバル地区	87	P.6-A2
バルデニ	アシャンプラ地区	85	P.5-D2
バル・デル・プラ	ボルン地区	74	P.8-B2
▶ バル・ブルタル	ボルン地区	49	P.8-B2
ビニトゥス	アシャンプラ地区	84	P.9-C3
ブボ	ボルン地区	75,89	P.8-B3
フラックス&ケール	アシャンプラ地区	87	P.9-C3
ブルンチ・アンド・ケイク	アシャンプラ地区	86	P.9-C3
▶ ペトリチョル・チョコア	ゴシック地区	55,72	P.8-A2
マリスコ	ランブラス通り周辺	80	P.8-A2
ミラマール	モンジュイック	22	P.6-A2
▶ モン・バル	アシャンプラ地区	49,85	P.9-C3
ラ・エスキーナ	カタルーニャ広場周辺	86	P.9-C3
ラ・タスケータ	パラレル周辺	83	P.4-B3
ラ・トリエール	パラレル周辺	83	P.4-B3
ラ・パスティセリア・バルセロナ	アシャンプラ地区	89	P.9-C2
▶ ラ・パリャレサ	ゴシック地区	55,88	P.8-A2
ラ・ビニャ・デル・セニョール	ボルン地区	75	P.8-B3
ラ・ルビア	旧市街	81	P.6-A1
ロカンボレスク	ランブラス通り	108	P.6-B2

マドリード

名称	エリア	ページ	別冊MAP
アナ・ラ・サンタ	ソル周辺	130	P.16-B3
エル・リオハーノ	ソル周辺	133	P.16-A2
カサ・シリアコ	王宮周辺	127	P.16-A3
カサ・ラブラ	ソル周辺	123	P.16-A2
サンタ・エウラリア	王宮周辺	132	P.16-A2
▶ サン・ヒネス	ソル周辺	55	P.16-A2
セバーダ市場	旧市街	15	P.16-A3
タベルナ・テンプラニーリョ	ソル周辺	49	P.16-A3
デ・マリア	グラン・ビア	129	P.16-A1
バロール	ソル周辺	55	P.16-A2
ビニャ・ペー	ソル周辺	131	P.16-B3
ベー・デー・ホタ	サレーサス地区	137	P.16-B1
ボティン	ソル周辺	127	P.16-A3
ママ・フランボワーズ	サレーサス地区	133	P.16-B1
マヨルカ	サラマンカ地区	133	P.17-C3
ムセオ・デル・ハモン	ソル周辺	129	P.16-B2
メソン・シンコ・ホタス	サラマンカ地区	128	P.17-D3
メソン・デル・チャンピニョン	ソル周辺	123	P.16-A3
ラ・グロリア・デ・モンテーラ	グラン・ビア周辺	108	P.16-B2
ラス・ディエス・タパス・デ・サンタ・アナ	ソル周辺	131	P.16-B3
ラス・テラサス・デル・ティッセン	プラド通り周辺	132	P.15-C2
▶ ラス・ファロラス	ソル周辺	55	P.16-A2
ラ・ドゥケシータ	チュエカ地区	125	P.16-B1
ラ・バラッカ	チュエカ地区	124	P.16-B2
ラ・ビノテカ・バルベチェラ	ソル周辺	130	P.16-B3
ラ・ベセラ	チュエカ地区	15	P.16-B1
ラ・ボラ	王宮周辺	126	P.16-A2
ラ・リア	ソル周辺	108	P.16-B2
ラルディ	ソル周辺	133	P.16-B2
ル・パン・コティディアン	サラマンカ地区	132	P.17-C3
レディ・マドンナ	サレーサス地区	136	P.16-B1
▶ ロス・クラリネス	新市街	59	P.13-D2

トレド

名称	エリア	ページ	別冊MAP
サン・アグスティン市場	トレド	44	P.12-B1
バレンシア・デ・ララ	トレド	44	P.12-B1

グラナダ

名称	エリア	ページ	別冊MAP
アラヤネス	旧市街	155	P.21-C2
カサ・イスラ	旧市街	154	P.21-D3
カサ・フェルナンド	旧市街	157	P.21-D3
カサ・フリオ	旧市街	156	P.21-C2
カスバ	旧市街	155	P.21-C2
カルメン・ミラドール・デ・アイシャ	アルバイシン地区	158	P.21-C1
プエルタ・デル・カルメン	旧市街	158	P.21-D3
ボアブディル	旧市街	156	P.21-C2
ボデガス・カスタニェダ	旧市街	156	P.21-C2
ラ・チコタ	旧市街	157	P.21-D3
レオン	旧市街	158	P.21-C2
ロス・イタリアーノス	旧市街	155	P.21-C2
ロス・ディアマンテス	旧市街	157	P.21-D3

アンダルシア

名称	エリア	ページ	別冊MAP
エル・カバーリョ・ロホ	コルドバ	165	P.24-A3
エンリケ・ベセラ	セビーリャ	163	P.22-A2
カフェテリア・ビストロ	セビーリャ	163	P.22-A1
ボデギータ・カサブランカ	セビーリャ	163	P.22-B2

バスク

名称	エリア	ページ	別冊MAP
▶ アスケナ	サン・セバスティアン	32	P.26-B1
ガンダリアス	サン・セバスティアン	33	P.26-A1
▶ グレ・トキ	ビルバオ	37	P.26-B3
シャルマ	サン・セバスティアン	34	P.26-B1
▶ ボデガ・ドノスティアラ	サン・セバスティアン	34	P.26-B1
ラ・ビニャ	サン・セバスティアン	33	P.26-B1
▶ ラ・ビニャ・デル・エンサンチェ	ビルバオ	37	P.26-B3

バレンシア

名称	エリア	ページ	別冊MAP
エル・グラネール	バレンシア郊外	169	地図外
サンタ・カタリーナ	バレンシア	170	P.25-C2
▶ ナバーロ	バレンシア	169	P.25-C3

買う

バルセロナ

名称	エリア	ページ	別冊MAP
アラマール	ボルン地区	92	P.8-B2
アルキミア	アシャンプラ地区	97	P.9-C3
エスパイ・ミクラ	ボルン地区	93	P.8-B3
エル・コルテ・イングレス	カタルーニャ広場	101	P.8-A1
エントレ・ラタス	グラシア地区	98	P.9-D1
オー・エメ・ヘー・バルセロナ	ボルン地区	94	P.8-B2
▶ オリス・オリーバ	ボルン地区	46	P.8-B2
▶ オロリキッド	ゴシック地区	47,97	P.8-A2

名称	エリア	ページ	別冊MAP
カカオ・サンバカ	アシャンプラ地区	99	P.9-C3
カサ・ジスペルト	ボルン地区	75	P.8-B3
カプリチョ・デ・ムニェカ	ボルン地区	91	P.8-B2
クリスティーナ・カスタニェール	アシャンプラ地区	90	P.9-C2
コクア	ゴシック地区	90	P.8-A2
コルマード・カサ・ブエンディア	アシャンプラ地区	98	P.5-C2
コレット	ボルン地区	93	P.8-B3
ザラ	アシャンプラ地区	別冊P.35	P.9-D3
ザラ・ホーム	グラシア通り	77	P.9-D3
スコール	ゴシック地区	99	P.8-A3
ストラディバリウス	ゴシック地区	別冊P.35	P.9-C3
スーベルコル	サグラダ・ファミリア聖堂周辺	101	P.5-D2
セクレツ・デル・メディテラニ	アシャンプラ地区	98	P.7-C1
セレリア・スピラ	ゴシック地区	73	P.8-B2
タリェール・デ・アマポーラ	ボルン地区	97	P.8-B2
チョコラテス・ブレスコ	アシャンプラ地区	99	P.9-D3
ティエンダ・パラウ・モハ	ランブラス通り	94	P.8-A1
デシグアル	アシャンプラ地区	別冊P.35	P.9-C2〜D2
ナイス・シングス	アシャンプラ地区	108	P.9-C2
パパブブレ	ゴシック地区	99	P.8-A3
ビアリス	ボルン地区	90	P.8-B3
ビセンス	ゴシック地区	60	P.8-A2
▶ ビラ・ビニテカ	ボルン地区	48	P.8-B3
ビンバ・イ・ロラ	グラシア通り	76	P.9-D2
プリティ・バレリーナ	グラシア通り	76	P.9-D2
ブル&ベア	旧市街	別冊P.35	P.8-A1
ベルシュカ	アシャンプラ地区	別冊P.35	P.8-B2
マレマグナム	ポルト・ベイ	108	P.6-B3
マンゴ	アシャンプラ地区	別冊P.35	P.9-D3
メルカドーナ	アシャンプラ地区	100	P.9-D3
モンセ・リアルテ	ボルン地区	92	P.8-B2
▶ モンビニック・ストア	アシャンプラ地区	48	P.9-C3
ラ・カイシャ・デ・ファング	ゴシック地区	95	P.8-A2
ラ・チナタ	旧市街	97	P.6-B1
ラ・ノストラ・シウタット	ゴシック地区	94	P.8-A4
ラ・マヌアル・アルパルガテラ	ゴシック地区	72	P.8-A2
ラ・モデルナ・シングラール	サン・アントニ	95	P.6-A1
ルボ	アシャンプラ地区	91	P.9-C2
ロエベ	グラシア通り	77	P.9-C3
ロシミナ	ボルン地区	93	P.8-B2
ロレーナ	ボルン地区	91	P.8-B3
ワワス・バルセロナ	ボルン地区	95	P.8-B2
アガタ・ルイス・デ・ラ・プラダ	サラマンカ地区	135	P.17-C3
アドルフォ・ドミンゲス	サラマンカ地区	134	P.17-C3
アバルカ	サレーサス地区	137	P.15-C1
アビヴィータ・フラッグシップストア	サレーサス地区	137	P.15-C1
アルテスティーロ	プラド通り周辺	138	P.15-C2
▶ エル・コルテ・イングレス(グルメ・エクスペリエンス)	ソル周辺など	41, 140	P.16-A2, P.17-C2
オーク	チュエカ地区	124	P.16-B1
オーツー・ライフスタイル・ゾーン	ソル周辺	139	P.16-A2
カサ・エルナンデス	ソル周辺	139	P.16-A3
カサ・ミラ	ソル周辺	60	P.16-B2
カンタロ	グラン・ビア周辺	138	P.16-A1
カンペール	サラマンカ地区	134	P.17-C3
ザラ	グラン・ビア	別冊P.35	P.16-A2
ストラディバリウス	グラン・ビア	別冊P.35	P.16-A2
ソル・アンド・ロール	サレーサス地区	136	P.16-B1
ディメ・ケ・メ・キエレス	チュエカ地区	125	P.16-B1
デシグアル	グラン・ビア周辺	別冊P.35	P.16-A2
デフローレス・イフローレス	サレーサス地区	137	P.15-C1
トウス	サラマンカ地区	135	P.17-C2
パトリモニオ・コムナル・オリバレロ	チュエカ地区	47	P.16-B1
ブル&ベア	グラン・ビア	別冊P.35	P.16-A2
ベルシュカ	グラン・ビア	別冊P.35	P.16-B2
ホス・イントロピア	サラマンカ地区	135	P.17-C3
マドリード・スーベニールス	王宮周辺	139	P.16-A2
マラババ	サレーサス地区	136	P.16-B1
マンゴ	グラン・ビア	別冊P.35	P.16-B2
モット	チュエカ地区	124	P.16-B1
ラ・イントルサ	チュエカ地区	125	P.16-B1
ラス・ロサス・ビレッジ	マドリード郊外	108	P.13-C2外
リャドロ	サラマンカ地区	138	P.17-C2
▶ レセルバ・イ・カタ	サレーサス地区	48	P.15-C1
ロエベ	サラマンカ地区	134	P.17-C3
ロバ・チカ	サレーサス地区	136	P.16-B1
▶ アタウヒア	トレド	45	P.12-B1
クエーリョ	トレド	45	P.12-A1
サント・トメ	トレド	45	P.12-A2
ホタ・セラーノ	トレド	45	P.12-A2
アカ・ソコ	コルドバ	165	P.24-A3
エル・カバーリョ	セビーリャ	161	P.22-A2
エル・ポスティーゴ	セビーリャ	161	P.22-B2
フラメンコ・イ・マス	セビーリャ	162	P.23-D2
エウスカル・リンゲ	サン・セバスティアン	35	P.26-A1
コケコッコ	サン・セバスティアン	35	P.26-B2
トーレブランカ	バレンシア	171	P.25-D3
ルーラン	サン・セバスティアン	35	P.26-B1

泊まる

名称	エリア	ページ	別冊MAP
アイレ・ホテル・ロセリョン	アシャンプラ地区	20,103	P.5-C2
エスパーニャ	ランブラス通り周辺	104	P.6-B2
カサ・カンペール	旧市街	102	P.6-B1
カサ・フステル	アシャンプラ地区	104	P.9-D1
スイーツ・アベニュー	アシャンプラ地区	103	P.9-D2
チャームスイーツ・ドットコム	パラレル周辺	105	P.6-A2
プラクティック・ベーカリー	アシャンプラ地区	102	P.9-D2
アドリアーノ	ソル周辺	143	P.16-B3
アルボル・デル・ハポン	ソル周辺	143	P.16-A3
オンリーユー・ホテル・アトーチャ	アトーチャ駅周辺	142	P.15-D3
B&B フエンカラル52	チュエカ地区	143	P.16-B1
ラディソン・ブルー・マドリード・プラド	プラド美術館周辺	142	P.15-C3
ルームメイト・ラウラ	ソル周辺	143	P.16-A2

地球の歩き方 シリーズ一覧

2019年12月現在

地球の歩き方ガイドブックは1〜2年で改訂されます。改訂時には価格が変わることがあります。
● 最新情報は、ホームページでもご覧いただけます。URL　http://www.diamond.co.jp/arukikata/

●歩き方 ガイドブックシリーズ　各定価1400〜2000円（税別）

ヨーロッパ	A24	ギリシアとエーゲ海の島々&キプロス		ダラス ヒューストン デンバー グランドサークル フェニックス サンタフェ	C12	ゴールドコースト&ケアンズ グレートバリアリーフ ハミルトン島	D23	ラオス
ヨーロッパ	A25	中欧	B14		C13	シドニー&メルボルン	D24	ミャンマー
イギリス	A26	チェコ ポーランド スロヴァキア	B15	アラスカ			D25	インドネシア
ロンドン	A27	ハンガリー	B16	カナダ	D	アジア	D26	バリ島
湖水地方&スコットランド	A28	ブルガリア ルーマニア	B17	カナダ西部	D01	中国	D27	フィリピン
アイルランド	A29	北欧	B18	カナダ東部	D02	上海 杭州 蘇州	D28	インド
フランス	A30	バルトの国々	B19	メキシコ	D03	北京	D29	ネパールとヒマラヤトレッキング
パリ&近郊の町	A31	ロシア	B20	中米	D04	大連 瀋陽 ハルビン 中国東北地方の自然と文化	D30	スリランカ
南仏プロヴァンス コート・ダジュール&モナコ	A32	極東ロシア シベリア サハリン	B21	ブラジル ベネズエラ			D31	ブータン
	A34	クロアチア スロヴェニア	B22	アルゼンチン チリ パラグアイ ウルグアイ	D05	広州 アモイ 桂林 珠江デルタと華南地方	D32	パキスタン
イタリア			B23	ペルー ボリビア エクアドル コロンビア	D06	成都 重慶 九寨溝 麗江 四川 雲南 貴州の自然と民族	D33	マカオ
ミラノ ヴェネツィアと湖水地方	B	南北アメリカ					D34	釜山・慶州
フィレンツェとトスカーナ	B01	アメリカ	B24	キューバ バハマ ジャマイカ カリブの島々	D07	西安 敦煌 ウルムチ シルクロードと中国西北部	D35	バングラデシュ
南イタリアとシチリア	B02	アメリカ西海岸					D36	南インド
ドイツ	B03	ロスアンゼルス	B25	アメリカ・ドライブ	D08	チベット	D37	韓国
南ドイツ フランクフルト ミュンヘン ロマンティック街道 古城街道	B04	サンフランシスコとシリコンバレー			D09	香港 マカオ 深圳	D38	ソウル
	B05	シアトル ポートランド ワシントン州とオレゴン州の大自然	C	太平洋／インド洋の島々&オセアニア	D10	台湾		
ベルリンと北ドイツ ハンブルク ドレスデン ライプツィヒ			C01	ハワイ I オアフ島&ホノルル	D11	台北	E	中近東 アフリカ
	B06	ニューヨーク マンハッタン&ブルックリン			D12		E01	ドバイとアラビア半島の国々
ウィーンとオーストリア			C02	ハワイ II ハワイ島 マウイ島 カウアイ島 モロカイ島 ラナイ島	D13	台南 高雄 屏東&南台湾の町	E02	エジプト
スイス	B07	ボストン			D14	モンゴル	E03	イスタンブールとトルコの大地
オランダ ベルギー ルクセンブルク	B08	ワシントンDC	C03	サイパン			E04	ペトラ遺跡とヨルダン
	B09	ラスベガス セドナ&グランドキャニオンと大西部	C04	グアム	D15	中央アジア サマルカンドとシルクロードの国々	E05	イスラエル
スペイン			C05	タヒチ イースター島			E06	イラン
マドリードとアンダルシア	B10	フロリダ	C06	フィジー	D16	東南アジア	E07	モロッコ
バルセロナ&近郊の町 イビザ島／マヨルカ島	B11	シカゴ	C07	ニューカレドニア	D17	タイ	E08	チュニジア
	B12	アメリカ南部	C08	モルディブ	D18	バンコク	E09	東アフリカ ウガンダ エチオピア ケニア タンザニア ルワンダ
ポルトガル	B13	アメリカの国立公園	C09	ニュージーランド	D19	マレーシア ブルネイ		
			C10		D20	シンガポール	E11	リビア
			C11	オーストラリア	D21	ベトナム	E12	マダガスカル
					D22	アンコール・ワットとカンボジア		

●歩き方ムックシリーズ 各定価740〜1000円（税別）

- リの歩き方 [ムックハンディ]
- ウルの歩き方 [ムックハンディ]
- 港・マカオの歩き方 [ムックハンディ]
- 湾の歩き方 [ムックハンディ]
- ノルルの歩き方 [ムックハンディ]
- アムの歩き方 [ムックハンディ]

- ハワイ ランキング&マル得テクニック！
- ソウル ランキング&マル得テクニック！
- 台湾 ランキング&マル得テクニック！
- シンガポール ランキング&マル得テクニック！
- バンコク ランキング&マル得テクニック！
- バリ ランキング&マル得テクニック！
- ハワイ スーパーマーケット マル得完全ガイド
- 海外女子ひとり旅★パーフェクトガイド！
- 海外子連れ旅★パーフェクトガイド！
- 世界のビーチBEST100

- ヘルシーハワイ [ムックハンディ]
- aruco magazine

地球の歩き方 JAPAN 各定価1222〜1500円（税別）

五島列島／奄美大島・与論島 徳之島 沖永良部島／利尻・礼文／天草／壱岐・種子島／小笠原 父島 母島／隠岐／佐渡／宮古島／久米島／小豆島／直島 豊島／旅ねこ、etc.

地球の歩き方 Plat 各定価1000〜1400円（税別）

パリ／ニューヨーク／台北／ロンドン／グアム／ドイツ／ベトナム／スペイン／バンコク／シンガポール／アイスランド／ホノルル、etc.

地球の歩き方 Resort Style 各定価1200〜1800円（税別）

ホノルル&オアフ島／カウアイ島／こどもと行くハワイ／こどもと行くグアム／世界のダイビング完全ガイド、etc.

aruco

お気に入りのプチぼうけんを探してね！

❶ パリ	⓭ 上海	㉕ オーストラリア
❷ ソウル	⓮ モロッコ	㉖ フィンランド
❸ 台北	⓯ チェコ	㉗ アンコール・ワット
❹ トルコ	⓰ ベルギー	㉘ ドイツ
❺ インド	⓱ ウィーン	㉙ ハノイ
❻ ロンドン	⓲ イタリア	㉚ 台湾
❼ 香港	⓳ スリランカ	㉛ カナダ
❽ エジプト	⓴ クロアチア スロヴェニア	㉜ オランダ
❾ ニューヨーク		㉝ サイパン ロタ テニアン
❿ ホーチミン ダナン ホイアン	㉑ スペイン	㉞ セブ ボホール エルニド
⓫ ホノルル	㉒ シンガポール	㉟ ロスアンゼルス
⓬ バリ島	㉓ バンコク	㊱ フランス
	㉔ グアム	

www.arukikata.co.jp/aruco

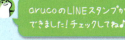

@aruco55
@arukikata_aruco
@aruco_arukikata

arucoのLINEスタンプができました！チェックしてね♪

メルマガ登録はこちらから

aruco編集部が、本誌で紹介しきれなかったこぼれネタや女子が気になる最旬情報を、発信しちゃいます！　新刊や改訂版の発行予定などもチェック☆

STAFF

Producer
坂内麻美 Mami Sakauchi

Editor
中田瑞穂（有限会社シエスタ）
Mizuho Nakata （Siesta）

Writers & Coordinators
秦真紀子、中村美和、坪田みゆき、佐武祐子、大山由美、角田美恵子、田川敬子
Makiko Hata、Miwa Nakamura、Miyuki Tsubota、Yuko Satake、Yumi Oyama、Mieko Kadota、Keiko Tagawa

Photographer
有賀正博 Masahiro Ariga

Designers
上原由莉 Yuri Uehara
竹口由希子 Yukiko Takeguchi
株式会社スタジオ・ギブ Studio Give

Illustration
赤江橋洋子 Yoko Akaebashi、TAMMY

Maps
笠木成（株式会社ジェオ）Sei Kasagi (Geo)、まえだ ゆかり Yukari Maeda

Illustration map
みよこみよこ Miyokomiyoko

Proofreading
槍楯社 Sojunsha

Special Thanks to
コラージュ：wool, cube, wool!

Line up!
aruco シリーズ

ヨーロッパ
1 パリ
6 ロンドン
15 チェコ
16 ベルギー
17 ウィーン
18 イタリア
20 クロアチア／スロヴェニア
21 スペイン
26 フィンランド
28 ドイツ
32 オランダ
36 フランス

アジア
2 ソウル
3 台北
5 インド
7 香港
10 ホーチミン／ダナン／ホイアン
12 バリ島
13 上海
19 スリランカ
22 シンガポール
23 バンコク
27 アンコール・ワット
29 ハノイ
30 台湾
34 セブ／ボホール／エルニド

アメリカ／オセアニア
9 ニューヨーク
11 ホノルル
24 グアム
26 オーストラリア
31 カナダ
33 サイパン／テニアン／ロタ
35 ロスアンゼルス

中近東／アフリカ
4 トルコ
8 エジプト
14 モロッコ

地球の歩き方 aruco 21 スペイン
2012年10月12日　初版発行
2018年12月5日　改訂第4版第1刷発行
2019年12月4日　改訂第4版第2刷発行

著作編集　地球の歩き方編集室
発行所　株式会社ダイヤモンド・ビッグ社
〒104-0032　東京都中央区八丁堀2-9-1
編集部　TEL.（03）3553-6667
広告部　TEL.（03）3553-6660　FAX.（03）3553-6693
発売元　株式会社ダイヤモンド社
〒150-8409　東京都渋谷区神宮前6-12-17
販売　TEL.（03）5778-7240

Published by Diamond-Big Co.,Ltd.
2-9-1 Hatchobori, Chuo-ku, Tokyo, 104-0032 Japan
TEL. (81-3) 3553-6667 (Editorial Section)
TEL. (81-3) 3553-6660 (Advertising Section)
FAX. (81-3) 3553-6693 (Advertising Section)

読者投稿
〒160-0003　東京都新宿区西新宿6-15-1
セントラルパークタワー・ラ・トゥール新宿705
株式会社地球の歩き方メディアパートナーズ
地球の歩き方サービスデスク
「aruco　スペイン編」投稿係　FAX.（03）6258-0421
URL www.arukikata.co.jp/guidebook/toukou.html

地球の歩き方ホームページ（海外旅行の総合情報）
URL www.arukikata.co.jp
ガイドブック「地球の歩き方」（検索と購入、更新・訂正情報）
URL www.arukikata.co.jp/guidebook

※ご注意下さい

本書は、年月表示のないものは2018年7～10月の取材データに基づいて作られています。発行後に変更されたものについては『地球の歩き方』ホームページの「更新・訂正情報」で可能な限り最新のデータに更新しています。URL book.arukikata.co.jp/support

本書の内容（写真・図版を含む）の一部または全部を、事前に許可なく無断で複写・複製もしくは著作権法に基づかない方法により引用し、印刷物や電子メディアに転載・転用することは、著作者および出版社の権利の侵害となります。
All rights reserved. No part of this publication may be reproduced or used in any form or by any means, graphic, electronic or mechanical, including photocopying, without written permission of the publisher.

印刷製本　開成堂印刷株式会社　Printed in Japan　禁無断転載 © ダイヤモンド・ビッグ社／シエスタ 2018
ISBN978-4-478-82260-9

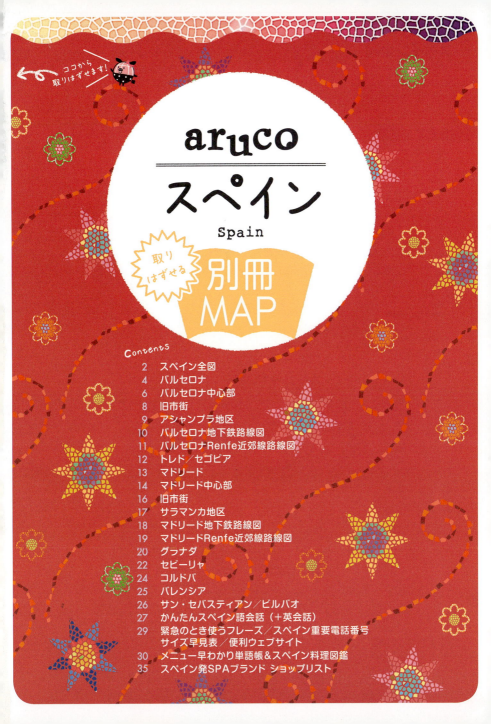

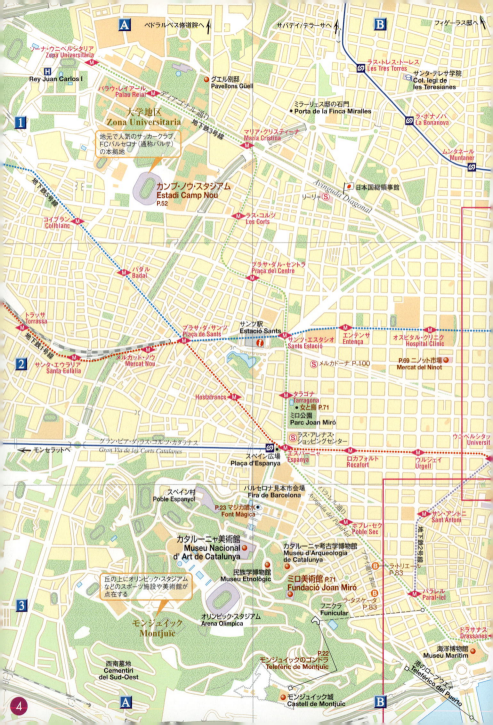

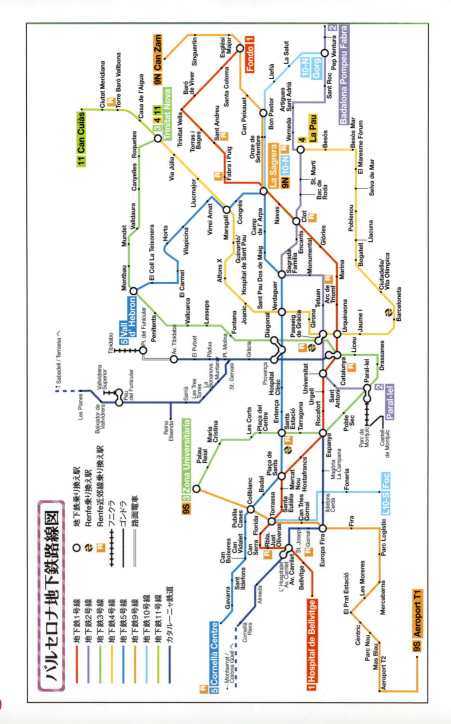

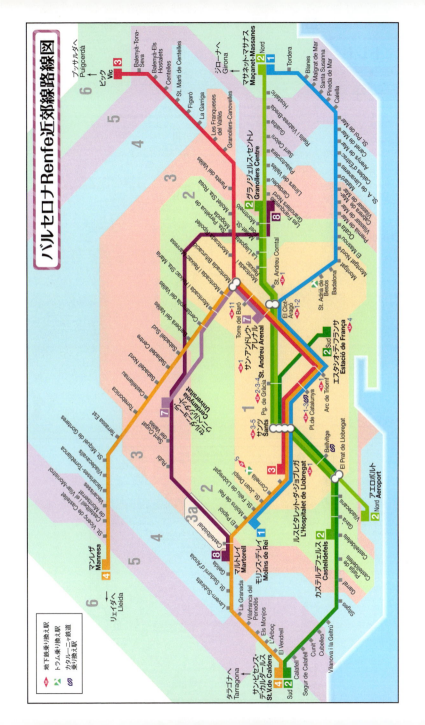

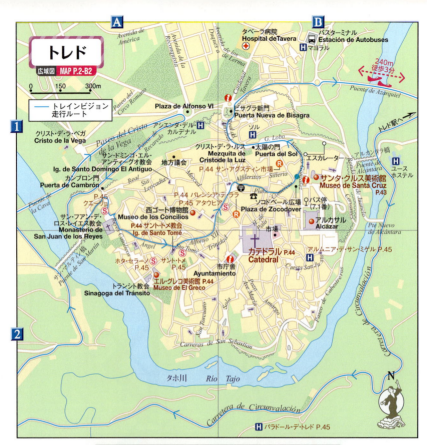

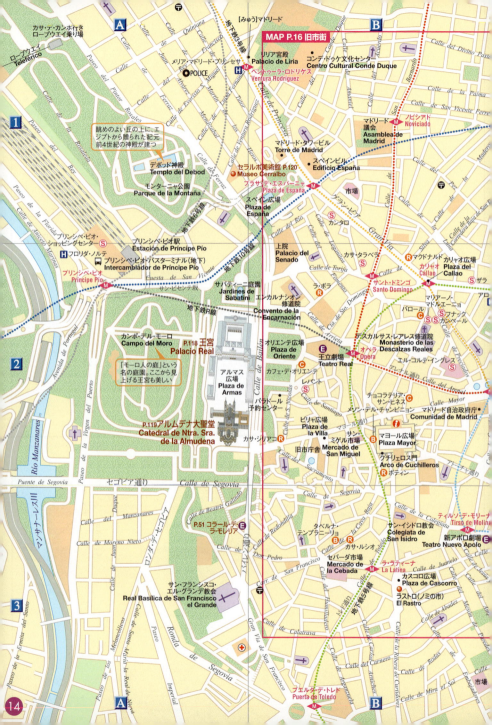

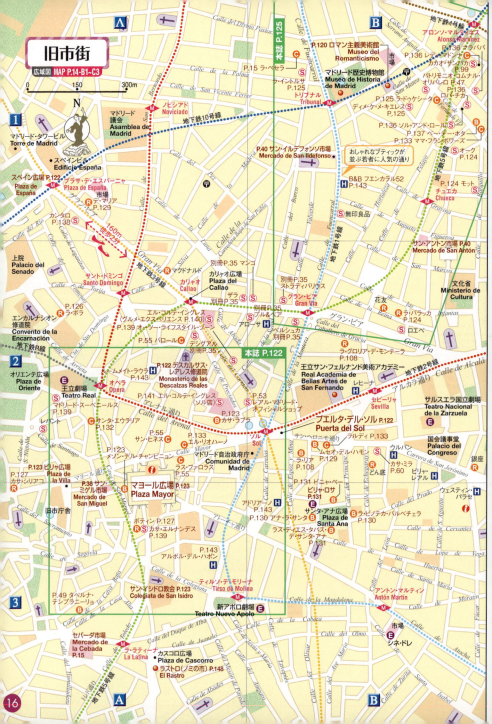

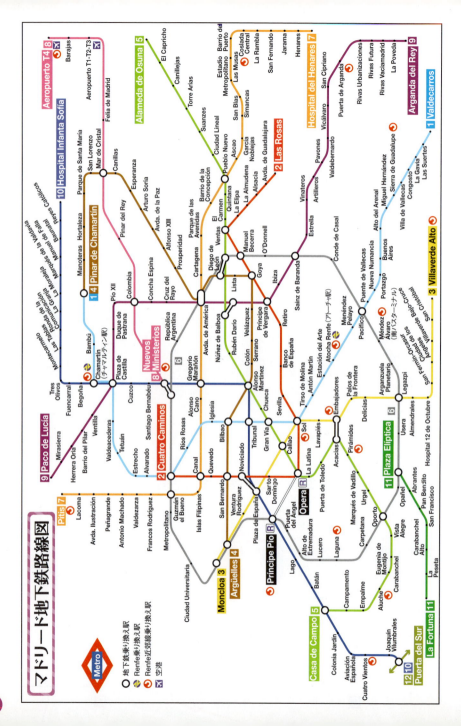

かんたん スペイン語会話 (+英会話)

¡Buenos días!

基本のフレーズ

はい シー Sí. Yes.
いいえ ノ No. No.

おはようございます
ブエノス・ディアス
Buenos días.
Good morning.

こんにちは
ブエナス・タルデス
Buenas tardes.
Hello.

こんにちは（くだけた感じ）
オラ
¡Hola!
Hello.

こんばんは/おやすみなさい
ブエナス・ノーチェス
Buenas noches.
Good evening.

さようなら
アディオス
Adiós.
Good bye.

さようなら（くだけた感じ）
チャオ
Chao.
Bye.

ありがとう
グラシアス
Gracias.
Thank you.

ありがとうございます
ムチャス・グラシアス
Muchas gracias.
Thank you very much.

お願いします
ポル・ファボール
Por favor.
Please.

いいえ、けっこうです
ノ・グラシアス
No gracias.
No thank you.

どういたしまして
デ・ナダ
De nada.
You're welcome.

ごめんなさい
ロ・シエント
Lo siento.
I'm sorry.

すみません
（人に呼びかけるとき）
コン・ペルミソ
Con permiso. Excuse me.

すみません
（人にぶつかったときなど）
ペルドン
Perdón.   Excuse me.

わかりました
エンティエンド
Entiendo.
I understand.

知りません
ノ・セ
No sé.
I don't know.

お元気ですか？
ケ・タル
¿Qué tal?
How are you?

元気です
ビエン・グラシアス
Bien, gracias.
Fine, thanks.

私の名前は○○です
メ・リャーモ・○○
Me llamo ○○.
My name is ○○.

私は日本から来ました
ソイ・デ・ハポン
Soy de Japón.
I'm from Japan.

観光で使うフレーズ

ここは何という通りですか？
コモ・セ・リャマ・エスタ・カリェ？
¿Cómo se llama esta calle?
What's the name of this street?

この地図で位置を教えてもらえますか？
ポドリア・デシールメ・ドンデ・エスタモス・エン・エステ・マパ・ポル・ファボール？
¿Podría decirme dónde estamos en este mapa, por favor?
Where am I on this map?

入場券はどこで買えますか？
ドンデ・プエド・コンセギール・ウナ・エントラーダ？
¿Dónde puedo conseguir una entrada?
Where can I get a ticket?

入場料はいくらですか？
クアント・クエスタ・ラ・エントラーダ？
¿Cuánto cuesta la entrada?
How much is the admission fee?

数字

0	セロ	zero		
1	ウノ	uno		
2	ドス	dos		
3	トレス	tres		
4	クアトロ	cuatro		
5	シンコ	cinco		
6	セイス	seis		
7	シエテ	siete		
8	オチョ	ocho		
9	ヌエベ	nueve		
10	ディエス	diez		
11	オンセ	once		
12	ドセ	doce		
13	トレセ	trece		
14	カトルセ	catorce		
15	キンセ	quince		
16	ディエシセイス	dieciséis		
17	ディエシシエテ	diecisiete		
18	ディエシオチョ	dieciocho		
19	ディエシヌエベ	diecinueve		
20	ベインテ	veinte		
30	トレインタ	treinta		
40	クアレンタ	cuarenta		
50	シンクエンタ	cincuenta		
100	シエン	cien		
1000	ミル	mil		
10000	ディエス　ミル	diez mil		
€	エウロ	Euro		

曜日／日など

月曜	ルーネス	Lunes
火曜	マルテス	Martes
水曜	ミエルコレス	Miércoles
木曜	フエベス	Jueves
金曜	ビエルネス	Viernes
土曜	サバド	Sábado
日曜	ドミンゴ	Domingo
今日	オイ	hoy
昨日	アジェール	ayer
明日	マニャーナ	mañana
祝日	ディア・フェスティボ	día festivo
1日	ウン・ディア	un día
午前	マニャーナ	mañana
午後	タルデ	tarde

ショッピングで使うフレーズ

見ているだけです
ソロ・エストイ・ミランド
Sólo estoy mirando.　I'm just looking.

試着できますか？
プエド・プロバールメロ？
¿Puedo probármelo?　May I try this on?

大きすぎ／小さすぎます
エス・デマシアード・グランデ／ペケーニョ
Es demasiado grande / pequeño.
It's too large / small.

長すぎ／短すぎます
エス・デマシアード・ラルゴ／コルト
Es demasiado largo / corto.　It's too long/ too short.

これにします
メ・ケド・コン・エステ
Me quedo con éste.　I'll take this one.

このクレジットカードは使えますか？
アセプタン・エスタ・タルヘタ・デ・クレディト？
¿Aceptan esta tarjeta de crédito?
Do you accept this credit card?

レストランやカフェで使うフレーズ

メニューを見せてください
プエド・ベール・ラ・カルタ？
¿Puedo ver la carta?　May I have a menu?

注文をお願いします
ポル・ファボール・プエド・ペディール？
¿Por favor, puedo pedir?　May I order, please.

おすすめ料理は何ですか？
クアル・レコメンダリーア？
¿Cuál recomendaría?　What do you recommend?

料理はあと何品出ますか？
クアントス・プラトス・マス・バン・ア・トラエール？
¿Cuántos platos más van a traer?
How many more dishes are coming?

このあとは、デザートと飲み物で終わりにします
パラ・テルミナール・ウン・ポストレ・イ・ウナ・ベビーダ
Para terminar, un postre y una bebida.
I'll finish with a dessert and a drink.

コーヒーをください
ウン・カフェ・ポル・ファボール
Un café, por favor.　Coffee, please.

とてもおいしかったです
エスタバ・ムイ・リコ
Estaba muy rico.　It was very nice.

トイレはどこですか？
ドンデ・エスタ・エル・ラバボ？
¿Dónde está el lavabo?　Where's the lavatory?

エンターテインメントで使うフレーズ

当日券はありますか？
アイ・エントラーダス・パラ・オイ？
¿Hay entradas para hoy?　Do you still have any ticket for today?

何時から始まりますか？
ア・ケ・オラ・エンピエサ？
¿A qué hora empieza?　What time will it start?

いちばん安い（高い）席はいくらですか？
クアント・クエスタ・ラ・エントラーダ・マス・バラータ（カラ）？
¿Cuanto cuesta la entrada mas barata (cara)?
How much is the cheapest（most expensive）ticket?

¿A qué hora empieza?

ホテルで使うフレーズ

今晩泊まれますか？
ティエネ・ウナ・アビタシオン・パラ・エスタ・ノーチェ？
¿Tiene una habitación para esta noche?　Do you have a room for tonight?

1泊いくらですか？
クアント・クエスタ・ポル・ウナ・ノーチェ？
¿Cuánto cuesta por una noche?　How much is it for a night?

チェックアウトをお願いします
デメ・ラ・クエンタ・ポル・ファボール
Déme la cuenta, por favor.　Check out, please.

荷物を預かってもらえますか？
ポドリア・デハール・ミ・エキパッヘ？
¿Podría dejar mi equipaje?　Could you keep my baggage?

必須＆便利ワード

お願いします！
ポル・ファボール！
¡Por favor!

何かをお願いするときに言う、最も使用頻度が高い言葉。

必須＆便利ワード

お勘定をお願いします。
ラ・クエンタ、ポル・ファボール
La cuenta, por favor.

レストランやカフェでお勘定をするときは、このひとこと。

交通機関で使うフレーズ

駅への行き方を教えてください
コモ・セ・バ・ア・ラ・エスタシオン？
¿Cómo se va a la estación?　How do I get to the station?

地下鉄の駅はどこですか？
ドンデ・エスタ・ラ・エスタシオン・デ・メトロ？
¿Dónde está la estación de metro?
Where is the metro station?

○○行きの片道（往復）切符を1枚ください
ウン・ビリェーテ・デ・イーダ（イ・ブエルタ）ア・○○・ポル・ファボール
Un billete de ida (y vuelta) a ○○, por favor.
A single (return) ticket to ○○, please.

次の列車（バス）は何時発ですか？
ア・ケ・オラ・サレ・エル・プロキシモ・トレン（アウトブス）？
¿A qué hora sale el próximo tren (autobus) ?
What time will the next train (bus) leave?

ここからどれくらい時間がかかりますか？
クアント・ティエンポ・セ・タルダ・デスデ・アキー？
¿Cuánto tiempo se tarda desde aquí?
How long does it take from here?

これは○○に行きますか？
エステ・バ・ア・○○？
¿Este va a ○○?　Is this bound for ○○

○○に着いたら教えてください
アビセメ・クアンド・リェゲ・アル・○○・ポル・ファボール
Avíseme cuando llegue al ○○, por favor.
Please let me know when we arrive at ○○.

タクシーを呼んでください
ポドリア・ペディールメ・ウン・タクシ・ポル・ファボール？
¿Podría pedirme un taxi, por favor?
Could you call a taxi for me?

病気のとき使うフレーズ

熱があります　テンゴ・フィエブレ
Tengo fiebre.　I have a fever.

具合が悪いです　メ・シエント・マル
Me siento mal.　I feel sick.

寒気がします　テンゴ・エスカロフリオス
Tengo escalofríos.　I feel chilly.

吐き気がします　テンゴ・ナウセアス
Tengo náuseas.　I feel nauseous.

いちばん近い薬局（病院）はどこですか？
ドンデ・エスタ・ラ・ファルマシア（エル・オスピタル）
マス・セルカナ？
¿Dónde está la farmacia (el hospital) más cercana?
Where's the nearest drugstore (hospital) ?

医者（救急車）を呼んでください
リャメ・ア・ウン・メディコ（ウナ・アンブランシア）ポル・ファボール
Llame a un médico (una ambulancia) , por favor.
Call a doctor (an ambulance) , please.

緊急のとき使うフレーズ

パスポート（財布）をなくしました　エ・ペルディード・ミ・パサポルテ（カルテーラ）
He perdido mi pasaporte (cartera)　I lost my passport (wallet) .

助けて！　ソコーロ　¡Socorro!　Help!

警察を呼んでください　リャメ・ア・ウン・ポリシーア
泥棒！　ラドロン！　¡Ladrón!　Thief!
Llame a un policía.　Call the police.

スペイン重要電話番号

警察　救急　消防　112

在スペイン日本国大使館(マドリード)

915 907 600

そのほかの電話番号は本誌 P.187へ

便利ウェブサイト

在マドリード日本国大使館
URL www.es.emb-japan.go.jp

在バルセロナ日本国総領事館
URL www.barcelona.es.emb-japan.go.jp

外務省・海外安全情報
URL www.anzen.mofa.go.jp

スペイン政府観光局
URL www.spain.info/ja

スペインなんでも情報
URL www.spainnews.com

サイズ早見表

ここに記載したサイズはあくまでも目安。
デザインによっても異なるので、購入の際は必ず試着を！

レディスウェア

日本（号）	S	M	M	L	LL
	7	9	11	13	15
スペイン	36	38	40	42	44

レディスシューズ

日本 (cm)	23	23.5	24	24.5	25
スペイン	35.5〜36	36.5	37〜37.5	38	38.5〜39

ひとめでわかるね〜

お役立ち メニュー早わかり単語帳

基本ワード

肉	carne	カルネ	スープ	sopa	ソパ	ワイン	vino	ビノ
魚	pescado	ペスカード	パン	pan	パン	ビール	cerveza	セルベッサ
野菜	verdura	ベルドゥーラ	米	arroz	アロス	ジュース	zumo	スモ
果物	fruta	フルータ	飲み物	bebida	ベビーダ	塩	zal	サル
デザート	postre	ポストレ	水	agua	アグア	砂糖	azúcar	アスカル

A
aceitunas	アセイトゥーナス	オリーブ（の実）
aguacate	アグアカテ	アボカド
ahumado	アウマド	燻製にした
ajo	アホ	ニンニク
a la brasa	ア・ラ・ブラサ	グリル焼き
a la parrilla	ア・ラ・パリーリャ	網焼きした
a la plancha	ア・ラ・プランチャ	鉄板焼きの
al asador	アル・アサドール	串焼きの
albóndiga	アルボンディガ	ミートボール
al horno	アル・オルノ	オーブンで焼いた
almejas	アルメッハス	アサリ
al vapor	アル・バポール	蒸した
anchoas	アンチョアス	アンチョビ
asado	アサード	焼いた、バーベキュー
atún	アトゥン	マグロ

B
bacalao	バカラオ	タラ
berenjena	ベレンヘーナ	ナス
besugo	ベスーゴ	タイ
bien hecho	ビエン・エーチョ	ウェルダンに焼いた
bistec	ビステク	ビーフステーキ
bonito	ボニート	カツオ
boquerón	ボケロン	カタクチイワシ

C
cabra	カブラ	雌ヤギ
cabrito	カブリート	子ヤギ
calamar	カラマル	イカ
camarones	カマロネス	小エビ
cangrejo	カングレッホ	カニ
caracoles	カラコレス	カタツムリ
carnero	カルネロ	羊肉
cebolla	セボーリャ	タマネギ

cerdo	セルド	豚肉
cereza	セレッサ	サクランボ
champiñón	チャンピニョン	マッシュルーム
chipirones	チピロネス	小イカ
chuleta	チュレータ	骨付きあばら肉、チョップ
cigala	シガラ	シャコ、ヨーロッパアカザエビ
cochinillo	コチニーリョ	子豚
cocido	コシード	煮た
codorniz	コドルニス	ウズラ
col	コル	キャベツ
conejo	コネッホ	ウサギ
cordero	コルデーロ	子羊肉
crema	クレマ	クリーム

E
embutido	エンブティード	腸詰め、ソーセージ
emperador	エンペラドール	カジキマグロ
en escabeche	エン・エスカベッチェ	マリネにした
ensalada	エンサラーダ	サラダ
entrecot	エントレコット	リブロース
entremesses	エントレメセス	前菜、オードブル
escalope	エスカローペ	子牛のカツ
espárrago	エスパラゴ	アスパラガス
espinaca	エスピナーカ	ホウレンソウ
estofado	エストファード	シチュー、煮込み

F
filete	フィレーテ	ヒレ肉、(骨なしの)切り身
fresa	フレッサ	イチゴ
frito	フリート	揚げた、揚げ物

G
gallina	ガリィーナ	雌鳥
gambas	ガンバス	小形のエビ、芝エビ
garbanzos	ガルバンソス	ヒヨコ豆
guisantes	ギサンテス	エンドウ豆

	Spanish	カナ	意味
H	habas	アバス	ソラ豆
	hígado	イガド	肝臓、レバー
	higo	イーゴ	イチジク
	hongo	オンゴ	キノコ
	huevo	ウエボ	卵、卵料理
J	jamón	ハモン	生ハム
	judías	フディアス	インゲン豆
	judías verdes	フディアス・ベルデス	サヤインゲン
L	langosta	ランゴスタ	イセエビ
	langostino	ランゴスティーノ	クルマエビ
	leche	レチェ	牛乳
	lechuga	レチューガ	レタス
	lengua	レングア	舌、タン
	lenguado	レングアード	舌ビラメ
	lentejas	レンテッハス	レンズ豆
	liebre	リエブレ	野ウサギ
	limón	リモン	レモン
	lomo	ロモ	(豚の)背肉、ロース
	lubina	ルビーナ	スズキ
M	maíz	マイス	トウモロコシ
	mantequilla	マンテキーリャ	バター
	manzana	マンサーナ	リンゴ
	mariscos	マリスコス	魚介類、海産物
	mayonesa	マヨネサ	マヨネーズ
	medio asado	メディオ・アサード	ミディアムに焼いた
	mejillones	メヒリョーネス	ムール貝
	melocotón	メロコトン	桃
	melón	メロン	メロン
	merluza	メルルーサ	メルルーサ(タラの一種)
	mermelada	メルメラーダ	ジャム
	miel	ミエル	蜂蜜
N	nabo	ナボ	カブ
	naranja	ナランハ	オレンジ
	nata	ナタ	生クリーム
	navajas	ナバッハス	マテ貝
	nuez	ヌエス	クルミ
O	oliva	オリーバ	オリーブ(の実)
	oreja	オレッハ	耳
	oreja marina	オレッハ・マリーナ	アワビ
	ostra	オストラ	カキ
P	pastel	パステル	ケーキ
	patata	パタータ	ジャガイモ
	pato	パト	アヒル
	pavo	パボ	七面鳥
	pechuga	ペチューガ	鶏の胸肉
	pepino	ペピーノ	キュウリ
	pera	ペラ	洋梨
	perdiz	ペルディス	ウズラ、シャコ
	pimienta	ピミエンタ	コショウ
	pimiento	ピミエント	ピーマン、トウガラシ
	piña	ピーニャ	パイナップル
	poco hecho	ポコ・エーチョ	レアに焼いた
	pollo	ポーリョ	鶏肉、若鳥
	potaje	ポタッヘ	ポタージュ
	pulpo	プルポ	タコ
R	rabo	ラボ	しっぽ、尾
	rape	ラペ	アンコウ
	relleno	レリェーノ	詰め物をした
	rodaballo	ロダバーリョ	カレイ
S	salchichón	サルチチョン	サラミソーセージ
	salmón	サルモン	鮭、サーモン
	salsa	サルサ	ソース
	salse de soja	サルサ・デ・ソハ	醤油
	salteado	サルテアード	ソテーした
	sandía	サンディーア	スイカ
	sardina	サルディーナ	イワシ
	sepia	セピア	コウイカ
	seta	セタ	キノコ
	solbete	ソルベテ	シャーベット
	solomillo	ソロミーリョ	ヒレ肉
T	tarta	タルタ	ケーキ、パイ
	ternera	テルネーラ	子牛肉
	tinta	ティンタ	(イカなどの)墨
	tomate	トマーテ	トマト
	toro	トロ	雄牛
	tortilla	トルティーリャ	オムレツ
	tostada	トスターダ	トースト
	trucha	トゥルーチャ	マス
	trufa	トゥルーファ	トリュフ
U	uva	ウバ	ブドウ
V	vaca	バカ	雌牛、牛肉
	verduras	ベルドゥーラス	野菜
	vieira	ビエイラ	ホタテ貝
	vinagre	ビナグレ	酢
Y	yema	イェーマ	(卵の)黄身
	yerba	イェルバ	ハーブ
Z	zanahoria	サナオリア	ニンジン
	zarzuela	サルスエラ	魚介の煮込み

スペイン料理図鑑

スペインにはおいしいものがいっぱい！ 地方によって気候や風土が違うので、料理も地方ごとに個性があるのが特徴。なかでも代表的なメニューがこちら。日本では味わえないものも多いので、ぜひ挑戦してみてね。

01 Entrada & Sopa 前菜＆スープ

前菜はサラダのほか、ハムの盛り合わせ、卵料理などが一般的。スープの種類もいろいろある。

エンサラーダ・ミクスタ Ensalada Mixta
レタス、トマト、オリーブ、ツナなどが入ったミックスサラダ

メロン・コン・ハモン Melón con Jamón
甘いメロンに塩味の効いた生ハムを載せた伝統的なオードブル

エスカリバーダ Escalivada
ピーマン、ナス、長ネギなどを焼いてオリーブ油に漬けたマリネ

ハモン Jamón
豚のもも肉を塩漬けにし熟成させた生ハム。詳細→本誌P.128

ガスパチョ Gaspacho
オリーブ油ベースの夏向きの冷製スープで、トマト入りが定番

ソパ・デ・アホ Sopa de Ajo
体が温まる、卵とパン入りのカスティーリャ風ニンニクスープ

アホ・ブランコ Ajo Blanco
アーモンドとニンニクで作る冷たいスープ。別名、白いガスパチョ

02 Mariscos 魚介料理

グリルのほか、カタルーニャやバスク地方では煮込み、アンダルシア地方では揚げ物がポピュラー。

サルスエラ Zarzuela
エビやイカなどの魚介類を煮込んだカタルーニャ版ブイヤベース

ペスカードス・フリートス Pescados Fritos
アンダルシア地方名物の魚のフライの盛り合わせ。イカやタコも

カラマル・ア・ラ・プランチャ Calamar a la Plancha
ニンニクとオリーブ油で鉄板焼きにした肉厚イカのパセリがけ

バカラオ・アル・ピル・ピル Bacalao al Pil Pil
タラをニンニクと唐辛子入りのオリーブ油で煮込んだバスク料理

チピロネス・エン・ス・ティンタ Chipirones en su Tinta
ヤリイカを墨で煮込んだバスク料理。白いご飯が付け合わせ

メルルーサ・エン・サルサ・ベルデ Merluza en Salsa Verde
タラの一種を、ニンニクとパセリのグリーンソースで煮込んだもの

トルーチャ・ア・ラ・ナバーラ Trucha a la Navarra
マスのおなかに生ハムを入れ、丸ごとフライにしたナバーラ料理

03 Carne

肉料理

牛、豚、鶏、子羊の鉄板やオーブン焼き、煮込みなどメニューが豊富で、ボリュームたっぷり。

ビステク・デ・テルネーラ
Bistec de Ternera
子牛の軟らかい肉を焼き上げたジューシーなビーフステーキ

ラボ・デ・トロ
Rabo de Toro
赤ワインやシェリー酒で煮込んだ、コルドバ名物の牛テールシチュー

コルデーロ・アサード
Cordero Asado
まだ草を食べていない子羊をこんがりと焼いたローストラム

コチニーリョ・アサード
Cochinillo Asado
セゴビア名物の、皮がパリパリ、肉がとろとろの子豚の丸焼き

ブティファラ
Butifarra
カタルーニャ地方名物の生ソーセージ。「白」と血入りの「黒」がある

カリョス
Callos
牛モツを豆やチョリソなどと赤ワインで煮込んだマドリード料理

ペルディス・ア・ラ・トレダーナ
Perdez a la Toledana
ウズラをタマネギなどと赤ワイン煮込みにしたトレド名物

04 Postre

デザート

プリン、アイスクリーム、季節の果物などがポピュラー。おなかがいっぱいならパスしても。

フラン
Flan
スペインの定番のデザート、卵の風味が濃厚なカスタードプリン

エラード
Helado
アイスクリーム。バニラアイスの甘口シェリーがけが定番

タルタ
Tarta
ケーキ。定番のチョコや、サンティアゴ風のアーモンドケーキを

マセドニア
Macedonia
オレンジベースのシロップで和えたスペイン風フルーツポンチ

アロス・コン・レチェ
Arroz con Leche
米を牛乳と砂糖で煮込み、シナモンをかけたライスプディング

マンサーナ・アサーダ
Manzana Asada
スペイン北部の定番デザート、シナモン入り焼きリンゴ

クレマ・カタラナ
Crema Catalana
カスタードクリームのカタルーニャ風クリームプディング

いろんな種類があるね〜

コーヒー Café

カフェ・ソロ
Café Solo
エスプレッソ。小さなカップで出される

カフェ・コルタード
Café Cortado
カフェ・ソロにミルクを少し入れたもの

カフェ・コン・レチェ
Café con Leche
ミルクコーヒー。大きなカップで出される

カフェ・コン・イエロ
Café con Hielo
アイスコーヒー。カフェ・ソロと氷の入ったグラスが出てくる

ミネラルウオーター Agua Mineral

アグア・シン・ガス
Agua sin Gas
炭酸なしの水

アグア・コン・ガス
Agua con Gas
炭酸入りの水

そのほかのドリンク → 本誌 P.83

05 Tapas
タパス

小皿料理（単数形はタパ）。大皿はラシオンRación、中皿はメディアラシオンMediaración。

チャンピニョン・ア・ラ・プランチャ
Champiñón a la Plancha
マッシュルームにチョリソなどを詰めたジューシーな鉄板焼き

トルティーリャ・エスパニョーラ
Tortilla Española
ジャガイモやタマネギなどがたっぷり入ったスペイン風オムレツ

プルポ・ガリェーゴ
Pulpo Gallego
ゆでたタコにオリーブ油とパプリカをふりかけたガリシア料理

ボケロネス・エン・ビナグレ
Boquerones en Vinagre
小イワシをニンニクとパセリ、ワインビネガーで漬けたマリネ

クロケッタ
Croqueta
ベシャメルソースに生ハム、タラ、鶏肉などを混ぜたクリームコロッケ

カラマレス・フリートス
Calamares Fritos
タパスの定番メニュー、イカリングフライ。仕上げにレモンを

ピミエントス・デ・パドロン
Pimientos de Padrón
シシトウに似たパドロン産青トウガラシをオリーブ油で素揚げに

パタタス・アリオリ
Patatas Alioli
ゆでたポテトのニンニクオイル入りマヨネーズソース和え

サルピコン・デ・マリスコス
Salpicón de Mariscos
ワインビネガーが効いたスペイン風冷製シーフードマリネ

ガンバス・ア・ラ・プランチャ
Gambas a la Plancha
殻付きのまま塩をふりかけて鉄板焼きにしたエビのグリル

ガンバス・アル・アヒーリョ
Gambas al Ajillo
小エビをニンニク風味のトウガラシ入りオイルで煮込んだもの

アルボンディガス
Albóndigas
トマトソースで煮込んだスペイン風ニンニク入りミートボール

エンサラディーリャ・ルサ
Ensaladilla Rusa
ニンジン、グリーンピース、ツナなどを和えたポテトサラダ

チョピートス・フリートス
Chopitos Fritos
小さなホタルイカをオリーブ油で唐揚げに。レモンを搾って

パタタス・ブラバス
Patatas Bravas
ちょっと辛いトマトベースのブラバソースをかけたポテトフライ

ブニュエロス・デ・バカラオ
Buñuelos de Bacalao
タラをすり身団子にして衣をつけて揚げたフライボール

ボンバ
Bomba
挽肉を真ん中に詰めたトマトソース入りポテトコロッケ

メヒリョーネス・アル・バポール
Mejillones al Vapor
ムール貝の白ワイン蒸し。レモンをたっぷり搾ってかけて

パン・コン・トマテ
Pan con Tomate
パンにトマトとニンニクをこすりつけ、オリーブ油をかけたもの

スペイン発SPAブランド ショップリスト

SPAブランドとは、企画から生産、販売までを一体化して行うことで、旬のアイテムを低コストで提供するブランドのこと。バルセロナではグラシア通り、マドリードではグラン・ビアに、SPAブランドのショップが集中している。

ブランド店が並ぶ
バルセロナのグラシア通り

マドリードの
目抜き通り
グラン・ビア

Zara
ザラ

世界有数のアパレルメーカー、インディテックス社の主力ブランド。スペインでは「サラ」と発音する。世界90ヵ国以上で展開。

Map 別冊P.9-D3 バルセロナ
🏠Pg. de Gràcia 16 ☎933 187 675 ⏰10:00〜22:00 休日・祝 Card A.D.J.M.V. 🚇2、3、4号線パセジ・ダ・グラシア駅から徒歩2分 URL www.zara.com

Map 別冊P.16-A2 マドリード
🏠Gran Via 34 ☎915 211 283 ⏰10:00〜22:00 休1/1・6、5/1、12/25 Card A.D.J.M.V. 🚇1、5号線グラン・ビア駅から徒歩3分

Mango
マンゴ

スペインでは「ザラ」と人気を二分するブランド。トレンドを意識したデザインと質の高さで、おもに若い女性に支持されている。

Map 別冊P.9-D3 バルセロナ
🏠Pg. de Gràcia 36 ☎932 151 543 ⏰10:00〜21:00 休日・祝 Card A.D.J.M.V. 🚇2、3、4号線パセジ・ダ・グラシア駅から徒歩3分 URL www.mango.com

Map 別冊P.16-B2 マドリード
🏠Gran Via 32 ☎915 210 879 ⏰10:00〜22:00 休1/1・6、5/1、12/25 Card A.D.J.M.V. 🚇1、5号線グラン・ビア駅から徒歩3分

Bershka
ベルシュカ

「ザラ」の妹ブランド。10代〜20代前半をターゲットに、都会的なカジュアルスタイルを提案。女性らしいセクシーアイテムも。

Map 別冊P.9-C3 バルセロナ
🏠Pg. de Gràcia 7 ☎943 816 124 ⏰10:00〜22:00 休日・祝 Card A.D.J.M.V. 🚇2、3、4号線パセジ・ダ・グラシア駅から徒歩2分 URL www.bershka.com

Map 別冊P.16-B2 マドリード
🏠Gran Vía 25 ☎913 604 987 ⏰10:00〜22:00 休1/1・6、5/1、12/25 Card A.D.J.M.V. 🚇1、5号線グラン・ビア駅から徒歩2分

Pull & Bear
プル&ベア

日本未上陸！

若者向けのカジュアルブランド。メンズコレクションから始まっただけあって、デニムやスニーカーなどメンズのアイテムも充実。

Map 別冊P.8-A1 バルセロナ
🏠Av. Portal de l'Angel 42 ☎933 020 876 ⏰10:00〜22:00 休日・祝 Card A.D.J.M.V. 🚇1、3号線カタルーニャ駅から徒歩3分 URL www.pullandbear.com

Map 別冊P.16-B2 マドリード
🏠Gran Vía 31 ☎915 218 999 ⏰10:00〜22:00 休1/1・6、5/1、12/25 Card A.D.J.M.V. 🚇1、5号線グラン・ビア駅から徒歩3分

Stradivarius
ストラディバリウス

「ベルシュカ」と同じく「ザラ」の妹ブランド。最新トレンドを取り入れつつも、着こなしやすく普段使いできるアイテムが多い。

Map 別冊P.9-C3 バルセロナ
🏠Pg. de Gràcia 11 ☎933 437 439 ⏰10:00〜22:00 休日・祝 Card A.D.J.M.V. 🚇2、3、4号線パセジ・ダ・グラシア駅から徒歩2分 URL www.stradivarius.com

Map 別冊P.16-B2 マドリード
🏠Gran Via 30 ☎915 230 715 ⏰10:00〜22:00 休1/1・6、5/1、12/25 Card A.D.J.M.V. 🚇1、5号線グラン・ビア駅から徒歩1分

Desigual
デシグアル

バルセロナ発のブランド。「同じではない」という意味の店名どおり、オリジナリティあふれるデザインや大胆な色使いが特徴的。

Map 別冊P.9-C2〜D2 バルセロナ
🏠Pg. de Gràcia 47 ☎932 150 884 ⏰10:00〜21:00 休日・祝 Card A.D.J.M.V. 🚇2、3、4号線パセジ・ダ・グラシア駅から徒歩1分 URL www.desigual.com

Map 別冊P.16-A2 マドリード
🏠Preciados 25 ☎915 228 520 ⏰月〜金10:00〜21:30、土10:00〜22:00、日・祝11:00〜21:00 休1/1・6、5/1、12/25 Card A.D.J.M.V. 🚇3、5号線カリャオ駅から徒歩1分